城市空间转型与再生丛书 | 张京祥 主编

国家社会科学基金项目（编号:09CJL046）
国家自然科学基金项目（编号:51878330）

中国城市增长模式转型研究

Zhongguo Chengshi Zengzhang Moshi Zhuanxing Yanjiu

于涛 著

东南大学出版社
SOUTHEAST UNIVERSITY PRESS
南京·2019

内容提要

本书将城市增长的模式与路径作为研究重点,以体制转型背景下营销型城市增长模式为切入点,对中国城市增长模式转型进行了理论建构和实证解析的系统研究。在理论层面,梳理了城市营销和城市增长模式等概念,提炼出中国城市营销企业化倾向的主要特征,并在审视营销型城市增长模式的经济、社会和空间效应基础上,提出了超越原有营销型增长逻辑的内生型城市增长模式。在实证层面,分析了大事件营销引发的城市空间演化过程、效应、影响要素及内在机制,并基于向内生型城市增长模式的转型判断,提出了大事件营销城市运行体制改革和规划技术创新的应对建议。

本书内容新颖、资料翔实、图文并茂,有较高的理论研究和实践应用价值,适合城市研究、城乡规划、城市治理和人文地理等领域的科研、管理和决策人员阅读与参考。

图书在版编目(CIP)数据

中国城市增长模式转型研究/于涛著.—南京:东南大学出版社,2019.12

(城市空间转型与再生丛书/张京祥主编)

ISBN 978-7-5641-8775-0

Ⅰ.①中… Ⅱ.①于… Ⅲ.①城市经济-经济增长模型-研究-中国 Ⅳ.①F299.2

中国版本图书馆 CIP 数据核字(2019)第 294369 号

书　　名:中国城市增长模式转型研究	
著　　者:于　涛	
责任编辑:孙惠玉　李　贤	邮箱:894456253@qq.com
出版发行:东南大学出版社	社址:南京市四牌楼 2 号(210096)
网　　址:http://www.seupress.com	
出 版 人:江建中	
印　　刷:江苏凤凰数码印务有限公司	排版:南京月叶图文制作有限公司
开　　本:787mm×1092mm　1/16	印张:16.25　字数:395 千
版 印 次:2019 年 12 月第 1 版　2019 年 12 月第 1 次印刷	
书　　号:ISBN 978-7-5641-8775-0	定价:69.00 元
经　　销:全国各地新华书店	发行热线:025-83790519　83791830

* 版权所有,侵权必究

* 本社图书如有印装质量问题,请直接与营销部联系(电话或传真:025-83791830)

总序

几乎是伴随着20世纪80年代以来日益显著的全球化进程,以及西方国家在经济、社会、治理模式等领域展开的巨大变革,中国也同时拉开了改革开放的帷幕,在经济发展取得令全球艳羡的巨大成就的同时,中国的社会经济环境、制度环境与治理环境等也发生了深刻的变化,这就是所谓的"转型"。从本质上讲,转型是一种由于根本发展环境变化所导致的发展目标、发展模式的巨大变迁过程,国际主流观点是将转型视为一个发生根本性变化的过程——从过于强调国家控制的传统社会经济环境,转向新自由主义的市场经济与社会治理环境,是一个新制度代替旧制度的过程。

毫无疑问,在过去的30余年中中国是最受世界关注、最重要的转型国家。相比于西方国家缓慢、渐进式的"改良性"转型过程,以中国为代表的传统计划经济体制国家,则几乎是在全球化、市场化、城市化、信息化多维同步交织的时空过程中发生着复杂的转型,因而往往导致各种问题凸显、矛盾尖锐,这也使得西方有关发展、转型的各种理论、范式都难以简单地套用到中国。因此,中国的城市化、城市发展也就深深地打上了中国独特环境的烙印,正开辟着自己独特的城市发展道路和范式。也正是基于这样的原因,中国的城市发展与城市规划研究本身就是世界的,就是最前沿的。

改革开放以来,中国在经济、政治、社会等方面的剧烈变迁,从根本程度上改变着城市发展的动力基础,各种政治、经济、社会力量和转型期复杂的正式与非正式制度安排,共同而强烈地作用于中国城市空间的发展过程,使得其表现出的现象、机制是任何既有经典的西方城市发展、城市规划理论所不能完全容纳和完美解释的。由于利益、资源控制的分化,城市中多种政治和社会力量博弈,共同决定、影响着城市事务的过程,城市与空间的发展正处于剧烈的转型、解体、冲突与重构的过程之中,正是对这一巨大转型环境的深刻写照。

20世纪80年代以后,空间的社会属性被列斐伏尔(Lefebvre)、索雅(Soja)、福柯(Foucault)、卡斯特尔(Castells)等人深刻地揭示出来。卡斯特尔宣称"空间不是社会的反映","空间就是社会"。索雅也认为,空间既不是具有自主性建构与转变法则的独立结构,也不是社会生产关系延伸出来的阶级结构的表现,而是一般生产关系的一部分。列斐伏尔指出,空间不是社会关系演变的容器,而是社会的产物,空间还反映和反作用于社会。空间不是一种中性的背景或物质存在,而是资本生产模式和社会控制中一种基本的要素,城市空间演化、开发本身就被整合进了市场发育、资本积累的再生产过程之中。总之,按照社会空间辩证法的理解,政治经济的重构以及由此带来的社会生活的转型、治理方式的变迁,必然生产出一种与之相适应的新空间环境——这就是所谓完整意义上的"空间再生"。

空间再生理论本身就是强调将空间置于特定的经济与社会环境中进行考察，因而也给我们提供了一个更加深刻理解城市发展、城市空间演化、城市规划的新的重要视角和工具。在社会利益格局日益多元化背景下，城市社会中各利益集团之间竞争、合作、冲突和妥协同时生动地在城市空间中展开，城市空间的再生过程同时承载了转型冲突与各种社会惯性的复杂碰撞。因而，中国改革开放以来广泛进行的城市空间再生运动远不是当年西方城市更新、城市美化、城市结构优化等表象性或技术性话语所能概括的，其根本意义上是一部以空间为载体进行资源与利益再分配的政治、经济、社会博弈的历史。只有对这一过程进行深入分析，才能充分揭示转型语境下中国城市空间再生的生动图景。

这套丛书是充满了前沿挑战的选题，它们在很大程度上跳出了我们传统习惯的城市研究视角，是用一种全新的理念和方法去分析转型期的中国城市空间再生现象和机制——作为一种制度、经济、社会、物质等多维度作用下的复杂过程。这套丛书的作者也都是当前国内城市研究、城市规划界学术思维非常活跃的青年学者，他们具有敏锐的洞察力、思辨力和创新意识，将西方学说与中国的实际进行有机融通进而推动中国本土城市研究理论的发展，是他们和我们所有当代中国城市研究学人共同的责任。作为前沿性的探索，我们设想这套丛书的选题是开放的、延续的，也认识到本丛书中的许多观点都是值得再讨论的。沐浴着早春明媚和煦的阳光，我们期待着通过包括本套丛书在内的共同努力，迎来中国城市研究那"春暖花开"的胜境。

是为丛书总序。

2011年早春于南京大学北园

（张京祥，1973年生，江苏盐城人。南京大学建筑与城市规划学院教授、博士生导师，南京大学空间规划研究中心主任，江苏省设计大师，中国城市规划学会常务理事、中国城市规划学会城乡治理与政策研究学术委员会主任委员、学术工作委员会委员，教育部新世纪人才。主要研究方向：城市/区域发展与规划，城镇群、城市与区域空间结构，城市与区域产业发展）

目录

序言
前言

上篇 理论研究

1 绪论 002
　1.1 研究背景及意义 002
　　1.1.1 研究背景 002
　　1.1.2 研究意义 004
　1.2 研究方法与内容 005
　　1.2.1 研究方法 005
　　1.2.2 研究内容 006

2 国内外相关概念与理论研究进展 011
　2.1 基本概念 011
　　2.1.1 城市营销 011
　　2.1.2 城市增长模式 018
　2.2 国内外城市营销理论研究综述 021
　　2.2.1 城市营销理论的发展历程 021
　　2.2.2 城市营销理论的研究视角 023
　2.3 城市增长模式的评价指标体系研究综述 026
　　2.3.1 国外相关研究进展 026
　　2.3.2 国内相关研究进展 027
　2.4 研究进展述评 029

3 中国体制转型的总体背景与城市营销的企业化倾向 034
　3.1 中国体制转型的总体背景 034
　　3.1.1 体制转型对地方政府的总体影响 034
　　3.1.2 转型期中国地方政府的企业化 035
　3.2 地方政府企业化导致城市营销企业化倾向 036
　　3.2.1 地方政府的营销性特征 036
　　3.2.2 营销型城市增长模式的企业化倾向 037

4 营销型城市增长模式评价及内生型城市增长模式建构 042
4.1 营销型城市增长模式的经济效应 042
4.1.1 转型期城市经济增长方式的转变 042
4.1.2 营销型城市增长模式的积极经济效应 043
4.1.3 营销型城市增长模式的消极经济效应 045
4.2 营销型城市增长模式的社会效应 049
4.2.1 转型期政府职能与社会构架的转变 049
4.2.2 营销型城市增长模式的积极社会效应 051
4.2.3 营销型城市增长模式的消极社会效应 055
4.3 营销型城市增长模式的空间效应 060
4.3.1 激烈竞争环境中城市空间角色的转变 060
4.3.2 营销型城市增长模式的积极空间效应 064
4.3.3 营销型城市增长模式的消极空间效应 067
4.4 内生型城市增长模式的提出 074
4.4.1 对于营销型城市增长模式的反思:"内生"与"外生" 074
4.4.2 内生型城市增长模式的产生 077
4.4.3 内生型城市增长模式的特征 078
4.5 内生型城市增长模式的构建 080
4.5.1 内生型城市发展战略的制定——统一城市发展的行动纲领 080
4.5.2 内生型城市管理体制改革——主体的多元化选择 080
4.5.3 以政府营销增强城市竞争力——塑造高效、清廉的政府形象 081
4.5.4 以市民营销增加城市魅力——引入"全民营销"策略 082
4.5.5 打造城市品牌特色——保护与发掘城市无形资产 083
4.5.6 城市定位方法的转变——面向市民的城市定位模式 083
4.5.7 构建城市同盟与协作网络——实施城市与区域管治 083

5 城市增长模式评价指标体系设计 087
5.1 指标体系构建原则 087
5.1.1 科学性原则 087
5.1.2 针对性原则 087
5.1.3 可行性原则 087
5.1.4 层次性原则 087
5.2 指标分类及选取 087
5.2.1 经济增长模式 088
5.2.2 社会发展模式 088
5.2.3 生活环境质量 088
5.2.4 城市增长模式评价指标体系 088
5.3 指标选取的针对性 090
5.3.1 可持续发展方式的遵循 090

  5.3.2 经济发展原动力为"外生"还是"内生" 090
  5.3.3 其他体现两种增长模式差异的指标 090
 5.4 城市增长模式评价指标体系的应用——以长三角为例 091
  5.4.1 城市数据收集 091
  5.4.2 主成分分析法 093
  5.4.3 研究过程 095
  5.4.4 评价与分析 102

下篇　实证研究

6 大事件营销的研究背景、概念界定与实践历程 108
 6.1 实证选择背景及目的 108
  6.1.1 大事件营销的研究背景 108
  6.1.2 大事件营销的研究目的 110
 6.2 基本概念 112
  6.2.1 大事件营销 112
  6.2.2 城市空间效应 118
 6.3 大事件营销的相关理论研究 119
  6.3.1 大事件营销的相关理论基础 119
  6.3.2 大事件营销理论的研究进展 120
 6.4 大事件营销的实践历程 129
  6.4.1 起步阶段：单一场馆模式 130
  6.4.2 初级阶段：集中建筑群模式 131
  6.4.3 中级阶段：多中心组团模式 132
  6.4.4 高级阶段：多元化发展模式 132
  6.4.5 小结 134

7 大事件营销的实证逻辑框架 141
 7.1 研究目标 141
  7.1.1 理论目标 141
  7.1.2 实践目标 141
 7.2 大事件营销与城市空间发展的内在联系 141
  7.2.1 大事件营销的空间效应内在机制 142
  7.2.2 大事件营销对城市空间发展的影响要素 146
 7.3 大事件营销的空间效应特征的分析框架 150
  7.3.1 时间维度 151
  7.3.2 空间维度 152
  7.3.3 表征维度 154

8 大事件营销的空间效应特征 ... 157
8.1 大事件准备阶段的空间效应特征 ... 157
8.1.1 物质空间效应 ... 157
8.1.2 非物质空间效应 ... 166
8.2 大事件运行阶段的空间效应特征 ... 173
8.2.1 物质空间效应 ... 173
8.2.2 非物质空间效应 ... 175
8.3 大事件后续阶段的空间效应特征 ... 178
8.3.1 物质空间效应 ... 178
8.3.2 非物质空间效应 ... 185

9 大事件营销的空间效应影响要素与内在机制 ... 190
9.1 物质影响要素 ... 190
9.1.1 场馆设施 ... 190
9.1.2 基础配套设施 ... 196
9.1.3 土地开发 ... 199
9.2 非物质影响要素 ... 203
9.2.1 政策制度 ... 203
9.2.2 规划引导 ... 205
9.3 城市空间发展内在机制的主体分析 ... 208
9.3.1 发展主体 ... 209
9.3.2 主体博弈 ... 211
9.4 城市增长模式与空间效应的内在机制 ... 215
9.4.1 内生型城市增长模式 ... 215
9.4.2 营销型城市增长模式 ... 218

10 大事件营销的城市增长模式转型应对 ... 223
10.1 中国城市大事件营销的特色 ... 223
10.1.1 大事件营销的企业化倾向 ... 223
10.1.2 大事件营销的"中国特色" ... 224
10.2 我国城市增长模式转型的对策 ... 226
10.2.1 大事件营销运行体制的改革 ... 226
10.2.2 大事件营销规划技术的创新 ... 231

11 结论与讨论 ... 236
11.1 主要结论 ... 237
11.1.1 地方政府企业化导致城市营销的企业化倾向 ... 237
11.1.2 营销型城市增长模式对于城市公共利益的维护还很欠缺 ... 237

    11.1.3 营销型城市增长模式不能给城市带来健康稳定的发展 237
    11.1.4 内生型城市增长模式是未来我国城市转型的方向 238
    11.1.5 大事件营销是城市营销的一种主要运作方式 238
    11.1.6 建立大事件营销"一机制、两要素、三维度"的逻辑分析框架 238
    11.1.7 大事件营销具有积极和消极的空间效应 239
    11.1.8 大事件营销的空间效应影响要素包括物质和非物质影响要素 239
    11.1.9 基于城市政体理论解释大事件营销的空间效应内在机制 240
    11.1.10 向内生型城市增长模式转型是解决中国城市大事件营销问题的根本路径 240
11.2 需进一步研究的问题 241
    11.2.1 如何将城市增长模式转型的理论转化为进一步的行动策略 241
    11.2.2 如何在城市复杂的多元发展环境中,准确地进行城市大事件营销的空间效应分析 242
    11.2.3 如何构建更为直观的城市大事件营销的空间效应分析模型 242

附录 243

序言

20世纪90年代以来,随着全球范围内资本要素的快速流动、变化组合,城市之间的竞争日益激烈,城市的兴衰演替格局也随之不断发生着剧烈变化。改革开放后尤其是因为把握了此轮全球化的重大历史机遇,中国经济实现了高速发展,城镇化实现了高速增长,取得了人类发展史上令世界瞩目的伟大成就,作为经济、社会发展核心载体的城市,其日新月异的巨大变化更是令人炫目。很长一段时期以来,西方学界都非常关注中国的经济与城市发展模式,中国城市研究甚至成为一门"显学",因为"中国发展模式"的成功是在西方传统教科书、经典理论中都无法容纳和解释的,所以,西方学者一度将之称为"中国增长之谜"。

然而自2008年全球金融危机以后,全球范围的产业分工与国际贸易格局发生了巨大的改变,中国经济曾经长期赖以增长的外部环境、动力基础、要素成本等都发生了重大变化,传统的发展模式、发展路径已难以为继,中国的经济与社会发展以及城市发展都面临着深刻、严峻的挑战。为此,中国共产党第十八次全国代表大会(简称中共十八大)以来中央政府提出了转型发展、高质量发展、治理现代化等一系列重大的新发展理念和目标,期望通过深化改革来重塑中国经济发展、城市增长的总体环境与动力机制,以应对"百年未有之大变局"。

回顾、检讨改革开放以来中国城市发展的道路,我们可以发现,所谓的"中国增长之谜"在很大程度上是依靠廉价土地、廉价劳动力、牺牲资源环境等代价换来的,"中国增长之谜"在本质上是一种急功近利、严重失衡、不可持续的短期增长模式。在这段时期中,中国广大的城市政府几乎都是选择了以外向型增长、国内生产总值(GDP)增长为核心目标的发展路径,通过高度企业化的城市经营模式来谋求实现城市经济的高速增长、城市资产的高度增值、城市形象的高度嬗变……本书的作者将此归纳为"营销型城市增长模式",并一针见血地指出,"这种城市增长模式虽然能在一定程度上局部改善城市的物质生活环境,满足短期的经济增长目标,但忽略了与所有市民共享城市发展的所得利益以及'以人为本'的战略要义,为城市的可持续发展埋下长期隐患"。

当然,中国众多的城市政府之所以选择"营销型城市增长模式",是与改革开放以后中国总体的制度环境、价值导向、经济社会发展环境等密切相关的,从历史发展的眼光看,我们不能对之予以简单、全面的否定。但是,在后金融危机塑造的全球新发展环境中,面对一些西方国家贸易保护主义的急速抬头,面对中国产业结构升级、城镇化减速的现实压力,面对中央提出2050年左右建成"世界科技创新强国"的宏伟目标,中国的城市发展模式必须发生根本的转型,也就是转向作者所提出的"内生型城市增长模式"。需要强调的是,所谓"内生型城市增长模式"并非是闭关自守、自我循环,而是指面对新的国际、国内发展环境,中国城市的发展必须更加关注以人为中心、以内生动力为支撑、以创新发展为手段、以高质量的发展为目标,全面提升城市的核心竞争力。应该说,这是对此前很长一段时期实行"营销型城市增长模式"的一个系统反思和全面纠偏。

毫无疑问,这样一个城市发展模式的根本转型,其必然是一个艰难、长期、系统的过程,我们可以想象其转型中可能遇到的巨大困难与挑战。我们固然可以在此方面借鉴发达国家的一些经验教训,但是毕竟当今中国与之在时代背景、发展环境、具体国情等方面存在着巨大的差异,所以我们不可能期望从发达国家那里能简单找到现成的全部答案,而必须依靠我们自身孜孜不倦的探索,去寻找、总结,进而向世界提供解决城市问题的"中国方案"。从当初令世界混沌模糊、争议纷纷的"中国增长之谜",到通过自我校正、主动创新并提供"中国方案",其不仅标志着中国城市发展模式从实践到理论的全面认识升华,而且也是"四个自信"在中国建树城市新发展道路上得到的最有力践行。

本书的作者——南京大学建筑与城市规划学院的于涛博士是一个思维非常活跃、善于思考总结的青年学者,他长期持续专注于中国城市增长模式的研究,学术成果丰硕。这本著作是他在博士学位论文研究的基础上,后续进一步通过国家社会科学基金课题、国家自然科学基金课题两个重要项目的支撑研究而完成的,确实是"多年磨一剑"的呕心沥血之作。全书沿着"理论建构—实证应用"的总体路径,以"城市增长模式转型"为主线展开论述,概括提炼出中国城市的"营销型城市增长模式"与"内生型城市增长模式"两个基本范式,从概念、特征两个方面进行了比较,并进一步探讨城市从营销型增长模式向内生型增长模式转型的具体内容、评价指标体系以及实施策略等,可谓理论与实证紧密结合、论道与寻策紧密结合、深刻性与可读性紧密结合。相信本书是一部能广泛启迪我们思考的佳作,它的出版,可以给广大学者提供一个深刻理解、前瞻中国城市发展模式的新视角,也必然是对学界有关中国城市研究、国家城市比较研究的一个积极贡献。

是为之序。

张京祥
2019 年初秋于南京大学

前言

随着全球化的纵深推广,各类生产要素在全球范围内自由、快速地流动,既为城市的发展提供了机遇,也带来了相应挑战,促使国际化代表了当今城市向高端演化的显著趋势,并且成为城市提升国际影响力的重要途径。"开放与包容"成为当今世界城市发展的主流理念,城市日益成为国家与地区之间竞争的主角,中国也顺势提出了"一带一路"等国际化发展的新倡议,加大了自贸区建设力度,建立了以负面清单管理为核心的外资管理制度,希望能更好地吸引外资,更多地参与全球经济分工,更快地融入世界城市体系的步伐。为了提升城市的国际知名度以吸引更多的外部发展资源,国内许多城市都在积极运作城市资产,发掘城市的品牌、区位、资源、劳动力、基础设施和招商政策等发展要素,来增强城市的竞争能力,使得城市营销逐渐成为全球化环境中城市竞争战略的重要工具。

然而中国正处于社会经济体制的转轨期,由于中央与地方财税体制的刺激和政绩考核体系的压力,地方政府对促进地方经济发展予以了极大的热情,在向"服务型政府"转型的同时表现出明显的"发展型政府"特征。自20世纪90年代"分权化"与"分税制"改革后,在财税体制和政绩考核双重驱动下地方政府表现出极大的发展积极性,地方政府越来越多地采取具有短期逐利性质的营销型城市增长模式来发展城市,通过类似于企业的运作方式来包装和推销城市,尤其是注重通过大事件(Mega Events)[如奥林匹克运动会(简称奥运会)、世界博览会(简称世博会)等]的举办以获得投资者或游客的青睐,以此为契机来实现城市经济发展等目标,从而在激烈竞争的环境中确立更加有利的地位。但是以外需导向为特征的营销型城市增长模式往往会忽略城市自身发展的规律和脉络,进而可能对城市今后的功能定位、经济社会发展乃至空间结构的演变带来巨大的影响。与发展原动力由内而生的内生型城市增长模式相反,营销型城市增长模式是由外部资源所驱动的,这种城市增长模式虽然能在一定程度上局部改善城市的物质生活环境,满足短期的经济增长目标,但忽略了与所有市民共享城市发展的所得利益以及"以人为本"的战略要义。正如弗里德曼所说:"城市营销是一个人对某些人保证短期物质回报,而对其余的大多数人却有着长期损害的模式。"这种不可持续的城市增长模式过分追求效率优先、忽视社会公平、急功近利、过度关注外来资本、过于追求短期效益,已经带来了诸如区域性发展不平衡,形象工程耗资大,使用、维护难,社会性财政预算缩减,土地价格被哄抬过高,优质公共空间私有化等问题。其耗费的大量社会资本、环境资本以及制度成本都将抵消甚至远超那些所谓的"成果"收益,从而为城市的可持续发展埋下长期隐患。

"中高速、优结构、新动力、多挑战"是当前我国经济"新常态"的主要特征,对于"新常态"下的城市发展来说,应力求将原有的以生产要素驱动为特征的外延式增长模式逐步转变为以创新、包容驱动为特征的内涵式增长模式,新时期我国的城市建设将不再是"唯 GDP 导向",而是更加重视经济、社会、生态协调发展的"多元导向"。2014 年 3 月,《国家新型城镇化规划(2014—2020 年)》提出,"根据世界城镇化发展普遍规律,我国仍处于城镇化率 30%～70% 的快速发展区间,但延续过去传统粗放的城镇化模式,会带来产业升级缓慢、资源环境恶化、社会矛盾增多等诸多风险,可能落入'中等收入陷阱',进而影响现代化进程。随着内外部环境和条件的深刻变化,城镇化必须进入以提升质量为主的转型发展新阶段"。因此,目前对于我国营销型城市增长模式的检讨并探索其向内生型城市增长模式转型的路径显得尤为紧迫和必要。近年来,作为城市营销主要运作方式的大事件逐渐成为全球化环境中城市竞争战略的重要工具。随着中国迅速崛起成为世界新兴的重要经济体和不可或缺的政治力量,受人瞩目的大事件如奥运会、世博会和二十国集团领导人峰会(G20 峰会)等纷纷在中国举办,这在一定程度上改善了中国的城市形象,促进了中国城市的快速发展,取得了举世瞩目的成就。作为城市发展、提升的触媒,大事件营销快速、巨大而深远地影响着城市空间发展的演变,并迅速成为各城市发展战略的重要影响要素。但是,由于我国正处于体制转型期,中国的城市发展表现出了明显的营销型城市增长模式的特征,并且通过大事件营销的实践已经给城市的可持续发展造成了一些消极影响。

  从全球范围看,随着新经济和全球化的发展,城市增长模式的研究在很大程度上对城市或地区摆脱困境、树立良好形象及增强竞争力提供了及时而有效的理论资源,丰富了城市治理和地区发展的战略思想。从国内范围看,近年来我国快速城镇化产生了丰富的城市增长实践案例,但缺乏理论层面的梳理与总结,亟须构建城市增长模式转型的研究方法与框架。当前城市营销策略缺乏系统的、科学的理论作为指导,尚缺乏定量研究的方法,还没有针对城市增长模式的指标体系研究。营销实践过于注重眼前经济利益,缺乏整体性考虑,还不能运用系统管理的观点对众多要素进行整合,城市目标定位模糊和片面,城市社会经济的可持续发展没有得到充分关注。对于城市增长的背景以及城市营销战略如何与城市发展战略相耦合的研究不够深入,就城市营销的绩效评估问题亦缺乏专门研究。对于城市大事件营销的空间效应研究还主要集中在其效应特征、研究方法和影响因素三个方面,对于城市大事件营销的空间效应内在机制还难以准确把握,对大事件营销的空间效应规律研究不足,研究对象普遍单一,且缺乏对发展中国家的系统研究。因此,本书沿着"理论建构—实证应用"的路径,以"城市增长模式转型"为主线展开,具体分为理论研究和实证研究上下两篇。

  其中上篇首先通过对城市营销、城市增长模式等概念定义以及对国内外城市营销理论的相关研究梳理,提炼出对我国城市增长模式转型有益的经验;

其次通过深刻分析中国体制转型的宏观背景及其对地方政府的总体影响,归纳并提出地方政府企业化的概念,以得出我国营销型城市增长模式企业化倾向的结论,为下文提供了理论基础;再次从营销型城市增长模式的经济、社会乃至空间效应的评价,从正反两个方面归纳总结;最后在对营销型城市增长模式反思与检讨的基础上,从概念和特征两个方面提出了基于可持续发展理念的"内生型"城市增长模式,并进一步探讨从营销型城市增长模式向内生型城市增长模式转型的具体内容、评价指标体系以及实施战略措施。下篇则围绕城市营销的主要运作方式——大事件营销进行实证研究,重点关注大事件营销与城市增长模式之间的互动关系及其空间效应的发生与演化机制,并且在对中国城市大事件营销特色分析的基础上,探索合理利用大事件营销推动我国城市可持续发展的对策:第一,对大事件营销和城市空间效应等概念进行界定,并对国内外城市大事件营销的相关理论研究与实践进展进行研究综述,归纳对我国城市大事件营销有益的理论与经验借鉴。第二,建立大事件营销与城市空间发展之间的关系纽带,解析城市大事件营销空间效应产生的机制和影响要素,并且从时间、空间和表征三个维度对城市大事件营销的空间效应进行分解,形成实证研究的逻辑框架。第三,从积极和消极两个方面阐述大事件营销对城市不同尺度地区的物质与非物质空间效应,并从大事件营销不同的主体博弈类型带来的政策制度和规划引导等非物质要素的差异入手,分析其空间效应产生的间接原因。第四,基于城市政体理论建立大事件营销与城市增长模式之间的互动关系。将大事件营销的主客体构成要素同城市空间演化的驱动主体和发展要素有机结合,建立"大事件营销—城市空间发展"的统一体,并且从营销型城市增长模式和内生型城市增长模式的比较分析中,对城市大事件营销的空间效应内在机制进行深入的研究。第五,归纳我国大事件营销企业化的特征及其空间效应的"中国特色",从城市增长模式转型入手,为合理利用大事件营销促进我国城市的可持续发展提供清晰的解决办法。

  回溯近30年来我国城市增长模式的转型轨迹,探索如何从营销型向内生型城市增长模式转型的理论基础和实践路径,可以说正好应对了当前中国所处的"中美贸易摩擦""高新技术封锁""意识形态渗透"等复杂多变的国际形势和发展环境。中国城市增长模式无疑具有鲜明的时代特征与本土特色,营销型和内生型城市增长模式分别代表了最基本的城市增长逻辑分野,本书对于这两种城市增长模式的观察和研究一方面给未来中国城市的可持续发展提供了理论基础,另一方面也为新时代中国城市发展的地方实践提供了路径支撑。

  本书在撰写过程中始终受到了南京大学建筑与城市规划学院张京祥教授的殷切指导,他不仅提供了大量素材和调研机会,还为本书的修改与完善提出了许多中肯建议;东南大学出版社的徐步政老师、孙惠玉老师对本书的立项和出版给予了大力支持;南京大学建筑与城市规划学院的王苑、严亚磊、施德浩、温光耀等研究生协助进行了插图制作和稿件校对,提高了本书的写作效率;另外本书还得到了国家社会科学基金项目(编号:09CJL046)和国家自然科学基金项目(编号:51878330)的资助,笔者在此一并致以最诚挚的谢意!

本书观点仅代表笔者的个人观点,且限于理论水平与实践经验,本书难免存在不足之处,恳请广大读者不吝赐教。

于涛

2019 年夏于南京大学

上篇 理论研究

1 绪论

1.1 研究背景及意义

1.1.1 研究背景

1) 中国经济、社会体制的深刻转型与地方政府职能的重新定位

20世纪90年代末以来,随着世界政治经济格局的变化特别是全球化进程的不断深入,发达国家与发展中国家都在经历着巨大的经济、社会等体制转型,相应导致了许多国家发展环境与治理方式的重大转型(张京祥等,2007a)。在西方国家,城市政府传统的管理主义模式(Urban Managerialism)正快速被"企业化城市"(Entrepreneurial City)治理模式所取代(Harvey,1989)。与西方国家发生的公共治理变革一样,中国正处于社会经济体制的转轨期,地方政府的职能面临着深刻转型,即正逐步实现由"全能政府"向"有限政府"、从"经济控制"向"经济规制"的转变,转型期地方政府的职能更多地被定位为"服务型政府"(张兆义,2005)。但事实上,中国的改革开放过程是一种中央向地方行政性分权(Administrative Decentralization)的过程。分权化最显著的结果就是赋予了地方以相对独立的利益,强化了地方政府管理经济的职能,促使地方政府在全球化营造的激烈的竞争环境中为了自身利益开始积极地介入经济发展(张京祥等,2007a)。由于中央与地方财税体制的刺激和政绩考核体系的压力,中国地方政府担负着吸引投资、提升城市竞争力的重任(于涛等,2009)。

在激烈的区域竞争环境中,地方政府开始积极地介入经济增长,但是由于缺少完善、系统的整体规制约束,地方政府在权力不断扩大的过程中表现出如下特征:一方面,对地方财政收入的强烈需求使经济增长成为地方政府的首要目标;另一方面,以经济建设为中心的要求和现行的政绩考核制度,又使地方经济增长与地方政府官员的政治利益紧密联系在一起。地方政府越来越明显地表现出原本属于企业的行为特征,即追逐利益,更多地从自身的经济与政治利益角度进行决策和行动(Wu,2003;张京祥等,2007a),使得"企业化治理"成为当前中国地方政府普遍采用的治理手段。因此,转型期的地方政府同时表现出明显的"发展型政府"特征(于涛等,2009),即地方政府越来越多地采取各种主动的战略性手段来优化城市

发展环境。

2) 在经济全球化时代,城市营销已经成为提高城市竞争力的有效工具和手段

在经济全球化时代,世界经济逐渐成为紧密联系的一个整体,各个国家、地区、城市之间在经济发展上的相互依赖程度与日俱增。城市发展的动力不再是传统国家空间规划或地方的内在发展与互动,而是有着多重的甚至是更强势的非地方性的跨界空间组织在影响着区域与地方的社会经济过程与空间生产景象(魏成等,2009)。全球化浪潮加速了城市间的互动化、自由化与国际化的发展,城市涉及的各种政治、经济与社会问题也随之被提升到国际层面。经济全球化趋势中世界市场的形成和发展及其带来的国际分工,为城市的快速崛起提供了可能性。并且以世界市场为依托,城市有更多机会达成产业结构优化升级和资源优化配置等方面的目标。各类生产要素在全球范围内的自由、快速流动,既为城市的发展提供了机遇,也带来了相应挑战,为了提升城市的国际知名度以吸引更多的外部发展资源,各城市都在积极运作城市资产,发掘城市的品牌、区位、资源、劳动力、基础设施和招商政策等发展要素,来增强城市的竞争能力,使得城市营销逐渐成为全球化环境中城市竞争战略的重要工具。

2013年9月至10月,习近平总书记在出访中亚和东南亚国家期间,提出共建"丝绸之路经济带"和"21世纪海上丝绸之路"(即"一带一路")的倡议。2015年3月,国家制定并发布《推动共建丝绸之路经济带和21世纪海上丝绸之路的愿景与行动》。"一带一路"是依靠中国与有关国家既有的双多边机制,借助有效的区域合作平台,共同打造的"政治互信、经济融合、文化包容的共同体"。其倡议布局涵盖了国内的18个省、自治区、直辖市,为国内城市深化对外开放合作、加快增长模式转型和功能结构调整提供了新的机遇。

3) 依赖外部资源驱动的营销型城市增长模式愈发不可持续

营销型城市增长模式是指以城市营销为主要手段来实现城市发展总目标的一种模式,包括所采取的行动方针和资源配置策略(黄海生,2004)。近年来地方政府频频采取"企业化"的运作方式来向外界推销城市,并倾向于选取具有短期逐利性质的营销型城市增长模式来发展城市,表现为以下特征:经济发展上有高度的外生要素依赖性;城市发展以提升形象为主要目标,过于重视城市广告和大事件;缺乏长期、总体的城市营销发展规划等。

营销型城市增长模式是一把"双刃剑":基于城市长远发展角度"量身定做"的城市营销往往会取得营销和城市发展"双赢"的效果,而基于城市短期利益出发的"功利主义"城市营销则往往会导致许多城市发展的不可持续问题。将尺度扩展到全球来看亦是如此,中国一直坚持走和平崛起的道路,其城市发展亦是如此,然而全球化背景下的国家间政治、经济和社会等关系日趋复杂,反全球化也大有市场。如果城市仅仅依赖外部资源驱动

形成营销型城市增长模式,非常有可能面临来自外部的挤压、截留和垄断等危机,尤其是此类城市如果不能将短期的物质回报及时投入未来的内生发展中,形成长期有益的模式,那么这种城市增长模式将难以持续。

4) 以人民为中心等发展理念的转变让城市回归内生型增长模式

近10年来我国城市化一直呈现出稳中有升的增长势头,目前全国城市化水平已达到59%左右,快速城市化衍生的结果使得城市的核心价值可以通过城市营销产生新的附加值,客观上推动了我国城市营销实践的开展,取得了一些成就,但同时也暴露出不少问题,比如营销实践中追求效率优先、忽视社会公平,急功近利,过度关注外来资本,过于追求短期效益的案例层出不穷。特别是不少地方政府以城市营销的名义大搞政绩工程,导致城市空间结构的生长肌理遭到严重破坏,甚至引发了严峻的社会矛盾,最终导致城市综合实力的下降。而另外一个不容忽视的现象是,尽管我国城市营销的实践者(地方政府与相关企业)及传媒表现出了持续的、异乎寻常的热情,各类经典的"城市营销事件"也层出不穷,但是国内学界对此却长期保持着极不相称的淡漠,导致城市营销概念的混乱与实践的错位交织其间。因此,在当前形势下对于我国城市增长模式理论与实践的检讨显得尤为紧迫和必要。

特别是中共十九大报告明确指出,我国社会主要矛盾已经转化为"人民日益增长的美好生活需要和不平衡不充分的发展之间的矛盾",这一重要论断把人民需求放在第一位,充分回应了新时期人民群众的新期待。随着城市生态环境保护力度的不断加大,资源高消耗、环境高污染的粗放型城市增长模式越来越难以为继,长期依靠低成本要素供给来招商引资的旧动能发展模式已面临终结,唯有通过以人为本、以人为核心来塑造城市发展的新动力,可以说,人本发展成为未来城市竞争的"新法则",这种内生型发展顺应了社会经济发展规律,也将是城市可持续发展的根本保障。

1.1.2 研究意义

1) 对国内外城市营销的理论与实践进行梳理与反思,丰富了城市增长模式领域的研究

城市营销的相关研究在我国尚处在发展的初级阶段,研究方法也多停留在定性研究的阶段,多数学者采用"拿来主义",通过移植西方发达国家相对成熟的城市营销理论模式来建构国内营销型城市的增长策略。但是由于忽略了中国处在社会经济体制转型期这一特定的历史背景,西方传入的城市营销理论似乎有些"水土不服",在中国的众多营销型城市的实践中制造了一个又一个城市发展的"败笔"。由此,本书在对国内外城市营销理论客观梳理与反思的基础上,着重分析了体制转型给我国营销型城市增长模式以及城市发展的动力机制造成了何种转变,西方盛行已久的城市营销

在中国到底发生了怎样的变异。从一系列国内外城市营销的经典案例中找到问题的症结所在,并试图抛砖引玉,提出"内生型"城市增长模式,定性和定量相结合,构建了城市增长模式的评价指标体系,从而给出解决问题的答案,同时也为我国营销型城市发展模式的转变增添了新的思路。

2) 从社会经济和空间效应方面检讨国内营销型城市增长模式的实践

进入21世纪以来,国内许多城市都跻身营销型城市,在诸如城市形象、城市品牌、城市文化等显性领域进行了诸多有影响的城市营销实践活动。但是,有关营销型城市增长模式的理论研究在国内学界却一直是个"冷门",甚至是"禁区",而且从事此方面研究的学者主要集中在市场营销以及公共管理等"营销技术学"领域。而以城市发展研究的视角,从城市社会、经济乃至空间效应等方面对城市营销进行的相关研究更是凤毛麟角。从本书提供的大量城市营销案例来看,当前我国城市发展中产生的诸多热点问题,比如城市大事件营销(City Marketing by Mega-Events)问题、劳民伤财的"形象工程"问题、公共空间私有化问题、城中村问题、社会阶层矛盾问题以及城市空间非理性增长等问题,不一而足,都与营销型城市增长模式有着密切联系。从可持续发展的角度出发,这些城市需要加速实现从营销型城市增长模式向更高效公平、更可持续的内生型城市增长模式的转型,而本书进行的相关理论和方法研究则试图为中国城市的这一转型实践的历史进程奠定理论基础。

1.2 研究方法与内容

1.2.1 研究方法

本书以城市科学和理论经济学的基本理论为指导,采用系统分析、实证分析与规范分析相结合、定性分析与定量分析相结合、个案分析与归纳分析相结合的研究方法,对城市营销的有关理论、效应以及城市增长模式转型等方面进行了研究,力求从众多纷繁复杂的城市营销案例中,厘清转型期我国营销型城市发展演变的规律和存在问题,提出具体的转型策略;并对城市大事件营销空间效应的理论实践、表现特征、影响要素和内在机制等方面进行了研究,具体有以下三种方法:

1) 比较分析法

根据研究需要,选择不同时期国内外营销型城市的典型案例,从营销型城市增长模式对于城市发展的积极效应和消极效应两个方面进行系统的横向和纵向比较分析,以寻找产生问题的根源,从而为营销型城市发展模式的转变提供参考和借鉴;通过对城市大事件营销的空间效应进行时间序列纵向的跟踪比较,分析城市大事件营销前后的政治经济发展与空间演化过程、效应的阶段对应关系。同时在空间序列进行横向的对比,即从目标导向和治理模式的巨大差异入手,将我国城市大事件营销与国际成功的城市大事件营销案例进行空间效应、社会经济以及政治背景的比较分析,从正反两个方面归纳大事件营销对城市空间发展产生的积极与消极效应,从而寻找问题产生的根源和规律。

2) 调查与访谈法

本书采取调查与访谈法相结合的方式来获取所需信息,调查的对象主要包括城中村原住民以及外来人口。为了便于资料的分析整理,访谈法以直接访谈(结构性访谈)的方式与被调查者进行交流,主要针对城市大事件营销的三方主体进行,以政府官员、规划师、开发商(房地产企业中的高级管理人员)和市民为主要访谈对象,分别采用了参与式观察和结构性深度访谈等方式,通过了解城市空间各发展主体对大事件营销空间效应的认识,评价大事件营销对城市空间发展的具体影响,并为本书中城市大事件营销空间效应的主体博弈关系研究提供重要依据。

3) 数理统计法

通过统计产品与服务解决方案(SPSS)软件(SPSS17.0)进行主成分分析,采用方差最大旋转方法,将具体指标层的指标进行简化,得出几个具有命名解释性的"综合因子"——对某些原始变量信息的综合和反映;分别计算出长三角地区 20 个城市的综合因子得分与其对应的权重(主成分的方差贡献率与几个主成分的累积贡献率的比值)乘积之和,即城市的总得分,得到长三角地区城市增长模式的总体排名情况,之后再对所得结果进行分析和解释,完成对长三角地区城市增长模式的评价。

1.2.2 研究内容

1) 研究内容

本书分为 11 章,各章具体内容如下:

第 1 章为绪论。本章指出本书的研究背景、意义、方法、内容。首先从选题的背景与意义出发,点明了本书研究的必要性,然后提纲挈领,引出本书的研究方法以及研究内容,对全书起到总领的作用。

第 2 章为国内外相关概念与理论研究进展。本章从起源、定义、属性、构成以及运作模式等方面对"城市营销""城市增长模式"等概念进行全面解析,总结并提炼出营销型城市增长模式和内生型城市增长模式概念的定义和内涵;从城市营销理论的发展历程和研究视角两个方面对国内外城市营销的相关理论研究进行综述,同时为下文的展开进行铺垫。

第 3 章为中国体制转型的总体背景与城市营销的企业化倾向。本章从全球化、分权化和市场化三个方面分析体制转型对地方政府的总体影响,构建地方政府企业化的理论框架,提出中国地方政府企业化的概念;结合转型期地方政府的营销性特征,从城市营销的构成要素入手,提炼出地方政府企业化背景下城市营销企业化倾向的五大特征。

第 4 章为营销型城市增长模式评价及内生型城市增长模式建构。本章分析转型期城市经济、社会和空间增长方式转型的宏观背景,对营销型城市增长模式给城市经济、社会和空间发展带来的积极与消极效应进行客观评价;在分析全球资本的流动性特征基础之上,对于营销型城市增长模式进行深刻的反思,提炼并总结内生型城市增长模式的基本概念与主要特征,进而从内生型城市发展战略的制定等方面建构内生型城市增长模式的基本内容与框架。

第 5 章为城市增长模式评价指标体系设计。本章基于营销型和内生型城市增长模式的差异,设计城市增长模式的评价指标体系,并选取长三角地区 20 个典型城市进行实例检验,对评价计算结果进行分析。

第 6 章为大事件营销的研究背景、概念界定与实践历程。本章阐释了大事件营销的实证选择背景及目的,从属性、内涵和要素等方面对大事件营销和城市空间发展的概念进行解析;从城市大事件营销空间效应的主要特征、测度方法和影响机制三个方面对国内外城市大事件营销空间效应的相关理论研究进行归纳;继而按照起步、初级、中级和高级四个历史阶段的划分,从大事件营销与城市间关系发展演变的视角对国内外城市大事件营销的实践进行回顾。

第 7 章为大事件营销的实证逻辑框架。本章首先从理论和实践两个方面提出本书的研究目标,然后分析大事件营销与城市空间发展的内在联系,并初步解析城市大事件营销的空间效应内在机制及其对城市空间发展的影响要素;从时间、空间和表征三个维度对大事件营销的空间效应进行分解,最后形成大事件营销的逻辑框架。

第 8 章为大事件营销的空间效应特征。本章根据城市大事件营销的周期性特征,结合国内外典型案例,分别研究城市大事件营销在准备阶段、运行阶段和后续阶段三个时期对城市不同尺度地区的具体空间效应;从物质空间效应和非物质空间效应两个方面,归纳大事件营销给城市发展带来的积极和消极效应。

第 9 章为大事件营销的空间效应影响要素与内在机制。本章从大事件营销引致的城市场馆设施、基础配套设施和土地开发等物质要素入手,分析大事件营销对城市空间产生影响的直接原因;从大事件营销不同的主体博弈类型所带来的政策制度和规划引导等非物质要素的区别入手,分析其空间效应产生的间接原因;基于城市政体理论解释企业化城市背景下城市空间的发展机制,建立大事件营销与城市增长模式之间的具体关系,形成"大事件营销—城市增长模式"统一体的分析模型;对城市大事件营销中的主体博弈关系类型进行分析,并从营销型城市增长模式和内生型城市增长模式的比较中,对城市大事件营销的空间效应内在机制进行深入的研究。

第10章为大事件营销的城市增长模式转型应对。本章结合转型期地方政府的营销性特征,从大事件营销的构成要素入手,归纳我国城市大事件营销企业化的倾向及其"中国特色";最后回归到中国城市增长模式转型的理论层面,并且从城市大事件营销的运行体制改革以及城市规划的技术创新两个方面入手,对大事件营销过程中的具体环节提出针对性建议。

第11章为结论与讨论。本章总结本书研究的主要成果,归纳主要结论,对下一步的研究进行展望。

2) 研究架构

本书研究架构如图1-1、图1-2所示。

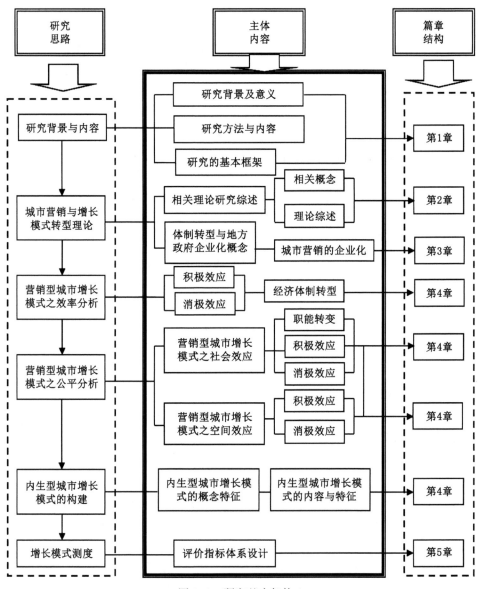

图1-1 研究基本架构1

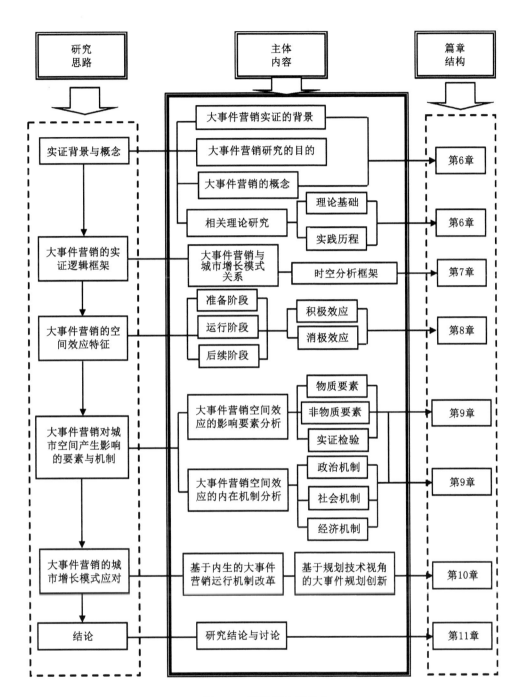

图 1-2 研究基本架构 2

第1章参考文献

黄海生,2004.城市营销理论及其运作模式构建研究[D].重庆:重庆大学.

伦佐·勒卡达内,卓健,2003.大事件——作为都市发展的新战略工具——从世博会对城市与社会的影响谈起[J].时代建筑(4):28-33.

魏成,陈烈,2009.全球化与制度转型脉络下中国区域空间生产逻辑及其研判[J].经济地理,29(3):384-390,369.

于涛,张京祥,殷洁,2009.转型期我国城市营销的企业化倾向及其影响[J].经济地理,29(4):608-612.

张京祥,于涛,2007a.对中国当前营销型城市增长策略的检讨[J].世界地理研究,16(4):82-88.

张京祥,赵伟,2007b.二元规制环境中城中村发展及其意义的分析[J].城市规划,31(1):63-67.

张兆义,2005.经济全球化背景下的转轨国家政府职能及其转换[D].长春:吉林大学.

HARVEY D, 1989. From managerialism to entrepreneurialism: the transformation in urban governance in late capitalism[J]. Geografiska Annaler: Series B, Human Geography,71(1):3-17.

WU F L, 2003. The (post-)socialist entrepreneurial city as a state project: Shanghai's reglobalisation in question[J]. Urban Studies (9):1673-1698.

第1章图表来源

图1-1、图1-2源自:笔者绘制.

2 国内外相关概念与理论研究进展

2.1 基本概念

2.1.1 城市营销

1) 城市营销的定义

城市营销(City Marketing)实践始于欧美国家,最早可追溯到14世纪的意大利,其目的主要是为了促进旅游胜地的发展(赵艳华等,2006)。近代城市营销实践产生于20世纪30年代,也被称作"烟囱角逐"(Smokestack Chasing)的时代,那时美国南部各城市对生产价值的追求目标比较单一,即吸引工厂、扩大就业,因而鼓吹自己可以比别的城市提供更好的商业环境、更低的商务成本,并且还提供政府财政支持(Ward,1998)。同一时期,欧洲的一些滨海城市、休养胜地也开始尝试以促进旅游、房地产销售为目的的城市营销。而后在很长的发展阶段里,城市营销的实践基本上属于城市推销的范畴。直到20世纪80年代,因国家经济衰退,城市之间的竞争加剧,真正意义上的城市营销实践才在美国诞生。中国的城市营销是在城市经营实践的基础上逐步发展起来的,经历了探索期、酝酿期、发展期和成熟期四个历史阶段(表2-1),当前的城市营销热潮是20世纪90年代中期以来国内广泛的城市经营活动实践的自然结果(于涛等,2007)。

表2-1 中国城市营销的发展历程

发展阶段	20世纪80年代末以前(探索期)	20世纪80年代末至90年代中期(酝酿期)	20世纪90年代中期至21世纪10年代(发展期)	21世纪10年代以来(成熟期)
主要特征	计划经济体制下自发形成、依托城市核心产业、影响要素单一	开始关注外部发展资源、着力挖掘城市特色、塑造城市良好形象、打造城市品牌、城市间的竞争开始升温	重视城市历史与文化等内生资源的保护利用、开始用城市营销的理念与发展战略规划城市,以大事件为标志的城市间的竞争日趋激烈	谋求经济增长速度的同时重视城市增长质量,产业尽可能相互关联,追求稳定、健全和可持续的多元增长
典型城市	上海、大庆、攀枝花、大同	大连、青岛、温州、深圳	北京、上海、广州、昆明、南京	北京、杭州、厦门、青岛、深圳

城市营销在英文中有多种表述方式如 Regional/Place/City Marketing/Promotion 等,其中 Place 一词意为各种形式的地方,可以是社区、地区、城市、省或国家(Kotler et al., 2002)。最初的城市营销是来源于地点营销(Place Marketing)概念,后来随着科特勒(Kotler)等人提出国家营销(Nation Marketing)概念,城市营销理论又添加了国家营销的一些内容,因此,当前城市营销的主流概念是根据场所营销和国家营销的概念稍加修正而得来的(郭国庆等,2006)。

虽然城市营销的概念产生时间不长,但是国内外学者从各自的研究视角出发,对城市营销进行了大量的理论和实证研究(表 2-2)。归纳国内外学者关于城市营销研究的若干流派,主要有以下几个方面的观点:

表 2-2 国内外关于城市营销定义的学术理论流派

流派	代表人物	主要观点
北美学派(美国学派)	科特勒、波特、维特	将城市作为一个企业来经营,将经济发展视为城市营销的终极目标,运用一整套营销战略体系来营销城市
欧洲学派	贝利、阿什沃思和福格德	将城市视为一个产品来看,通过"需求导向"的城市规划向目标市场提供符合市场需要的"城市产品"
国内学派	郭国庆、倪鹏飞	以充分发挥城市整体功能为立足点,通过城市知名度、美誉度的提升,满足政府、企业和公众需求
国内实践派	陈放、踪家峰	强调城市形象、品牌战略,关注短期效益以及城市 CIS 的构建,按照营销策划的思路指导城市营销实践

(1)北美学派(美国学派)

该学派强调将城市作为一个企业来经营,多从城市经济发展的角度出发,侧重于研究可执行的城市营销战略建构和推广过程,将经济发展视为城市营销的终极目标,因而该学派是属于实用营销战略理念的理论类型。北美的学者,如科特勒、波特(Porter)、维特(Waitt)等都是该学派的代表人物,其中以科特勒等人(Kotler et al., 1993)的"场所营销"概念影响最大。他将"场所营销"定义为:将(地区)场所视为一个市场导向的企业,将地区未来发展远景确定为一个吸引人的产品,借此强化地方经济基础,主动营销地区特色,更有效率地满足与吸引既有的和潜在的目标市场(主要包括产业、投资者、定居人口、观光客与会议人士等)。

(2)欧洲学派

该学派强调将城市作为一个产品来看待,倾向于从供需双方和市场三个层面思考城市营销问题,将城市营销视为一个多元主体博弈的过程,主张通过自然与社会规划过程的整合,促进城市社会、经济的协调发展,通过城市规划来向目标市场提供符合市场需要的"城市产品",意在造就令所有利益相关者满意的"和谐之城"(Harmonious City)(Paddison, 1993)。该学派关注城市营销中的 PPP(私人建设—政府租赁—私人经营)模式、城市管治及公众利益等社会政治内容,因而是属于社会政治理念的理论类型,代表人物如贝利(Bailey)、阿什沃思(Ashworth)和福格德(Voogd)等,尤其是阿什沃思等人(Ashworth et al.,1990)提出的"需求导向"(Demand-Oriented)的规划模式最具有代表性。传统的城市规划只注重物质层面,是一种"供给导向"(Supply-Oriented)的规划方式,是一种"产品分送体系"(Product Delivery System)。这种蓝图式的规划往往会将人们的注意力集中在解决现有环境中的各种功能性问题上,而忽略掉人们的真实需求。而"城市营销"强调的则是"需求导向"的规划方式,这是一种"价值分送体系"(Value Delivery System),即首先考虑的是实际和潜在消费者及目标群体的需求,并在物质规划之前先确定城市的价值观,在此基础上拟定城市的未来发展目标,确保该城市目标符合所有"消费者"的需求。

(3)国内学派

国内按照规范营销理论研究城市营销理论的学术理论派,其思路同时受到美国学派和欧洲学派的影响,吸收了两个学派的特点,表现出一定的兼容性和灵活性。知名的学者如诸大建、郭国庆、刘彦平、倪鹏飞、孙成仁等。如倪鹏飞认为根据城市营销的基本原理和具体任务,成功的城市营销应该在规范的程序下进行。他认为城市营销的立足点是发挥城市整体功能,城市营销的内容是提升城市内在能力,城市营销的目的是满足政府、企业和公众的需求。

(4)国内实践派

该学派主要由国内长期处于城市营销的实践者组成,强调城市形象、城市品牌的塑造,关注于城市形象识别系统(CIS)的构建,按照营销策划的思路指导城市营销的实践(韩昶,2005)。该学派是属于实用营销战略理念的理论类型,如陈放、踪家峰等。实践派往往强调短期利益,如陈放(2006)认为从一定意义上讲,城市营销就是通过提升城市形象,获得与城市内在能力对应的收益,让本地企业的品牌更鲜明,使本地居民更富裕,对投资者更有吸引力,使旅游者满意而归,最终使城市政府的绩效更突出。

对于城市营销的概念,大多数学者认为城市营销是营销理论在城市发展中的应用,是指一个城市运用其政治和经济资源,结合一系列市场营销的意识机制和手段,对城市中的各种资源进行挖掘与整合,广泛吸引更多的可用社会资源,提升城市竞争力,满足城市人民物质文化生活需求的过程(张京祥等,2012;董嘉鹏等,2012;郑国中,2015)。

通过总结国内外学派对城市营销的各种概念界定,笔者将城市营销定义为:以城市在区域中的合理定位为前提,运用一系列市场营销的意识、机制和手段,对城市中的各种资源进行挖掘与整合。在充分发挥城市整体功能的基础上,通过城市知名度、美誉度的提升以及城市有形、无形资产的增值,满足目标市场(投资者、游客和居民等)的需求,从而不断提升城市竞争力的一种社会管理活动或过程的总称。

2) 城市营销的构成

城市营销的构成要素包括主体、客体、目标客群、立足点、实质以及目标六个方面(图2-1)。

① 城市营销主体——主要为城市政府,另外还包括企业、市民、社会团体。

城市营销主体

城市营销客体

城市营销目标客群

充分发挥城市的整体功能

用市场营销理念和方法管理城市

提升城市的综合竞争力,促进城市发展

城市营销立足点　　　城市营销实质　　　城市营销目标

图 2-1　城市营销的构成要素示意图

② 城市营销客体——一是城市有形资产,主要包括土地、公共基础设施、当地产品等物质层面的城市产品;二是城市无形资产,主要包括城市文化、城市形象、城市品牌、服务质量、居民素质、政府素质(效率和廉洁)等无形要素构成的城市产品。

③ 城市营销目标客群——现在和潜在的投资者、旅游者、会务者和城市居民(包括常住和暂住人口)。

④ 城市营销立足点——充分发挥城市的整体功能。

⑤ 城市营销实质——用市场营销的理念和方法管理城市。

⑥ 城市营销目标——提升城市的综合竞争力,促进城市发展。

3) 城市营销的双重属性

马克斯·韦伯(Max Weber)认为现代化进程可以从精神、观念层面上理解为理性化[①],并将其划分为工具理性与价值理性。所谓工具理性,著名哲学家霍克海默认为工具理性"本质上关心的是手段与目的,关心实现那些多少被认为是理所当然的,或凸显目的手段的适用性,但它很少关心目的本身是否合理的问题"。这就是说,工具理性是一种被限制于对技术而非目的的领域的理性,它追求知识、技术的效率对各种行动方案的正确选择。所谓价值理性,是一种更为本质的、综合的理性,在康德哲学中直接被称为"理性"。这两个概念被分别用以指代理性的技术、形式、工具维度与精神、意义和人文维度(何建颐,2006)。

（1）工具理性：城市营销是一种技术工具

早在工业社会时期，西方理性主义同现代科学技术相结合形成的技术理性主义就已发挥到极致，突出表现在社会组织、经济组织与政治组织中。城市营销被普遍认为是营销主体为了满足城市营销目标市场的需求，运用现代市场营销及科学技术手段，实现城市有形、无形资产增值的一种技术工具（Kotler et al., 1993），因此，被视为不受价值理性的限制而适用于所有国家和地区。但是这种以工具理性为主导的城市营销给城市带来短暂物质文明的同时，也引发了大量的城市社会与环境可持续发展等问题。

（2）价值理性：城市营销代表一种公共政策

20世纪70年代以来，以工具理性为主导的规划价值观受到重新审视。城市营销作为公共决策及其高度政治化的本质，涉及利益和价值的冲突。许多营销策略最终被采纳主要是相互竞争的利益集团之间政治冲突或利益博弈的结果（John, 2003）。城市不仅是一个经济系统，也是一个复杂的社会文化和生态系统，综合来说是一个各种要素高度聚合的公共空间。城市营销不仅要考虑城市微观个体的现实需求，更要考虑城市的整体发展，体现城市的公共利益，这就决定了城市营销具有公共政策的属性。

因此，要实现城市营销价值理性与工具理性真正意义上的调适融合，关键在于城市营销工具理性的回归与价值理性的重塑，即建构起一种以"价值理性"为引导、工具理性回归到从属价值理性的位置，突出"价值理性"与"技术理性"辩证统一的理性规划观念（图2-2）（于涛等，2009）。

4）城市营销的主要方式

城市营销作为当今应对城市竞争的重要手段在全球范围内得到了广泛开展，全球各城市纷纷整合自身资源，利用各种营销手段，向外界推介城市形象、树立良好的城市品牌，以达到最大限度地吸引外部资源的目的（表2-3）。

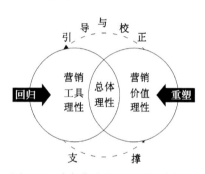

图2-2 城市营销的双重属性分析图

表2-3 城市营销的主要方式

主要方式	内容	典型案例	特点
大事件营销	体育赛事、节事会展、政经活动	北京奥运会、上海世博会、中国进出口商品交易会（俗称广交会）、达沃斯世界经济论坛	投入很高、规模巨大、时限明确，具有重要国际影响，对城市空间发展有明显影响，举办地多为国际化城市
形象宣传营销	设计城市品牌、塑造城市形象，并通过电视、网络、报纸、广播等媒体直接推介	杭州"生活品质之城"推介，"好客山东"系列旅游广告，重庆、成都等网红城市传播	投入不大、规模适中，在全国有一定的影响，对城市空间发展影响不大，所在城市多为大城市或旅游城市
特色产业营销	主题节庆、专题招商	盱眙"龙虾节"、高淳"螃蟹节"	投入较低、规模较小、形成传统，在全国部分区域有较大影响，对城市空间影响较小，举办城市多为中小城市

5) 城市营销与企业营销辨析

城市营销的概念是从企业营销概念衍生出来的,由于早期企业营销的功利化,传统意义上的城市营销在实践过程中相应呈现出功利化、短视化的特征,往往强调短期经济利益和寻求外来力量来实现城市的复兴或发展,其结果是造成城市丧失了可持续发展的能力。但二者还是有本质的不同(表2-4),具体表现为以下四点:

表2-4 城市营销与企业营销的区别

分类	城市营销	企业营销
顾客	城市居民和城市外部人员	企业外部人员
产品	城市任何方面和细节都是产品,而且在城市内部销售	只有某一个或几个是企业的产品,产品是在企业自身外部消费和销售
员工	既是生产者又是消费者	主要是生产者
系统	是一个开放的系统	是一个相对封闭的系统
评价标准	是一个复杂的综合体系	是以财务指标为主的单一体系
目标	追求公共利益最大化	追求利润效益最大化
产品所有权	不为特定个体所有	为某一特定个体所有

(1) 营销的范围不同

一般企业营销的产品是可以量化的单体形式的商品或服务,而城市是一个复杂的空间组合体,城市营销是对城市环境整合后进行的整体性营销活动。

(2) 产品的可达性不同

任何企业产品都可以用各种交通工具直接送达消费者手中,不受地域的限制。所以产品分销(物流)是企业营销不可或缺的营销策略,但在城市营销中,城市区位的固定性决定了城市产品必须以城市为载体。

(3) 产品的所有权不同

企业产品最终要归属于某一特定个体或群体,具有排他性。城市产品作为一个整体性的公共产品,不为特定个体所有,具有非排他性。

(4) 营销主体的职能要求不同

企业经营者在营销过程中主要通过资产直接运营来实现企业利润的最大化,其职能主要是经济职能。城市营销者主要是通过提供优质的服务,吸引更多的城市消费者,从而实现税收收入的最大化。因而,其职能主要是政治职能、社会职能、生态职能以及经济指导职能。

6) 城市营销与城市经营辨析

城市经营是指城市经营者及城市政府像企业家经营企业一样,通过对城市的公共资源特别是有形资产的市场化运作,以获取经济和社会效益的一种经营管理活动。城市营销和城市经营这两个概念既有其内在联系又有区别。

(1) 内在联系

① 城市经营是城市营销的重要构成形式之一:城市通过城市经营,利用市场经济和政策手段对城市各种资源进行整合、聚集和运营,使资源配置实现容量最大化和结构、秩序最优化,实现城市有形和无形资产的保值、增值,树立起良好的城市形象、打造有竞争力的城市品牌,从而为城市营销奠定必要的基础。

② 城市营销可以促进和推动城市经营:只有让消费者充分了解和认识城市所具有的优势,才能使其环境力和形象力变为城市的吸引力和竞争力。因此,必须通过城市营销,吸引消费者参与城市建设和经营活动,才能实现城市的迅速发展。

③ 城市营销弥补了城市经营的不足:城市经营侧重于城市环境的建设以及城市资产的保值、增值。而城市营销则以城市消费者为中心,通过提高城市消费者的满意度来提高其自身的效益,并最终通过消费者价值的充分实现来提升城市的价值。

(2) 区别

城市营销与城市经营的区别如表2-5所示。

表2-5 城市营销与城市经营的区别

分类	城市营销	城市经营
内涵	提升城市的软硬环境和相关服务,增强城市提供公共价值的能力	对城市资产通过市场化的手段进行盘活和增值
目标	满足城市消费者的需求	为城市的建设和发展筹措资金
方法	市场细分、选择和定位以及营销沟通等专业化市场营销手段	资本项目运作如利用建设—移交—运营(BTO)、建设—经营—转让(BOT)、建设—拥有—经营(BOO)、股份化等方式经营
执行主体	城市政府、企业、市民、社会团体等多种利益相关者	城市政府
战略制定	有效沟通、相互协同	政府组织、制度流程

因此,笔者认为城市营销实际上是一种运用营销理论方法体系的泛化的城市经营。因为在城市经营中运用了营销理论方法,传统的城市经营由此相应出现了一些变化,如更加强调市场导向或城市消费者导向,开始从顾客需求的角度思考城市产品或服务(即城市营销战略)的设计、生产和提供,而不是仅仅强调资金导向或者功能导向,简单地运作城市的土地资源以及其他的有形或无形资源。因此,可以说城市营销的概念比城市经营范围更广,内容更多,影响也更广泛。

2.1.2 城市增长模式

从库恩的"范式"概念上去理解,模式(Pattern)可以理解为一组概念集或"分析样式",而所谓的城市增长模式(City Growth Pattern)可以定义为协调安排城市各种资源的分配、投入、组合的使用方式,它决定着城市空间和实体发展的整体效能,是城市发展的总体特征。也有学者将其定义为在一定的资源和制度（包括意识形态）的约束下城市增长的方式。研究城市增长模式问题可以沿着下列思路：一是城市增长状态的分析及增长因素的探索；二是城市增长模式的探索；三是城市增长理论的探索；四是城市增长转型问题的研究。从增长的动力机制来分,城市增长模式可以分为营销型城市增长模式和内生型城市增长模式。

1) 营销型城市增长模式的定义

营销型城市增长模式是指地方政府联合企业采取"企业型"的城市管理方式,将城市营销作为城市发展的主导目标和战略,并通过采取一系列营销活动对城市有形和无形资产进行经营,不断提升城市的美誉度与竞争力,以此吸引外部发展资源来促进城市增长的模式,其往往具有以下特征：热衷通过基础设施建设和媒体网络进行城市形象和城市品牌的塑造；频繁举办节事会展等大事件营销活动；以增长联盟为主体、以城区为载体进行城市有形资产的单一城市营销；进行以吸引外来资本为目标的城市营销,存在较严重的外资依赖状况（表2-6）。

表2-6 我国营销型城市增长模式的基本类型

模式		环境经济	企业品牌	服务营销	外资经济	针对性营销
代表城市		大连	青岛	苏州	昆山	上海
主要特点	依托	得天独厚的自然环境	海尔、海信、青岛啤酒等名牌企业	长三角经济圈内重点城市	优质的政府服务,独特的政府软环境	区位优越,人才荟萃,科技发达,设施先进
	支点	硬环境	优秀企业资源	软环境	公共服务	金融、贸易、经济中心
	战略	城市经营	品牌经营	制度创新	发展高科技产业	中国与世界经济交互作用的枢纽与平台
	措施	土地置换、拆迁、建广场	以知名品牌带动产业发展,并实现环境的改善	一站式服务、人才绿色通道、权力下放	优质的政府服务,特色鲜明的产业园区	政府部门办事效率高,行为规范,执行政策富有创造性和灵活性

由于发展阶段和城市特点不同,采取营销型城市增长模式的城市有两种表现：一种是虽然将城市营销作为城市的主导战略,但目前的外资引入并不理想的城市,例如大连,其外贸依存度并不高,但是有一系列的营销行为；另一种是对外资格外青睐,采取优惠的土地、税收等实质性的城市营销

政策,并成功吸引到大量外来资本的城市,例如苏州、昆山、上海,其外贸依存度已经超过了100%,过度依赖外资。而内生型城市(常熟、江阴),其外贸依存度一般比较低(表2-7)。

表2-7 2018年典型城市增长模式综合指标比较

代表城市	营销型				内生型	
	大连	苏州	昆山	上海	常熟	江阴
地区生产总值/亿元	7 668	18 597	3 875	32 679	2 400	3 806
外贸依存度/%	62	126	156	104	72	42
实际使用外资/亿美元	26.0	45.0	7.5	173.0	4.8	9.5
外资占GDP的比重/%	2.3	1.6	1.3	3.6	1.4	1.7

注:以2018年为例,其中美元汇率为6.8。

进入21世纪以来,营销型城市增长模式的负面效应也开始日益凸显,城市营销作为政府企业化的结果,表现为对外部资本依赖性过高,追求短期效应,容易造成城市空间的低效开发,导致社会失衡。学者们也在思考,如何利用城市营销实现城市的可持续发展,形成独特的地方创新环境。张京祥等(2012)通过建立尺度跃进与内生型营销的结构关系,指出将资源优势转换为产业集聚和联通优势,形成政府和企业合作的治理模式,从而构建根植性更强的内生型发展动力。曹毅梅(2013)、钱大胜(2013)、白银峰(2014)认为城市软实力竞争越来越激烈,为城市树立旗帜鲜明、品味独特、富有内涵的城市品牌,扩大城市品牌的知名度和影响力,将成为城市品牌营销的新趋势。郑国中(2015)认为城市由工业集聚型向消费集聚型转变,应通过优化公共服务平台,整合优势资源开展新城市营销,实现城市消费集聚效应的发挥。董珅迪(2013)、付存军等(2014)认为通过四个阶段的城市营销战略规划,实现资源型城市的转型发展。汤筱晓等(2012)则是放眼于区域层面,分析了城市营销战略的基本框架,从城市形象、城市功能、城市投资政策及城市对外交通分析城市营销作用的机理,并分别提出四个方面的相应对策来提升城市竞争力。

2) 内生型城市增长模式的定义

内生型城市增长模式的源头可追溯至1971年,联合国经济及社会理事会针对不发达地区的项目开发提出了五点共识:社会大众应该平等地享受社会发展成果;在项目开发过程中应引入居民参与;对于进行开发的具体行政手段必须加以强化;对于基础设施进行城乡统筹配置;环境保护要彻底。1975年,瑞典达格·哈马舍尔德(Dag Hammarskjold)财团在一份关于"世界的未来"的联合国总会报告中,正式提出了"内生发展"这一概念,报告认为,"如果发展作为个人解放和人类的全面发展来理解,那么事实上这个发展只能从一个社会的内部来推动"。20世纪80年代,联合国教科文组织、联合国大学组织了一批研究项目,深入探讨"内生式增长",包括"内生式"(Endogenous)和"外源型"(Exogenous)的对立,对古典经济学的反思,以及国际政治的多极化发展必然带来各国不同的发展道路(Wu,2003)。欧洲学者们在研究南欧乡村地区发展战略的时候,也不断丰富了内生式城市增长理论,主要的提出者包括穆斯托(Musto)、弗里德曼(Friedmann)、加罗福利(Garofoli)、哈恩(Haan)和范·德·布鲁格(Van der Ploeg),这一时期理论的重点在于强调乡村内部资源的充分利用与开发,以及本地动员对于乡村发展的重要性。20世纪90年代以后,在日本展开了一场关于内生式发展理论的反思,反思的原因在于理论变成了一种"自言自语",亦即成形的理念之下却缺乏可操作性,这场反思的结果使学者认清了乡村之间及乡村和城市之间网络化的交流与合作(Partnership Collaboration)对于实践这种发展模式的重要作用,并成为近年日本地方自治体合并浪潮的一个理论依据。

因此,对于内生发展的概念,学界尚未形成统一的定义,但通过总结学界的各种观点,可以归纳出内生型城市增长模式的定义:内生型城市增长模式是以当地人开发为主体,以本地技术、产业、文化为基础,以地区内的市场为主要对象,通过建立能体现当地人意志的、将各种利益集团集合起来的组织来保证地方自治权力,进行本地层面的创新,追求包括生活、福利、生态、文化以及居民人权的一系列城市可持续发展目标的增长模式。当然必须指出,内生发展并非地区保护主义,如果忽视与大城市、政府之间的关系,那么地区也是不可能自立的,同时来自外部的资金永远是需要的,即使一个地区的发展主导方式是内生的。其内涵应当包括以下三个方面:

(1)地区开发的最终目的是培养地方基于内部的生长能力,同时保护本地的生态环境及文化传统

基于内部的生长能力强调的是摆脱地方发展对于外界资本的依赖,使本地人重新回归到主导自身发展的地位,激发源自地方内部的生长能力,这种能力包括积极应对外界挑战的能力、学习创新的能力、组织动员的能力等等。内生型城市增长模式追求的目标是人的基本权利的实现以及人的全面发展,除了经济以外,生态和文化也被作为重要的指标纳入考察乡村发展的体系中来,如詹金斯(Jenkins)强调的,应保持传统文化在内生型城市增长模式中的重大影响(于涛等,2011b)。如果换一种表述方式,即多元化的发展目标更接近于一种能力的培养,乡村地区只有具备了自发的生长能力,才能真正实现全面而长远的发展。

(2)以本地居民作为地区开发主体,使当地人成为地区开发的主要参与者和受益者

"乡村—都市二元对立"(Rural-Urban Dichotomy)的观点在当代已经受到全面的质疑和批判(Daly et al.,1989)。乡村的存在并不是为了牺牲自身的利益以维护城市的发展,乡村和城市之间应该建立一种新的互相合

作、协调的关系。内生型城市增长模式不允许外部力量剥削当地的利益,当地人应该成为地区开发的主要受益者。考虑到当地人对于本地的熟悉程度以及对本地利益的维护程度,应该吸收当地人参与整个地区开发的过程当中。但同时,这并不意味着乡村将离开城市独立发展,恰恰相反,乡村可以合理利用外部的资金、信息、技术,只要保证整个地区的开发仍然是以当地人为主体。

(3) 建立能够体现居民意志,并且有权干涉地区发展决策制定的有效基层组织

内生型城市增长模式不仅指导理念的变化,还涉及地方组织的变化,传统的自上而下的中央集权式的组织往往因过高的管理成本和低下的效率,已经不能满足地方日益高涨的发展需求。"内生"(Endogeneity)几乎是"自下而上"(Bottom-up)、"基层"(Grass Roots)、"参与"(Participation)这些词汇的同义词(Ray,2000)。由于内生型城市增长模式是一种自下而上的,依靠基层力量推动的增长模式,而不是自上而下依靠行政命令推行的模式,显然建立一个有力的基层组织是进行开发的重要前提,例如国外发达国家广泛存在着的社区基层组织。在国内,目前这种组织的力量相对较弱,最广泛的基层组织代表为社区委员会或村民委员会,另外在一些家族观念浓厚的地区特别是少数民族地区还存在着宗族力量。

2.2 国内外城市营销理论研究综述

2.2.1 城市营销理论的发展历程

从20世纪30年代开始,尤其是50年代以来,城市营销的理论研究渐多,但多着眼于旅游目的地(Tourism Destination)或工业社区等领域,研究的内容也多为广告、事件促销等简单的营销应用层面。最早的城市营销研究起源于美国,其间具有标志性的研究成果是美国人麦克唐纳(McDonald)在1938年出版的著作《如何促进社区及工业发展》(*How to Promote Community and Industrial Development*)。

早期的相关理论,重点研究营销推广在促进美国或欧洲国家殖民地发展方面的作用。城市营销理论的真正形成是在20世纪80年代末至90年代初的美国,当时在新技术革命和全球化的大背景下,世界各地的城市都在竞争有限资源以谋求自身的发展,城市营销作为应对城市危机、增强城市竞争力、吸引外部发展资源、繁荣区域经济的有效工具开始备受瞩目。加之这一时期市场营销理论及城市相关学科的研究取得了长足进展,诸如社会营销、非营利组织营销、文化营销、服务营销、组织营销、关系营销、体育营销、品牌营销、旅游营销、政治营销等营销新思想异常活跃,地区经济发展(Local and Regional Economic Development)、地区竞争力(Place

Competitiveness)、城市规划(Urban Planning)以及城市管理(Urban Management)等方面的新理论蓬勃发展,都为城市营销理论的研究丰满了羽翼(郭国庆等,2006)。

根据科特勒等(Kotler et al.,1993)的研究,地区(城市)营销实践经历了三个阶段的发展,相关的理论研究也大致经历了与之对应的历程。

1)"城市销售"阶段:20世纪30—50年代

这一阶段的主要特征为"销售城市"(Selling City)的特征,即以城市土地、风光、房屋及相关产业特别是制造业的销售为目的。如何通过地区促销手段,宣传本地形象以吸引更多的游客、移民等消费群体到本地居住和生活,同时吸引大量的资金到本地投资设厂成为该阶段城市营销研究的核心内容,其中尤以戈尔德等(Gold et al.,1994)主编的论文集最为典型。有效吸引移民、促进旅游和工业发展以及推广本地文旅房地产项目是这一阶段研究的主要目的,如何运用宣传和营销沟通手段就地区或景点的形象与目标受众进行沟通是本阶段研究的重点内容。

2)"城市推销"阶段:20世纪60—70年代

这一阶段的主要特征为"升级城市"(Promoting City)的特征,即重视城市的改造更新、形象重塑以及特定领域目标营销。该阶段营销的目的是吸引投资商对城市(传统工业城市)的改造进行投资,并通过旅游和文化等相关领域的营销,赋予城市新的历史价值和文化内涵(赵云伟,2001)。对该阶段的研究以阿什沃思和福格德(Ashworth et al.,1990)、卡恩斯和费罗(Kearns et al.,1993)的著作最具代表性:前者尽管将城市营销作为城市规划的工具来进行研究,但已表现出相当的营销理论水平。其在书中深入探讨了城市营销的环境研究、城市市场细分、城市竞争研究、地区形象、地区促销等内容,该书是城市营销理论发展中一个非常重要的研究文献。后者则更多地收集了将地区、城市作为历史或文化产品来营销的研究论文,内容涉及城市文化资产在吸引移民、旅游、工业和投资等方面的意义和实现途径,对此后从文化视角进行城市营销研究的学者影响甚大,为此后城市营销的研究亦增添了新的文化视角。另外,贝利(Bailey)、巴提(Batty)、布莱克利(Blakely)、雷尔(Hall)和牛顿(Newton)等学者也进行了相关类似的研究。

3)"城市营销"阶段:20世纪80年代至今

这一阶段的主要特征为"营销城市"(Marketing City)的特征,即突出城市营销的竞争因素、选择性市场、主客体界定、城市定位、城市形象品牌策略以及营销战略组合。该阶段的研究强调在彰显城市特色的前提下,将城市营销的思维深入合理开发城市产品(City Product Development)的途径层面。科特勒等(Kotler et al.,1993)的著作建构了该阶段城市营销理论的概念体系和理论基础框架,无疑成为这一阶段研究的杰出代表。此外还有达菲(Duffy)、阿什沃思、福格德、梅塔克萨斯(Metaxas)、瑞尼斯特(Rainisto)、李木阳(Lee Mu-Yong)等学者分别从城市规划与管理、城市经济发展与竞争力、地区与城市品牌、城市营销成功要素以及地区与城市文化政策等角度出发对城市营销进行研究,对拓宽和深化城市营销的理论发展贡献良多(郭国庆等,2006)。

21世纪以来,学者研究发现城市营销被广泛应用于制定地方政策之中(Kavaratzis et al.,2015)。西方国家的城市和地区经常制定正式的地方营销政策,以改善其形象,使其治理更加以营销为主导。例如,在荷兰,全国范围的地方营销调查中有2/3的受访者表示他们的市政当局有正式的营销政策(Braun et al.,2010)。

地方营销通过营销手段来促进和发展城市、城镇和地区(Braun,2008；Eshuis et al.,2013)。营销工具可能涉及广告、地方品牌或社交媒体等,交流工具被用来改善地方及其管理的政策,也被用于地方的战略规划,以设想地方未来发展,以及作为朝着该方向发展时的强有力支撑(Oliveira et al.,2015；Van Assche et al.,2011)。

2.2.2 城市营销理论的研究视角

城市营销理论是地理学、政治学、社会学、城市科学、产业经济学、营销学等多学科相互交叉渗透的产物,研究者的学科背景不一,研究重点也各异。从研究方法上看,绝大多数学者采用定性研究和实证分析的方法,也有部分学者引入数学建模的方法来进行城市营销的研究,如阿什沃思(Ashworth et al.,1990)、范·林堡(Van Limburg et al.,1998)等。

1) 城市竞争力视角

该研究领域学者认为,城市营销与城市竞争力有着密切的联系,城市营销可以为城市在竞争互动的过程中进行合理的定位,突出特色从而吸引目标群体,并且为城市发展营造具有竞争优势的环境,为面临发展困境的城市找到走出困境和振兴经济发展的活力(郑昭,2005)。该领域国外代表性理论如卡斯特(Castells,2000)的"新空间逻辑"、哈维(Harvey,1989)的"企业家政府说"、科特勒等(Kotler et al.,1993)的"竞争经验说"、伯格等(Berg et al.,1999)的"城市发展瓶颈说"以及国内如北京国际城市发展研究院(2002)的"城市竞争力"理论、倪鹏飞等(2004)的城市竞争"弓弦箭模型"等。城市营销对竞争力的提升具有正面影响,具体来说,其影响通过以下三个方面体现:

(1) 城市营销体现城市经营的企业家精神

阿什沃思和福格德(Ashworth et al.,1990)指出,美国城市因为地方自治与税制的原因,地方政府的管理者具有较多的企业家态度；德国的伯格等(Berg et al.,1999)也指出,竞争已经使得欧洲城市需要重新定位它们的发展方向,在各方面尽可能地具备吸引力。城市的经营管理将必须更有组织,并且需要具备更多的商业观点,提高运营效率。伯格等人认为管理城市就如同经营企业,城市的管理者需要具有企业家精神。

(2) 城市营销带来城市竞争力发展瓶颈的突破

伯格等(Berg et al.,1999)指出,营销是达到城市政策目标的手段,城市管理者能通过使用多种营销策略来突破城市发展的瓶颈,达到提升城市竞争力、活跃地区经济的目标。以市场为导向的城市营销必然带来地方政府与目标群体间更好的沟通与互动,使整个社会的投资获得最大的利润。

(3) 城市营销策略是形成城市竞争优势的重要途径

竞争使得城市营销成为吸引目标群体的主要原因。伯格等(Berg et al.,1990)指出,城市的营销就像一套以居民、公司、游客和其他观光客的需求为中心的服务体系。从这个角度来说,城市营销既是考虑顾客和以市场为导向的经营管理理论,也是城市运营过程中的具体途径。

2) 城市形象与品牌视角

该研究领域学者认为,城市形象和品牌从某种角度来说就是城市或地区的产品,同时也是城市营销重要的方法论思想。城市形象与品牌的塑造是提升城市知名度和美誉度的重要策略,其基本思路是首先从城市整体发展的角度找准自身的核心价值与形象品牌定位,然后整合全社会的资源进行长期有效的经营和推广。该理论将城市核心价值以及科学定位的理念引入城市营销的理论体系中来,因而成为城市营销迈向专业化的重要标志。该领域代表性的研究如阿什沃思和福格德的"城市形象战略"研究、霍尔的"正负城市形象"学说、维特(Waitt)的"意识形态"研究,以及哥谭(Gotham)、史密斯(Smith)、唐纳德(Donald)、瑞尼斯特、乔远生等对城市地区品牌的研究等。

城市形象(City Image)和城市品牌(City Brand)这两个密切联系的概念,在研究文献中也多有交叉和重叠。阿什沃思和福格德(Ashworth et al.,1990)最早系统地把城镇规划和营销学理论联系起来建立了城市形象和城市营销的理论。美国品牌专家凯文·莱恩·凯勒(Kevin Lane Keller)教授在《战略品牌管理》一书中指出,地理位置或某一空间区域像产品和服务一样,也可以成为品牌。与商品品牌一样,城市品牌也有其丰富内涵。一个城市首先必须提炼出与众不同的核心价值,否则城市之间将缺乏本质上的差异性,失去吸引力。目前就城市营销品牌化的研究还处在一个发展初期阶段,学者们大多结合具体的案例来研究城市或地区品牌,如原产地品牌策略、联合品牌策略等。这种战术性的、促销沟通层面的品牌研究,尚未完全体现品牌理论作为现代战略营销强大管理思想和决策工具的内容和价值。

3) 市场营销视角

该研究领域学者认为,城市营销植根于通用的市场营销理论,市场营销的概念和工具为城市营销研究奠定了基础。阿什沃思等(Ashworth et al.,1990)创制了"城市营销过程要素"流程图,科特勒等(Kotler et al.,

1993)提出城市营销战略规划的五个步骤和地区营销战略的四种方法。梅塔克萨斯(Metaxas,2002)、李木阳(Lee,2003)综合了前人的研究,也分别发展出更为详尽和复杂的城市营销战略规划流程,对理论研究和营销实践都极具价值。国内学者最早也是从市场营销的角度入手,从纵向和横向系统研究城市营销的理论框架,如康宇航等(2004)的城市营销市场细分理论就是其中之一。

(1) 从纵向入手,深入研究城市营销的某一方面

在纵向上出现了以城市市场细分、城市产品、城市价格、城市渠道、城市促销等将某一方面作为研究对象的系列研究成果。例如,以城市形象作为细分研究的对象,按照城市功能、环境性质、时代性、民族性、发展性和表现性等角度对城市形象进行细分,并研究了它对城市形象设计和建设的重要意义。

(2) 从横向入手,系统研究城市营销的理论框架

综合众多学者的研究成果,城市营销的理论框架已经初显雏形。该框架就是借鉴市场营销学的研究方法和模式,从城市消费者分析入手,通过"STP+4Ps"[2]进行展开,系统研究城市营销的理论与实践问题。

4) 城市文化视角

该研究领域学者认为,城市营销深受社会经济、历史文化等因素的影响,这些影响表现为城市营销的三种战略类型,即当地经济导向的城市营销、地方社区导向的城市营销及地区文化导向的城市营销(Lee,2003)。文化城市营销包括两种战略,即地区战略(Place Strategy)和营销战略(Marketing Strategy),而如李木阳(Lee,2003)的"SAUNE"要素研究,即持续(Sustainability)、真实(Authenticity)、统一(Unity)、网络(Network)和经济效果(Economic Effect)。阿什沃思和福格德(Ashworth et al.,1990)的"影子效应"以及卡恩斯和费罗(Kearns et al.,1993)等学者的研究,则属于较为典型的文化视角的城市营销研究。

5) 组合体系视角

该研究领域学者认为,城市营销首先是一种系统化、战略性的决策,城市营销组合体系能否良性运转关系到城市营销的成败。如何制定出地区或城市的统一的营销决策同时又使各方营销主体都认同这个决策而不致冲突,足够的组织和协调能力以及合理的机制就显得至关重要,必须诉诸战略的研究和规划,进行城市营销组合体系的研究(Ashworth et al.,1990)。该领域代表性的研究如瑞尼斯特(Rainisto,2003)总结出的城市营销"九大成功要素"、伯格等(Berg et al.,1990)的"城市服务营销组合"、梅塔克萨斯(Metaxas,2002)的"5P"[包括价格(Price)、渠道(Place)、促销(Promotion)、包装(Package)和产品(Product)]组合概念以及阿什沃思和福格德(Ashworth et al.,1988)提出的"P-S-O-F"(促销策略、空间功能策略、组织策略和财务策略)地理营销组合,另外科特勒等(Kotler et al.,1993)对城市营销组合也有类似的表述,而李木阳(Lee,2003)创立的

OIPTC③地区和城市营销组合新概念(组织形象、组织产品、组织目标和组织渠道),为地区或城市营销组合的研究亦做出了积极的贡献。

除上述分析视角外(表2-8),城市营销研究还可从理论所侧重的地区范围和领域加以梳理,如科特勒等(Kotler et al.,1997)对国家营销的研究、波特(Porter,1998)对国家竞争力的研究,科特勒等(Kotler et al.,2002)、阿什沃思等(Ashworth et al.,2004)、贝利(Bailey,1989)和帕蒂森(Paddison,1993)等人对营销地区或城市的研究,史蒂芬和雷切尔(Stephen et al.,1996)对营销城市中心区的研究,萨克斯尼亚(Saxenian,1998)对营销社区的研究,还有学者就跨界合作、城乡协调、网络城市营销等进行的研究。另外,从所关注的领域看,学者们或进行综合的城市营销理论研究,或聚焦到促进旅游、保持及扩张工业、稳定及吸引居民、吸引外资和企业选址、扩大出口等某一较小的领域进行研究,囿于篇幅,本书不再赘述。

表2-8 国内外城市营销理论研究视角

视角	代表人物	主要观点
城市竞争力	卡斯特、伯格、倪鹏飞	城市营销为面临发展困境的城市找到走出困境和振兴经济的活力。城市营销对竞争力的提升具有正面的影响
城市形象与品牌	阿什沃思、福格德、瑞尼斯特、乔远生	通过合理的城市定位以及城市形象、品牌战略整合全社会的资源,持续不断地经营和推广自己的核心价值
市场营销	科特勒、梅塔克萨斯、康宇航	市场营销的概念和工具为城市营销研究奠定了基础,如城市营销市场细分理论、"STP+4Ps"系统研究方法
城市文化	李木阳、卡恩斯、费罗	提出文化城市营销的"SAUNE"要素组合,指明历史文化的沉淀、建筑遗迹和历史事件都能形成"影子效应"
组合体系	瑞尼斯特、阿什沃思、福格德	规划组织、公私合作、过程协同和领导力是城市营销成功的重要因素,城市营销必须诉诸战略的研究和规划

2.3 城市增长模式的评价指标体系研究综述

2.3.1 国外相关研究进展

1992年在联合国环境与发展大会上被首次提出的"可持续发展"思想,对世界各国之后制定经济、社会发展战略都产生了重要影响。联合国在《21世纪议程》中号召"各国在国家一级、国际组织与非政府组织在国际一级,应探讨制定可持续发展指标的概念,以便建立可持续发展指标"。各国也积极响应,建立符合自身国情的可持续发展指标体系。联合国可持续发展委员会(UNCSD)于1995年构建了的"驱动力—状态—响应"(DSR)指标体系,分经济、环境、社会和机构4大类,涵盖140多个指标,以"压力—状态—反映"的框架来进行评测。联合国统计局(UNSTAT)和国际科学联合会环境问题科学委员会(SCOPE)也分别构建了可持续发展指标体系框架(FISD)和可持续发展指标体系。经济合作与发展组织(OECD)

和世界银行（WBG）也提出了可用于衡量城市发展的指标体系。前者在1980年构建了"社会指标体系15项"，后者提出了"国家财富"指标体系——以自然资本、生产资料、人力资源和社会资本4项标准来衡量国家的财富。国际发展重新定义组织（Redefining Progress）也于1995年提出了真实发展指标（GPI），用其来评价一个国家或地区的真实经济福利。

20世纪70年代初期，美国现代化研究专家艾历克斯·英格尔斯（Alex Inkeles）提出了由10项指标构成的社会现代化标准。这后来成为国际上比较通用的标准，但现今也已表现出一定的滞后性。美国社会学家理查德·艾斯特斯（Richard J. Estes）构建了"加权社会进步指数"（WISP）。他选择了教育、国防、人口、文化等36个社会经济指标来综合评价社会发展水平（Estes，1996）。1989年，戴利和柯布（Daly et al.，1989）提出了"可持续经济福利指数"（ISEW），用于评价国家、地区的可持续发展水平，此指标在美国、英国、德国等国家已得到了广泛应用。随着城市生态环境问题不断加剧，城市环境质量评价成为当下学界关注的热点。2015年，罗巴蒂（Robati）等人提出了可持续城市质量综合指数（SUQCI）模型用于评价城市环境质量，城市发展质量评价不断向多维度发展。

2.3.2　国内相关研究进展

目前国内学者设计的关于城市发展（包括城市现代化、城市可持续发展、城市竞争力、城市发展质量等方面）的评价指标体系已有比较深入的研究，现分类概述如下：

1）城市现代化指标体系

城市现代化是指在人类社会发展的历史过程中，以现代工业和科学技术进步作为先导，并把它广泛应用于城市建设和发展中，促进城市经济、社会、文化及生活方式等由传统社会向现代社会发展的历史转变过程（雷鸣，2005）。而城市现代化指标体系的建立，是为了有效衡量一个国家、城市的现代化水平。城市现代化的指标体系应当是由那些反映社会的全面进步和人的全面发展，体现以人的发展为中心，促进人口、资源、环境、经济、社会的协调发展的综合指标所构成（姚士谋等，2005）。

中国城市经济学会和中国社会科学院环境与发展研究中心的专家成立了城市指标体系课题组，构建了由4个子系统共24个指标组成的城市现代化指标体系。这4个子系统分别是经济发展、社会发展、生活质量和基础设施及环境。中国城市发展研究会所编的《中国城市年鉴》则参照中等发达国家的发展水平和国际经验，提出了5大类指标（经济发展、人口素质、生活质量、环境保护、基础设施），共30小项，组成城市现代化指标体系。

2）城市可持续发展指标体系

城市可持续发展指标体系的研究是随着"可持续发展基本原则"而诞

生演进的。指标体系的构建有助于量化可持续发展的程度,为相关的评价和决策等过程提供支持,国内学者对于可持续发展指标体系的研究是从20世纪90年代初开始的。

中国科学院可持续发展战略研究组以系统理论和方法,设计了由104个基础要素、19个状态要素、5大支持系统和最终集成的综合结果所组成的"五级叠加,逐次收敛,规范权重,统一排序"的可持续发展指标体系,指标数多达219个。张卫等(2006)用经济发展指数、社会发展指数、生活质量指数、环境质量指数和资源承载指数来构建城市可持续发展指标体系。杨立娜等(2010)在此基础上加入了科教文化可持续性指数和信息化可持续性指数。王祥荣(2000)在《生态与环境——城市可持续发展与生态环境调控新论》一书中,建立了由3个层次、30个指标组成的上海城市可持续发展指标体系,从城市生态建设的角度评价城市可持续发展水平。邓志旺等(2005)的武汉市可持续发展指标体系,从资本的角度出发,运用层次分析法(AHP)将40个具体指标分为五层分别研究。天津、哈尔滨、南阳、昆明等诸多城市也建立了可持续发展指标体系。这些指标体系大多参照层次分析法的指标框架,利用系统理论和方法,以经济、社会、环境三大方面作为整体目标层,然后加以指标细分和权重分配,最后根据数据进行计算校正。这样的指标体系具有较为全面的优点,但体系往往庞大而复杂,指标难以综合,计算量大,且受到统计数据的限制(尹继佐,2002)。

3) 城市竞争力指标体系

城市竞争力是指在社会、经济结构、价值观、文化、制度政策等多个因素综合作用下创造和维持的,一个城市为自身发展在其从属的大区域中进行资源优化配置,目的是获得自身经济的高速持续增长,推动地区、国家或世界创造更多的社会财富,表现为与区域内其他城市相比能吸引更多的人流、物流和辐射更大的市场空间(王旭辉等,2006)。城市的竞争力是通过选择一定的指标体系进行测度的,即通过选择有代表性的指标体系,定量地表现城市竞争力所包括的各个方面,进而比较和分析不同城市的竞争力变化状况(宁德春等,2004)。

北京国际城市发展研究院(IUD)通过深入研究和实证分析,建立了由城市实力、能力、活力、潜力、魅力五个子系统构成的城市竞争力模型,共设置一级指标5个、二级指标33个、三级指标140个。这个系统特别强调影响中国城市竞争力的10个关键因素,即全球化程度、后工业化的城市产业结构、流量经济市场开放度、企业家、创新环境、人力资源、城市治理结构、城市品牌以及城市群和城市联盟。倪鹏飞所构建的城市竞争力指标体系也颇具代表性,此指标体系中的综合竞争力计量采用综合市场占有率、城市经济增长率、地均GDP、居民人均收入水平四个客观指标。对于分项竞争力,在对综合竞争力研究的基础上,在260多个初始指标中,形成162个要素指标、54个指数指标、12个分项竞争力指标。郝寿义、寇亚辉、蔡旭初等人也分别从经济实力、开放程度、管理水平、居民生活质量、基础设施、科技开发等方面入手，建立了有关城市竞争力的指标体系。国内目前对城市竞争力指标体系的构建和相关应用，多以主成分分析、层次分析、聚类分析等方法为基础。一些学者已建立了江苏、陕西、湖南、河北等省的城市竞争力指标体系，并对省内城市进行了评价研究。

4）城市发展质量指标体系

针对城市发展质量这一概念，国内目前尚未有一致的定义。鲍悦华等（2011）认为，城市发展质量可以揭示城市发展的质量和效率，它具有包容性、时效性、相对性等特点。白先春等认为城市发展质量包括人口、生活、经济、环境等子系统的质量和这些子系统间的协调性。关于城市发展质量指标体系的研究比较少见：白先春等（2004）从人口质量指数、生活质量指数、经济质量指数和环境质量指数四个方面出发，根据语言顺序加权集合（LOWA）算子构建了城市发展质量评价指标体系，并对江苏省13个省辖市的城市发展质量进行了评价。徐春华（2009）则从城市发展质量的内涵、城市发展质量的评价和提高大城市发展质量的途径三个方面对城市发展质量已有研究进行了综述。陈强等（2007）构建了基于城市功能（生产功能、庇护功能、教化功能、联系功能、自然环境）和公众评价主客观指标相结合的城市发展质量评价指标体系，并分析了公众在城市发展质量评价中的主体作用，讨论了评价过程中各阶段的公众参与形式。

2.4 研究进展述评

从全球范围看，随着新经济和全球化的发展，城市增长模式的研究在很大程度上对城市或地区摆脱困境、树立良好形象及增强竞争力提供了及时而有效的理论资源，丰富了城市治理和地区发展的战略思想。研究者们突破了学科界限，跟踪变化莫测的城市营销实践，已经初步建立起城市增长模式理论的概念体系和理论框架，为最终形成地区或城市营销学科奠定了坚实的基础。此外，这种跨学科的研究，也对相关学科的发展，如城市学科（如城乡规划学等）、经济学科、地理学科（如文化地理学等）、公共管理学科以及社会学科等，都产生了积极的影响。

从国内范围看，目前我国的城市增长模式理论与实践均处于发展的初级阶段，其研究方法与框架都还需要进一步的创新。城市营销策略缺乏系统的、科学的理论作为指导，尚缺乏定量研究的方法，尤其是评价性指标体系方面的研究，还没有针对城市增长模式的指标体系研究，更缺少以营销型和内生型城市增长模式为研究对象的评价性指标体系研究。对于城市营销战略的背景以及城市营销战略如何与城市发展战略相耦合的研究不够深入，就城市营销的绩效评估问题亦缺乏专门的、系统性的研究。营销实践过于注重眼前经济利益,缺乏整体性考虑,还不能运用系统管理的观点对众多要素进行整合。城市目标定位模糊和片面,城市社会经济的可持续发展没有得到充分关注。因此,本书认为城市营销不是目的,城市的发展应该落到自身发展的轨道中来,被誉为"发展注意力经济"的城市营销应把以吸引别人的注意力为重心转变为将注意力放到自身发展的脉络中来。由整个城市为营销的需要服务转变为城市营销服务于城市可持续发展的需要,努力建立一套新的适应转型期城市可持续发展的内生增长模式,来充分适应和服务于新时代我国城市发展演变的规律和目标。

第2章注释

① 价值理性和工具理性的概念是由韦伯提出来的。"价值"作为一定社会条件下物与人的需要的一种关系,寓于人的实践活动的对象中,但只有通过人的能动的活动去挖掘才能形成和实现。人的活动受特定价值观的指导,价值理性通过在动机层面上调动理想自我从而实现对人的行动的导向。

② STP是营销学中营销战略的三要素,包括市场细分(Market Segmentaining)、目标市场(Market Targing)、市场定位(Market Positioning);4Ps营销理论包括产品(Product)、价格(Price)、渠道(Place)、宣传(Promotion)和策略(Strategy)。

③ OIPTC指城市营销战略的具体实施策略,包括组织(Organization)、形象(Image)、产品(Point)、目标(Target)和渠道(Channel)。

第2章参考文献

白先春,凌亢,郭存芝,2004.城市发展质量的综合评价——以江苏省13个省辖市为例[J].中国人口·资源与环境,14(6):91-95.

白银峰,2014.城市文化品牌的营销模式探究[J].统计与决策(20):58-60.

鲍悦华,陈强,2011.基于城市功能的城市发展质量指标体系构建[J].同济大学学报(自然科学版),39(5):778-784.

北京国际城市发展研究院,2002.IUD城市竞争力动态模型[J].领导决策信息(4):63.

曹毅梅,2013.城市营销与形象传播的构建——河南城市形象宣传片剖析[J].城市发展研究,20(9):1-3.

陈放,2006.品牌管理之道[J].世界标准信息(6):34-35.

陈强,鲍悦华,2007.城市发展质量评价的公众参与研究[J].上海管理科学,29(3):77.

邓志旺,甘和平,2005.中国城市可持续发展的国际借鉴[J].价值工程,24(5):1-3.

董嘉鹏,丁云龙,2012.城市营销资源如何获取——基于资源依赖视角的透视[J].人民论坛(5):50-52.

董珅迪,2013.中国东北地区城市营销研究[J].黑龙江民族丛刊(3):136-143.

付存军,耿玉德,阚艳丽,2014.城市营销理论与资源型城市经济转型[J].学术交流(7):177-121.

郭国庆,刘彦平,2006.城市营销理论研究的最新进展及其启示[J].当代经济管理,28(2):5-12.

韩昶,2005.基于经济可持续发展观的城市营销战略研究[D].上海:上海财经大学.

何建颐,2006.公共政策导向的区域规划初探[D].南京:南京大学.
康宇航,王续琨,2004.论我国城市营销的现状及其策略[J].江淮论坛(3):10-16.
雷鸣,2005.城市现代化指标体系构建与现代化发展评价预测[J].城市(5):25-27.
倪鹏飞,2003.中国城市竞争力报告[J].财经政法资讯(3):67-68.
倪鹏飞,等,2004.中国城市竞争力报告 2:定位:让中国城市共赢[M].北京:社会科学文献出版社.
宁德春,龙如银,2004.城市竞争力指标的构建与应用——以江苏省地级城市为例[J].经济师(4):235-236.
钱大胜,2013.柳州市城市营销中的品牌定位[J].企业经济(7):137-140.
汤筱晓,洪茹燕,田雨,2012.论城市营销及其在提升城市竞争力中的作用机理[J].改革与战略,28(11):30-33.
王祥荣,2000.生态与环境——城市可持续发展与生态环境调控新论[M].南京:东南大学出版社.
王旭辉,朱红丽,孙社祚,2006.常州与无锡、苏州城市竞争力的比较分析[J].沿海企业与科技(3):185-186.
徐春华,2009.城市发展质量研究综述[J].兰州学刊(3):79-83.
杨立娜,仇蕾,张继国,2010.城市可持续发展指标体系的构建与研究[J].中国城市经济(10):62-63.
姚士谋,陈彩虹,陈振光,2005.我国城市群区空间规划的新认识[J].地域研究与开发,24(3):37-41.
尹继佐,2002.2003 年上海资源环境蓝皮书:努力实现环境可持续的现代化[M].上海:上海社会科学院出版社.
于涛,徐素,杨钦宇,2011a.国际化城市解读:概念、理论与研究进展[J].规划师,27(2):27-32.
于涛,张京祥,2007.城市营销的发展历程、研究进展及思考[J].城市问题(9):96-101.
于涛,张京祥,罗小龙,2011b.城市大事件营销的空间效应:研究进展及思考[J].城市发展研究,18(2):94-100.
于涛,张京祥,殷洁,2009.转型期我国城市营销的企业化倾向及其影响[J].经济地理,29(4):608-612.
张京祥,王旭,2012.内生型城市营销推动下的城市尺度跃迁——基于盱眙的实证研究[J].城市规划学刊(2):33-38.
张卫,郭玉燕,2006.城市可持续发展指标体系的研究[J].南京社会科学(11):45-51.
赵艳华,罗永泰,2006.城市营销辨析[J].现代城市研究,21(5):28-32.
赵云伟,2001.城市形象营销与旗舰工程建设——以伦敦的千年工程项目为例[J].规划师,17(5):9-12.
郑国中,2015.消费集聚效应与新城市营销研究——以江苏省为例[J].求索(2):43-47.
郑昭,2005.国内外城市营销理论综述[J].经济纵横(7):75-79.
诸大建,邱寿丰,2005.城市营销的研究现状和未来突破方向[J].同济大学学报(社会科学版),16(1):66-70.
ASHWORTH G J, VOOGD H, 1990. Selling the city: marketing approaches in public sector urban planning[M]. London: Belhaven Press.

ASHWORTH G J, VOOGD H, PELTERNBERG P, 2004. Place marketing: marketing in the planning and management of places[M]. London: Routledge.

ASHWORTH G J, VOOGD H, 1988. Marketing the city: concepts, processes and dutch applications[J]. Town Planning Review, 59(1): 65-80.

ASHWORTH G J, VOOGD H, 1994. Marketing of tourism places[J]. Journal of International Consumer Marketing, 6(3-4): 5-19.

BAILEY J T, 1989. Marketing cities in the 1980s and beyond[Z]. Chicago: American Economic Development Council.

BERG L V D, BRAUN E, 1999. Urban competitiveness, marketing and the need for organising capacity[J]. Urban Studies, 36(5): 987-999.

BERG L V D, KLAASEN L, MEER J V D, 1990. Marketing metropolitan regions[R]. Rotterdam: European Institute for Comparative Urban Research.

BRAUN E, 2008. City marketing: towards an integrated approach[Z]. Rotterdam: Erasmus Research Institute Of Management.

BRAUN E, ESHUIS J, KLIJN E, et al, 2010. Nationale city marketing monitor 2010[Z]. Rotterdam: Erasmus University Rotterdam.

CASTELLS M, 2000. The rising of the network society[M]. Oxford: Blackwell.

DALY H E, COBB J B, 1989. For the common good[M]. Boston: Beacon Press.

ESHUIS J, BRAUN E, KLIJN E H, 2013. Place marketing as governance strategy: an assessment of obstacles in place marketing and their effects on attracting target groups[J]. Public Administration Review, 73(3): 507-516.

ESTES R J, 1996. Social development trends in Asia, 1970-1994[J]. Social Indicators Research, 37(2): 119-148.

GOLD R J, WARD V S, 1994. Place promotion, the use of publicity and marketing to sell towns and regions[M]. Chichester: Wiley Sons Ltd.

HARVEY D, 1989. From managerialism to entrepreneurialism: the transformation in urban governance in late capitalism[J]. Geografiska Annaler: Series B, Human Geography, 71(1): 3-17.

JOHN M L, 2003. Contemporary urban planning[M]. Beijing: China Renmin University Press.

KAVARATZIS M, KALANDIDES A, 2015. Rethinking the place brand: the interactive formation of place brand and the role of participatory place branding[J]. Environment and Planning A, 47(6): 1368-1382.

KEARNS G, PHILO C, 1993. Selling places: the city as cultural capital, past and present[M]. Oxford: Pergamon Press.

KOTLER et al, 1993. Marketing places: attracting investment, industry and tourism to cities, states and nation[M]. New York: The Free Press.

KOTLER et al, 2002. Marketing Asian places[M]. Singapore: John Wiley & Sons (Asia).

KOTLER P, JATUSRIPITAK S, MAESINCEE S, 1997. The marketing of nations[M]. New York: Simon Schuster Trade.

Lee M Y, 2003. The place marketing strategy and the cultural politics of space: a case study of the club cultures at the Hong-Dae area in Seoul[D]. Seoul: Seoul National

University.

METAXAS T, 2002. Place city marketing as a tool for local economic development and city's competitiveness[R]. Torino: The EURA Conference Urban and Spatial European Policies: Levels of Territorial Government.

OLIVEIRA E, PANYIK E, 2015. Content, context and co-creation: digital challenges in destination branding with references to Portugal as a tourist destination[J]. Journal of Vacation Marketing, 21(1): 53-74.

PADDISON R, 1993. City marketing, image reconstruction and urban regeneration[J]. Urban Studies(2): 339-350.

PORTER M, 1998. Clusters and the new economics of competition[J]. Harvard Business Review(6): 77-90.

RAINISTO S K, 2003. Success factors of place marketing: a study of place marketing practices in northern Europe and the united states[D]. Espoo: Helsinki University of Technology.

RAY C. 2000. Endogenous socio-economic development and trustful relationships: partnerships, social capital and individual agency[Z]. Newcastle upon Tyne: Centre for Rural Economy Working Paper No.45.

ROBATI M, MONAVARI S M, MAJEDI H, 2015. Urban environment quality assessment by using composite index model[J]. Environmental Progress & Sustainable Energy, 34(5): 1473-1480.

SAXENIAN A, 1998. Silicon valley: competition and community[J]. Regional Advantage: Culture and Competition in Silicon Valley and Route, 128: 29-57.

STEPHEN J P, RACHEL H, 1996. Place marketing and town centre management[J]. Cities, 13(3): 153-164.

VAN ASSCHE K, LO M C, 2011. Planning, preservation and place branding: a tale of sharing assets and narratives[J]. Place Branding and Public Diplomacy, 7(2): 116-126.

VAN LIMBURG B, 1998. City marketing: a multi-attribute approach[J]. Tourism Management(5): 475-477.

WARD S V, 1998. Selling places: the marketing and promotion of towns and cities 1850-2000[M].London: E & FN Spon.

WU F L, 2003. The (post-)socialist entrepreneurial city as a state project: Shanghai's reglobalisation in question[J]. Urban Studies (9): 1673-1698.

第2章图表来源

图 2-1、图 2-2 源自：笔者绘制.

表 2-1 至表 2-5 源自：笔者绘制.

表 2-6 源自：笔者根据陈章旺, 2006.我国城市营销的问题及对策[J].中国城市经济, 6(3): 77-80重制.

表 2-7 源自：2018年大连、青岛、苏州、昆山、上海、常熟、江阴国民经济和社会发展统计公报.

表 2-8 源自：笔者绘制.

3 中国体制转型的总体背景与城市营销的企业化倾向

3.1 中国体制转型的总体背景

自20世纪70年代后期以来,在大多数西方国家,竞争取代了平等而成为政府的首要目标,其治理模式也逐渐从凯恩斯式的国家模式转向了竞争性的国家模式,该转变对城市发展产生了深刻的影响。现在的西方国家城市普遍采取了企业家式的治理模式来追求经济的发展,城市公共部门逐渐向私有部门转变,城市政治和治理模式也从以管理公共事务为中心向以提升经济竞争力为重点的方向发生转变。而中国正处于计划经济体制向市场经济体制的转型期,社会、经济乃至政治制度正发生着深刻的转型,地方政府的职能也因此面临着重大转变。

3.1.1 体制转型对地方政府的总体影响

20世纪90年代以来,中国的体制改革与转型逐渐深入,分权化、市场化和全球化日益成为我国地方政府企业化形成的主要推动力。

1) 分权化影响——"地方利益"的独立

在计划经济体制下,中央政府在政治、经济和财政等方面高度集权,通过自上而下的计划安排、统收统支的财税体制全面控制、管理国家范围内的国民经济运行。地方政府处于一种"中央政府延伸部门"的地位。中国共产党第十一届中央委员会第三次全体会议(简称中共十一届三中全会)以后,中央开始进行分权化改革,逐渐扩大各级地方政府的经济管理权限。例如从1980年开始在全国实行财政"包干制",陆续下放企业管理权限,大幅减少国家计划管理的物资产品,让地方政府成为地区经济发展的物资调配主体;1994年国家开始实行分税制改革,扩大地方政府的投融资权限,使地方政府成为地方投资活动的主要组织者等。而分权化最直接的影响就是赋予了地方以相对独立的利益,强化了地方政府发展经济的职能,并促使地方政府追求自身利益(政治和经济利益)最大化的倾向愈发强烈。

2) 市场化影响——"增长联盟"的形成

1992年,中共十四大政治报告确定改革的目标是建立社会主义市场经济体制,标志着中国经济体制从计划经济向市场经济的全面转型,其中对地方政府影响最大的是以下两个方面的改革：一是国有企业改革，政府由直接发展经济的主体退为间接为经济增长服务的社会公共服务领域，城市政府的传统经济职能逐步淡化和消失，适应市场的新职能逐步成长和定型；二是市场体系改革，建立基于市场供求关系的现代市场经济体系，活跃土地和房地产等生产要素资源市场，利用经济杠杆提升生产效率。因此，在市场化的影响下，地方政府不再是既当裁判员又当运动员，而是倾向于同城市中的企业联合形成城市"增长联盟"来达到市场经济体制下城市经济规模迅速增长的目的。

3）全球化影响——"城市竞争"的升级

中国的对外开放与世界经济全球化进程几乎是同步发生的。至20世纪90年代初期，我国已经初步形成了全方位对外开放的新格局，吸引外资成为地方政府孜孜以求的目标。为了在资本的竞争中获胜，地方政府竞相使用城市营销等手段，如通过提供优惠政策、进行重复建设等行为来争夺大事件等稀缺资源，在提升了城市的知名度和美誉度的同时，虽然满足了城市短期资本和建设开发的需求，却也透支了城市的土地资源以及生态环境等内生发展资源，从而不利于城市竞争力的持续提升。

3.1.2 转型期中国地方政府的企业化

20世纪90年代以来，中国的体制改革与转型逐渐深入，分权化、市场化和全球化日益成为我国地方政府企业化形成的主要推动力。

1）地方政府间的博弈

改革开放以来，我国地方政府作为一级独立的利益主体，在经济活动中与其他地方政府广泛地发生关系，并产生了各种利益冲突。对于利益相互影响的各个地方政府在竞争性活动中选择最优策略使利益最大化的行为，本书称之为地方政府间博弈。

（1）地方政府之间的竞争

分税制的实施在中国城市间引入了较为现代的竞争概念，地方政府间的竞争主要表现为对资本、技术、人才等稀缺性要素市场的激烈争夺和保护本地市场，采取更为灵活有力的城市营销手段。现阶段，地方政府与上下级政府之间进行的纵向竞争以及地方政府与临近政府之间展开的横向竞争构成了我国地方政府竞争的两个主要层面。

（2）地方政府之间的合作

在地方政府间竞争日趋激烈的同时，地方政府间的合作也在一些领域逐步展开，原因有两点：首先，在某些领域无序、恶性的竞争导致代价畸高的竞争后果出现，在这些领域展开合作、避免过度竞争已经成为地方政府的共识。其次，在经济全球化时代，参与全球竞争的基本空间单元是包含了多个城市的区域，而不再是单个城市，地方政府必须在联合中求得区域内城市的共同发展、共同繁荣。目前,地方政府之间在规划、商贸、旅游、交通、环保以及高新技术等领域正在开展积极的合作。

2) 地方政府企业化的概念

综上所述,在分权化、市场化和全球化等制度转型过程的影响下,对经济利益的追求成为我国地方政府日常工作的核心内容,其行为模式因而发生了巨大的变化,我们称这种转变为地方政府转型。在这场转型中,地方政府越来越明显地表现出原本属于企业的行为特征——追逐利益,更多地从自身的经济利益角度进行决策和行动(Wu,2000),以及展开类似于企业间的激烈竞争。这就是转型期中国地方政府的企业化倾向,本书称之为"地方政府企业化"。地方政府企业化的特征包括两个方面:一是政府通过自身掌握的行政资源或某些垄断资源(如土地、环境准入、税收等)谋求地方经济利益在短期内的最大化;二是具有显示度的经济总量和财政收入等指标的增长,处于地方政府整个目标体系中的核心位置(殷洁,2005)。

3.2 地方政府企业化导致城市营销企业化倾向

3.2.1 地方政府的营销性特征

在竞争日趋激烈的宏观背景中,我国地方政府为取得自己的相对竞争优势,维护自己的区域利益,将各种资源和优势加以整合,把公共产品或者服务以现代市场营销的方法向购买者兜售,激活自己的能量,充分体现出地方政府的营销性特征。地方政府越来越多地采取各种城市营销的手段来优化城市发展环境,并向市场推销地方的比较和竞争优势,通过类似于企业的运作方式包装和推销城市,充分体现出地方政府的营销性特征。

1) 热衷于城市公共基础设施建设,塑造城市新形象

随着地区竞争优势作用的增强,一个城市可以通过优化制度环境、制定灵活和优惠的营销政策等来增加城市的吸引力和竞争力,加速城市经济的发展。这对城市的基础配套和公共服务设施提出了更高的要求,而城市公共基础设施的建设又能够反过来促进城市的发展,从而不断增强城市的吸引力。城市形象作为最能代表这个城市的山川风物特征、人文历史沿革、城市气质风貌的特殊元素符号,成为地方政府极力打造和塑造的城市认知印象。地方政府可以通过创造良好的城市物质环境来提升城市土地价格,使城市增值,如大连市就是通过改善城市建成环境来提升城市竞争力的典型案例。另外,上海、成都、苏州等城市在城市营销的实践中,也都普遍重视城市形象的塑造。

2) 热衷于利用媒体网络进行宣传炒作,精心设计城市品牌

地方政府积极致力于诸如大型体育赛事、音乐盛会、民俗节庆活动、政治经济论坛和各种招商洽谈年会在当地的举办,并且在促进上下游产业链

条增长的同时不断总结出一些富有当地特色、具有象征意义或精神意义的东西来。

2010年，国际灯光节在广州举办，一时成为全国文化盛事，成为广州继亚运会之后的又一城市形象窗口，彰显出广州独特的历史文化底蕴和国际大都会风范。到2014年，广州国际灯光节的总参观人流量达到400万人次，使得广州"幻彩广州，鎏光之城"的城市形象深入人心。2016年9月，G20峰会在杭州举办，英国广播公司（BBC）国际新闻台等国际知名媒体纷纷播出了杭州城市形象宣传片《韵味杭州》，使杭州城市的国际知名度大大提升。借着G20峰会的契机，杭州的市政设施、城市绿化等设施条件得到了大幅提升，并向全世界展现了城市便利的移动支付、公共自行车系统以及中国互联网经济高地的形象。在G20峰会结束之后，杭州不仅迎来了旅游业的迅速增长，在人才、创新型企业、国际企业等方面的吸引力也大大增加。另外，2018年春节，西安在短视频平台"抖音"上走红，关于西安的话题热度居高不下，春节期间西安的旅游收入较2017年增长137.08%，一跃成为当年全国春节旅游收入排名第四的城市。同年，西安市旅游发展委员会和"抖音"签订了协议，双方约定基于"抖音"的全系产品，包装推广西安的文旅产业发展，超过70个市政府机构开通官方"抖音"号，西安通过一系列与"抖音"的合作与宣传，旨在通过新媒体打造城市新形象，这也成为成都、南京、武汉等城市纷纷效仿的城市营销新路径。

3) 热衷于举办商业性的节事会展等城市营销活动

举办节事活动特别是国际性盛会能够极大地提升主办城市的国际知名度和美誉度，因而成为地方政府进行城市营销的热点之一。如广州在2010年成功举办亚运会以后，亮出了"亚运之城"的城市口号；成都2013年举办世界级盛会财富论坛、华商大会以后，提出了"创业之城，圆梦之都"的城市形象定位；深圳在2014年举办首届深港设计双年展和第十届"创意十二月"活动等，巩固了"设计之都"的城市地位等。

3.2.2 营销型城市增长模式的企业化倾向

地方政府企业化及其营销性特征推动了城市营销在我国的迅速展开，"不在沉默中爆发，就在沉默中消亡"已经成为所有营销型城市的基本共识。可以说转型期我国的大多数城市都或多或少具备了营销型城市的基本特征。营销型城市增长模式成为我国许多城市新的发展思路和经济增长点，甚至被许多地方政府视为城市发展的"救命稻草""灵丹妙药"而奉上神坛。

目前，随着城市主动参与市场竞争的意识逐渐增强，城市营销被广泛运用于城市发展的公共政策之中。然而我国大多数城市的营销活动还停留在策略推广的初期，同时，我国经济转型时期在地方政府企业化的背景下,地方政府替代市场的行为助长了城市营销利益短视的经营动机,致使城市发展受到恶性竞争的困扰,使得我国许多地方的城市营销策略不再是为城市整体发展服务,而仅仅是以可持续发展为代价,满足地方政府及所谓的增长联盟一时狭隘的私欲。

不可否认,城市营销的确满足了转型期我国许多城市发展经济的需求,改善了城市的物质生活环境,但同时也给我国城市带来了许多消极的社会经济问题。在西方发达国家盛行已久,并且创造了一个又一个城市营销经典案例的城市营销策略,移植到中国却不断制造着一个又一个"水土不服"的失败案例。本书认为这其中的缘由主要是因为在中国地方政府企业化背景下,地方政府的城市营销运作模式、营销行为以及增长策略等也都沾染上了浓厚的企业化色彩,城市营销的主要构成要素如营销主体、客体、目标客群等都因被地方政府"偷梁换柱"而大大缩水,使得城市营销的实质与目标均发生了重大改变(图 3-1)。由于城市空间演化与社会经济过程的辩证统一性,中国在经济、社会和政治等方面的剧烈变迁,从根本上改变着城市发展的动力基础,巨大的体制转型深刻地影响着我国城市空间的发展演变,据此可以总结出城市营销企业化倾向的几个主要特征。

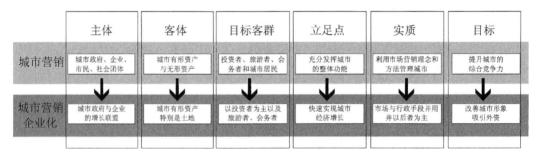

图 3-1　城市营销企业化的变异轨迹图

1) 以城区为载体的城市局部营销特征

为了增强城市营销的实施效果以彰显政绩,转型期中的地方政府往往注重城市形象的所谓"关键部位",如城市中心、历史街区和滨水地带,在这些地区进行许多华而不实的形象工程和名目繁多的城市节庆。在具体的运行机制中,掌握公共资源和特权的地方政府和私人部门构成的增长联盟成为城市营销的主体,从而将城市社会组织与市民排除在城市营销主体之外,忽略了社会公平。

2) 以短期效益最大化为目标的城市快速营销特征

西方国家的城市管理者提倡构建"企业家城市"(Entrepreneurial City),强调改革僵化的管理体制,增进政府组织效率与创新能力。霍尔和哈伯德(Hall et al., 1996)认为,"企业家城市"有着强烈的增长导向性,旨在为地区创造就业机会、扩大税基和促进中小企业发展,通过开拓性的城市营销与治理手段促进城市的内生增长,以实现公共福利的最大化。在我国特定的行政分割制度背景下,城市营销显然偏离了公共管理的导向原则。我国的地方分权制①改革赋予了地方政府在经济发展中更多的权力与责任,使它们充当了改革推进者、公共资产管理者和经济增长激励者等多重角色,无形中助长了地方政府在城市营销中的利益动机,即不惜代价地竞争性引资。这不仅导致城市之间的恶性竞争不断,而且还反映出以追逐资产经营绩效为主的城市营销,价值判断标准过于功利和短视,一味追求外来资本的引进,获得更多的 GDP,增加税收和财政收入,而忽略了教育、医疗、城乡统筹等民生问题,偏离了公共价值的福利目标指向。

3) 以政府为绝对主导、增长联盟为主体的城市二元营销特征

通过对 20 世纪 80 年代的英国城市更新与 20 世纪 90 年代的中国城市更新在法律与法规、组织、资金等方面中,中英两国的中央与地方政府扮演的角色及发挥的作用的比较、分析,总结出英国的模式为中央干预、地方参与,中国的模式则是中央指导、地方主导,最终目的都是为了寻求地方的经济发展和环境改善等,实施了更贴近市场、鼓励私人资本参与的"企业化管制"道路(易晓峰,2013)。中国正处于计划与市场的二元混合时期,在具体的运行机制中,行政力量依然是配置资源的重要方式。地方政府既拥有一般企业无法获得的公共资源(土地、环境、基础设施与公共设施等),又拥有企业所不具有的行政权力、制定竞争规则的权力(如税收政策、城市规划)以及规避风险的特权(如银行贷款、融资等)。而对于企业来说,如果想获得更多的发展机会和更大的经济回报,与地方政府保持长期良好的合作关系是极为重要的。因此,在我国绝大多数营销型城市中,地方政府和私人部门构成的增长联盟成为城市营销的主体,从而将城市社会组织与市民排除在城市营销主体之外,剥夺了其参与城市营销的权利。而在增长联盟中,权力的分配亦非均衡,政府在与私人部门的博弈中占据了主导地位,地方政府可以按照自己的偏好制定城市营销策略,并且总能得到企业的财力支持和拥护。如青岛市社会科学院研究员郭先登曾表示(张杰,2006):"政府、专家、学者加上新闻媒体,才能真正打造成一个品牌城市。我们建设的是具有中国特色的社会主义,只要这个制度不变,在营造品牌城市的过程中,政府就永远是强大的引导力量。任何中介机构,任何社会组织,都替代不了政府的贡献。"

4) 以吸引外来资本为目标,以不可持续发展为代价的城市外生营销特征

转型期加快经济发展的压力、中央地方财税体制的改革、不断加码的政绩考核指标等内在环境的变化,以及经济全球化的挑战、国际资本转移等外在环境的变化,都刺激了地方政府进行城市营销、吸引外来资本的热情。强烈的发展冲动,使地方政府与私人部门结成增长联盟,不断追求经济和政治利益,而吸引外来资本则成为实现其共同短期目标的最有效手段。城市营销的目标因此发生了重大错位:由优先满足城市消费者的需

求变成了优先满足外来投资者、旅游者以及会务者的需求。在市民社会并不发达的中国,不存在像西方"自下而上"的政府约束机制——官员任用的体制是"自上而下"的,这意味着决定地方政府官员任免的是上级政府而非市民,而城市中第三部门的力量又极其薄弱,无法在政治、经济生活中独立起作用,从而导致当城市营销中出现增长联盟以牺牲过多的社会利益为代价,或者城市发展带来的利益未能被市民所分享,处于弱势地位的市民根本无法拆散处于强势的权钱同盟。

地方政府为了提高任期政绩,往往倾向于选择高度一致和短期化的利益目标,采取"政策比拼"的竞争手段,城市营销带有强烈的地方发展主义色彩。地区政府部门热衷于有形资产的营销,上演了资本争夺战,耗尽了一个区域长期发展所需要的宝贵资源,造成对经济效应增长的边际效应递减。而对于提升城市的内在能力[②]、提高城市美誉度等所需进行的城市文化、城市个性与特色营销等所谓"长线的"城市营销手段却鲜有问津。

5)以土地等城市有形资产营销为客体的城市单一营销特征

分税制之后,中央和地方在财产权利的分配上,采取的是一种非制度性的一对一谈判。如果地方领导能够通过在与中央政府的谈判中获得更多的财产权,那么地方就能得到超常规的发展;反之,地方政府就缺乏发展的经济基础(乔新生,2004)。在这样的格局下,营销城市日益稀缺的土地资产就成了地方政府解决资金问题的唯一法宝。因此,地方政府总是热衷于营销城市的有形资产,通过虚高价格以达到筹集资金的目的,进行相对短线的土地营销,推进城市的房屋拆迁,进行土地炒作,抬高土地拍卖价格,成为地方政府增加财政收入的主要伎俩。这种类似于"土地财政"之类的增长模式,构成了"中国模式"的核心(赵燕菁,2011)。

第 3 章注释

[①] 我国的地方分权制是国家权力依法由中央政府和地方政府分别行使的制度,是中央集权的对称。中央政府和地方政府的职权范围一般规定在宪法和法律中。除军事、外交等全国性重要事项由中央政府统一掌管外,凡地方可以处理的事项,如工农业、商业等,均由地方政府负责。有的如交通、财政等事项,则由中央与地方分管。地方政府除依法行使其职权外,还须执行中央政府交办的全国性政务。

[②] 城市的内在能力主要是指城市自然资源(包括自然景观和土地矿产等资源)、城市人文精神、城市政府素质(包括政府效率和政府廉洁度)、城市基础设施(包括道路交通、水电气供应、通信设施、绿地面积等)。

第 3 章参考文献

乔新生,2004.经营城市还是营销城市[J].决策咨询(7):36-37.
易晓峰,2013."企业化管治"的殊途同归——中国与英国城市更新中政府作用比较[J].规划师,29(5):86-90.

殷洁,2005.地方政府企业化主导下的城市空间演化研究[D].南京:南京大学.
张杰,2006.品牌造城运动[N].中国房地产报,2006-08-14(27).
赵燕菁,2011.城市增长模式与经济学理论[J].城市规划学刊(6):12-19.
HALL T,HUBBARD P,1996. The entrepreneurial city:new urban politics,new urban geographies[J]. Progress in Human Geography,20(2):153-174.
KRUMHOLZ N,1991. Equity and local economic development[J]. Economic Development Quarterly,5(4):291-300.
WU F L,2000. The global and local dimensions of place-making:remaking shanghai as a world city[J]. Urban Studies,37(8):1359-1377.

第 3 章图表来源

图 3-1 源自:笔者绘制.

4 营销型城市增长模式评价及内生型城市增长模式建构

4.1 营销型城市增长模式的经济效应

4.1.1 转型期城市经济增长方式的转变

在市场经济条件下,企业在利益最大化的目标下开始排除对城市的依赖性,转而寻找"自由发展个性"的空间,以完全占有生产价值,而技术进步减少了城市参与生产的必要性,"产品品牌性"的独特价值上升将城市逐步排除在生产环节之外。特别是像跨国公司的"全球生产、地方经营"直接改变了城市生产价值获取的可能性(诸大建等,2005)。一般来说,外部资源总是会优先流向具有独特形象,并能使之获得增值的城市。如果城市知名度不高,没有特色,增值空间不大,对外部资源的吸引力就弱,进而还会导致内部资源的流失。因此,为了提高城市竞争力,营销型城市的增长策略得到了我国城市广泛的采用。城市营销的联动性和效益性带动了城市产业的升级和发展,成为城市新的经济增长方式,较好地解决了转型期我国城市经济增长动力以及建设资金不足等问题。

当然在我国体制转型过程中,城市的主体经济功能也在不断演化和发展,地方政府作为一级独立的利益主体,更加注重自身经济利益和政治利益的获取:一方面,由于政府直接控制的资源变少,它需要借助市场的力量达到自己的目的,而市场通过介入公共部门的活动也可以获得利润。于是,政府与市场结成联盟,共同达成双赢的目标。而市民则往往被排除在外,被动地成为政府赚取政治筹码、市场赚取经济利润的受害者,甚至成为政府形象工程债务的转嫁者。另一方面,地方政府为了使自身利益最大化,往往利用自己在某些领域的垄断地位来获得超额利润,或直接动用行政手段控制、干预市场的正常运行。而市场则根据自身经济利益最大化的原则,对此做出或服从或抵制的回应(殷洁,2005)。当地方政府与市场各自追逐自身利益时,则有可能会损害到对方的利益,由于我国的计划经济传统,政府在与市场的冲突中仍然起着主导作用,政府对市场的垄断以及政府对市场的行政干预并存,而公众对政府的监督和绩效评价体制尚未建立,政府在经济运行中并未彻底摆脱计划经济的影子,进而对营销型城市的经济发展也带来了一些消极影响。

4.1.2 营销型城市增长模式的积极经济效应

1) 有助于促进城市产业集群的形成

在日益激烈的地区和城市竞争态势中,城市营销可以促进优势产业集群的发展。人力资源和基础设施是吸引产业的重要因素,产业能够增加就业机会,是人口迁入的最大诱因。另外,产业的进驻,除了人力资源市场和基础设施外,还包括城市形象吸引以及相关的营销渠道的配合。城市可以在这一产业良性互动中使得城市的吸引力得到持续的强化。比如青岛市走的是一条"品牌企业+品牌企业=品牌城市"的路线,营销轨迹中有明显的产业链条。此外,会展营销也具备较强的产业联动作用:据测算,国际上会展产业带动系数为1∶9,已成为带动城市交通、旅游、酒店、餐饮、购物、基础设施和相关硬件设施建设的"第三产业消费链",非常有利于会展城市发展相关产业,进而凝练形成城市的优势产业集群。

2) 有助于重新认识、开发城市有形与无形资产

在市场经济条件下,城市中的各种有形与无形资产会产生新的价值。对城市资产进行聚集、重组和营销,可以实现城市的自我积累、增值与发展。因此,城市营销的理念可以使人们的城市资产以及对城市发展与管理的观念发生深刻的变化。据相关资料显示,会展业的利润率超过25%,是低投入、高产出、无污染且效益极高的经济形式。从国际上看,会展业为纽约、巴黎、伦敦、日内瓦、汉诺威、慕尼黑、新加坡和中国香港等这些世界著名的"展览城"带来了巨额利润和经济的空前繁荣(李新等,2005)。以上海世博会为例,2010年上海世博会的举办带来了巨大的"世博会红利",世博会收入来源主要包括门票、园区内餐饮及商品销售、中外企业赞助、世博会特许商品销售等。这当中,门票收入的利润占运营资金的50%以上,第二部分利润来自赞助商及全球合作伙伴,第三部分利润来源于延伸产品的销售利润,仅此直接销售额就达50亿元。

3) 有助于引入外资,摆脱城市建设资金不足的困境

城市建设具有投资大、周期长、公益性强的特点,长期以来城市基础设施建设一直是以政府为投资主体,大部分城市都是靠负债进行建设。随着人们对城市品位和城市功能要求的不断提高,城市建设所需资金更加庞大,单纯依靠城市财政进行城市建设已越来越难以适应城市发展的需要。因此,城市营销策略的执行有助于地方政府打破城市建设单一政府投入的旧模式,从而进行多元化城市投资开发建设。

4) 案例:英国伦敦千年工程(成功的城市营销工程)

2018年"全球城市实力指数"(Global Power City Index, GPCI)报告对全球40个大都市进行排名,排名标准为这些城市的"磁力",即吸引世界各地具有创造力的个人和企业并调动其智慧和资产来促进经济和社会发

展的实力,伦敦自举办 2012 年奥运会以来连续蝉联首位。伦敦,这个曾经在人们心目中已经衰败的老工业城市,曾经以"雾都"以及"重污染"闻名于世的城市,曾经是保守拘谨的代言人的城市,是如何转变城市形象,进行城市品牌建设的呢?其在世纪之交进行的以千年工程建设为代表的城市营销策略起到了非常关键的作用。

20 世纪末,随着英国经济在全球范围的逐渐衰退,作为全球金融中心之一的伦敦也不得不加入全球市场竞争的行列中。因此,运用城市营销策略建设伦敦的文化设施,创造伦敦城市的崭新形象,以重振英国的国际威望,成为伦敦千年工程策划的主要目标。1994 年,英国政府专门成立了千年工程委员会,负责千年穹、千年轮、千年桥和泰特现代美术馆(Tate Modern)等主要千年工程的建设(表 4-1)。以下仅以千年轮(伦敦眼)、泰特现代美术馆为例展开叙述:

表 4-1 伦敦千年工程一览表

工程	千年穹	千年轮	千年桥	泰特现代美术馆
总投资	10.79 亿英镑	3 500 万英镑	1 820 万英镑	1.35 亿英镑
主要投资商	英国政府	英国航空公司	英国政府	英国政府
建筑师	理查德·罗杰斯	大卫·马克和朱利娅·布莱德福德	诺曼·福斯特	雅克·赫尔佐格和皮埃尔·德·梅隆
投入使用时间	1999 年 12 月 31 日	2000 年 2 月 2 日	2000 年 6 月 10 日	2000 年 5 月 12 日

(1) 千年轮(伦敦眼)

千年轮位于伦敦市中心区泰晤士河南岸,紧靠伦敦文化艺术中心,与英国议会大厦和大本钟隔河相望,高 135m,是伦敦第四高的建筑物。千年轮的立意在于利用先进的高科技,在伦敦中心区建设一个全新概念的大转轮,使古老的伦敦旧城在新千年重新焕发青春。

千年轮的设计成功,吸引了无数的参观者,第一年接待参观者就达 350 万人次,超出了预计人数 180 万人。千年轮的最大投资商英国航空公司也因此获得了很高的声誉。目前,已有波士顿、多伦多、悉尼和约翰内斯堡等城市向英国航空公司发出邀请,提出在本城市克隆伦敦的千年轮,期盼以此给城市带来新的活力。

(2) 泰特现代美术馆

长期以来,对市区泰晤士河南岸的改造一直是伦敦建设的重点。20 世纪 80 年代后期,南岸地方政府提出了具体的改建计划,旨在吸引对该地区的投资,并使其更具活力,从而成为伦敦新的文化集中区。泰特现代美术馆建成开业一年间,共接纳参观者 525 万人次,创造了 3 000 个就业岗位,每年的产值高达 1 亿英镑。该美术馆的建设为伦敦带来了巨大的经济效益和社会效益,成为改造伦敦南岸的典型范例。

从某种意义上讲,伦敦的千年工程通过最新的高科技向全世界展示着英国的自信心,这些旗舰工程成为英国新的象征。伦敦的千年工程成为英国最受游客欢迎的旅游项目之一,游客的消费客观上刺激了当地经济的发展。虽然伦敦的千年工程在建设和经营过程中都遇到了意想不到的问题,但其为伦敦城市带来的土地增值和地区活力是无价的,是非常成功的城市营销经典案例。

4.1.3 营销型城市增长模式的消极经济效应

1) 过于注重城市形象的塑造,成为劳民伤财的反经济活动

随着城市营销的深入,城市营销被简单地理解为塑造形象、对外宣传以及通过多种渠道发布广告等,城市营销变成了一种"城市吆喝",忽视了城市内在素质的提高以及公共利益的维护,也为城市未来的发展留下了隐患。通过大量"强制性"圈地以及公共基础设施方面"恣意"的投资,政府虽然获得了可观的财政收入、较高的 GDP 增长率,赢得了漂亮的"数据",但相关产业却没有得到相应的启动与发展,城市因此背上了沉重的债务包袱,地方政府在人力、文化、社会、环境与资源等事关城市长远发展关键领域的欠账激增,从而制约了城市社会经济的发展。

例如,北京拟建的标志性观景建筑——208 m 高的摩天轮(高度及规格在当时同类建筑中为世界之最),原计划于 2008 年奥运会前在北京朝阳公园竣工启用。该摩天轮由国外公司设计,关键部件直接由国外公司制造,建成后不仅高度为世界之最,而且豪华程度、占地和投资也是世界之最。摩天轮内一个座舱的造价大体与一部奥迪 A6 汽车等值,项目投资近 9 900 万美元。与此同时,国内许多城市也在纷纷上马摩天轮项目,且不断地创造着世界之最,如郑州世纪欢乐园摩天轮、天津慈海桥摩天轮、青岛的世纪之星、上海之星、南昌之星、长沙之星等,简直就是一场疯狂的摩天轮竞赛。但实际上,计划 2009 年竣工的北京摩天轮因资金问题"搁浅",项目停工;上海规划建设的上海之星项目取消,变成商业办公用地;青岛世纪之星、长沙世纪之星也并没有建成。而在国内除了摩天轮外,还有更多的世界之最:世界最高电视塔、世界最高摩天楼、世界最长拱桥、世界第一市政府大楼以及世界最大广场等。拟建和在建的打着"世界之最"名头的项目越来越多。即使是全球经济最发达的地方,不少"第一"也是顺应市场而生,并非政府主导。地方政府不管本地的经济实力如何,互相攀比,无休止地竞争,争上"面子工程",带来了巨大的经济浪费和负面的社会影响。实际上,众多的世界第一建筑所带来的并非一定是资产,往往是负债。曾为世界第一的马来西亚双子塔,我国的台北 101 大楼、上海金茂大厦等,都因运行费用高昂使成本收回变得遥遥无期。

2) 缺乏绩效评估,效益低下,政绩化倾向明显

城市营销的初衷是要增强城市的竞争力,吸引外部投资,满足以城市居民为主体的目标市场的物质精神生活的需要。然而近年来,一些城市为追求 GDP 的快速增长,在基础设施方面进行无节制超限投资,脱离实际设计景观大道、城市广场、大机场、最高建筑等所谓城市名片,通常成了形象工程的代名词和企业赚取公共财政资金的重要途径,城市营销逐渐演化成为某些地方政府追逐政绩的工具。由于缺乏对地方政府投资行为的有效监督以及绩效评估,在城市营销实践中出现了不少投资不经济的现象。基础设施投资过多,加大了城市运营成本,客观上造成了政府经营的负担以及财政负债过多。这不仅不能对城市产业发展起到促进作用,反而造成了企业的经济负担,更无法使公众普遍受益,其直接后果是限制了城市综合实力的提升以及公共利益的实现,给城市经济的可持续发展带来了阴影(李珍刚,2006)。2012 年,辽宁抚顺投入 1.12 亿元建设沈抚新城标志性景观建筑——生命之环,其高 106 m,相当于 50 层楼高,用钢量达到 3 500 t。该地官员表示,"生命之环"寓意连接天圆地方,贯通天上人间,并且无论形式还是高度都是世界独一无二的。但现在这个斥资上亿元的庞然大物取消娱乐功能,只有"观赏"的功能。

再如安徽淮南打算为当地兴建地标性建筑——一座 150 m 高的乒乓球拍形状的宾馆大厦,外配足球、篮球等 4 座体育馆。据介绍,这座造型别致的大厦将坐落于占地 1 000 亩(1 亩≈666.7 m²)、预计总投资达 18 亿元的淮南奥林匹克公园之内,其周边还有 4 个体育场馆都已经进入施工阶段,分别是橄榄球造型的主体场馆、排球造型的游泳馆、足球造型的全民健身馆以及篮球造型的体育场馆。该市政府领导表示,政府将不出一分钱,3 亿元资金全部通过招商引资、融资解决。该市在投资兴建"标志性建筑"的过程中未能充分考虑当地的实际情况(包括人、财、物的考量),全凭领导人的意志,盲目追"先进",没有考虑当地的长远利益,也没有征集当地人民群众的意见,盲目上项目,导致该项目耗资巨大,无任何投资商有意投资(杨超群,2014)。

3) 地方经济增长与居民收入、城市福利增长速度脱节

在城市营销的过程中,效率问题被提到无以复加的高度,而公平问题则退居到幕后,营销城市产生了巨大的外部性。在利益驱动下,中央的货币金融政策被地方政府一次次突破,中央的财税政策因为地方政府的土地经营而扭曲。尤其重要的是,由于在营销城市的过程中,地方政府人为地扩大了投资规模,造成了国家财政和其他地区的资金被吸附的现象,导致中央与地方、地方与地方之间出现了严重的发展不平衡。这既损害了市民的利益,也损害了其他地方政府以及中央的利益。在强调地方利益的背景下,地方政府一次又一次地突破国家相关法律、法规和政策"红线",不惜付出生态环境毁坏的代价来营销城市以招商引资,但城市居民的收入、福利却没有相应的增长。

如 2008 年以前,昆山以外资主导、出口引领的发展模式,导致经济发展成果转为居民财富的效率较低,表现为人均收入的增长速度远落后于经济总量的增长速度。居民收入水平不高造成消费能力有限,使得内需对带动经济发展的贡献较低(图 4-1)。营销型城市依赖于外来资金发展,可观的 GDP 主要由外来资本所赚取而非地方所有,其实际富裕程度一般会远低于其 GDP 所反映的水平;相反,内生型城市由于其发展具有区域协调性和长远性,并且 GDP 主要由地方创造,甚至还有大量从外部汲取的财富流入,该类城市的实际富裕度一般会符合甚至高于其 GDP 所反映的水平(表 4-2)。温州 2008 年时的 GDP 远低于苏州和无锡,但其城市化水平却能与这两个城市保持在同一水平。在不同的增长模式下,GDP 指标对于地区实际富裕程度的反映往往会有很大的失真,地区城市化水平与人均 GDP 会发生一定程度的偏移(胡彬,2009)。2008 年以后,外资依赖已经难以维持昆山的高速经济增长,昆山开始注重提高居民收入水平,通过居民消费需求的增加来拉动经济增长。

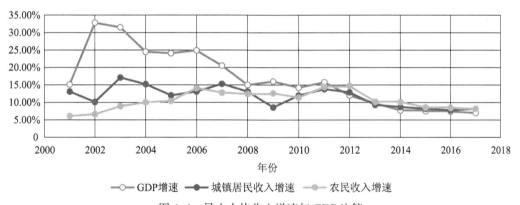

图 4-1 昆山人均收入增速与 GDP 比较

表 4-2 我国营销型城市综合指标

分类	营销型城市			内生型城市
代表城市	苏州	无锡	常州	温州
地区生产总值/亿元	6 701.30	4 419.50	2 202.20	2 424.29
城市化水平/%	66.0	65.8	62.9	66.0

注:以 2008 年为例。

4)经济发展外部依赖强,不利于产业层次的提升

2017 年,昆山对外贸易依存度高达 158.72%,不得不面对越来越直接的国际市场风险,不断遭遇国内外经济周期波动、政策变化波动和市场波动的影响。总体来说,昆山的外资企业大多数属于大中型企业,抵御市场波动的能力较强。2017 年,昆山新设外资项目 276 个,新增注册外资 23.4

亿美元,增长65.4%;全年实际利用外资7.94亿美元,增加1.9%;全年完成进出口总额827.72亿美元,比上年增长14.7%,其中,出口额为545.04亿美元,增长17.9%。昆山所形成的高度依赖外资、依赖国外市场、大进大出的外向型发展模式使其在外需市场强力收缩中遭受必然冲击。昆山必须认清形势,加快调整目前相对单一的外向型发展模式,增强地区经济发展的主导性和内外均衡性,创新经济体制、增强抗风险能力,从而保持经济、社会长期平稳、健康发展。

相对于长三角地区其他16个主要区、县(市),2017年昆山的地区生产总值为3 520.35亿元,位列第一;人均地区生产总值也处于较高水平。然而,从三次产业结构判断城市的发展阶段,昆山并未体现出在长三角区域内的先驱性,第三产业增加值的比例为44.7%,在所列的城市中排名中游。因此可以判断,昆山与长三角几乎所有的县级城市一样,处于以扩张为主、提升为辅的工业化发展中后期阶段(表4-3)。

表4-3　2017年昆山与长三角主要县(市、区)主要经济指标比较表

地区	常住人口/万人	地区生产总值					人均地区生产总值/万元
		总量/亿元	其中				
			第一产业/亿元	第二产业/亿元	第三产业/亿元	第三产业增加值比例/%	
苏州昆山市	166.24	3 520.35	30.75	1 916.89	1 572.71	44.7	21.18
常州武进区	144.32	2 260.27	41.68	1 234.85	983.74	43.5	15.66
苏州常熟市	151.61	2 279.55	42.07	1 165.76	1 071.72	47.0	15.04
苏州张家港市	125.78	2 606.05	31.22	1 365.64	1 209.19	46.4	20.72
苏州吴江区	84.08	1 925.03	43.10	986.79	895.14	46.5	22.90
苏州太仓市	71.58	1 240.96	36.04	627.88	577.04	46.5	17.34
无锡锡山区	45.51	809.27	17.78	417.92	373.57	46.2	17.78
无锡江阴市	165.02	3 488.27	41.64	1 897.84	1 548.79	44.4	21.14
无锡宜兴市	125.47	1 558.25	49.14	807.83	701.28	45.0	12.42
南通通州区	114.20	1 169.41	58.25	574.46	536.70	45.9	10.24
泰州靖江市	68.73	923.35	23.69	448.44	451.22	48.9	13.43
南京江宁区	124.85	1 935.93	63.15	1 031.52	841.26	43.5	15.51
绍兴柯桥区	66.75	1 351.22	35.61	686.69	628.92	46.5	20.24
杭州萧山区	113.28	1 861.48	54.15	701.56	1 105.77	54.9	16.43
宁波慈溪区	105.27	1 487.75	53.24	911.58	522.93	35.1	14.13
上海嘉定区	158.18	2 151.70	4.30	1 232.92	914.48	42.5	13.60
上海青浦区	120.53	1 009.20	7.90	467.60	533.70	52.9	8.37

从产业结构来看,1995年以来昆山第二产业占GDP的比重一直稳定在50%以上,形成以第二产业为主导的结构,第二产业又主要依赖外资驱动,由于外资企业与本地经济、社会联系相对较少,第二产业发展对生产性服务业需求小、层次低,不利于第二、第三产业的融合发展,造成第三产业比重偏低,产业结构出现一定的失衡现象,影响城市竞争力的提升(图4-2)。

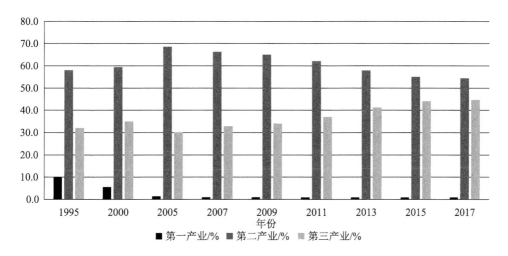

图4-2 昆山产业结构变化情况示意图

从产业层次来看,目前昆山的产业绝大部分处于制造加工环节,而前向的研发设计、过程管理等环节和后向的供应链设计、发布展示、营销宣传等都不在昆山。众所周知,微笑曲线①已经展示了一个产品的利润在各个环节的分配比例,制造加工环节是薄利环节,昆山却付出了大量的土地资源和人力资源。以笔记本电脑为例,加工制造环节仅占从研发设计到加工制造再到宣传营销利润的5%左右,虽然昆山已经占据全球笔记本电脑产量的50%左右,成为全球最大的笔记本电脑生产基地,但获取的利润较为有限。因此,昆山未来的发展需要提升制造业层次与水平,获取更高的收益。同时,这类企业在国际资本的高速流动中无法保持足够的根植性,这对昆山产业的长期发展是消极的信号。

4.2 营销型城市增长模式的社会效应

4.2.1 转型期政府职能与社会构架的转变

1)从"政企不分"到"政企分开"

传统计划经济体制集中表现为政企不分。政府是企业的决策机构,企业是政府的生产车间,由于政企合一,地方政府有一种"准企业"倾向,城市从就业到财政税收,主要靠一批大中型企业来支持发展。但是政企不分造成政府直接控制企业的生产经营,严重抑制着企业和职工的主动性和积极性,企业完全听命于上级指挥,不能按照市场情况及其变化做出相应决策,行政管理条块分割,政府机构不断膨胀,不仅导致官僚主义盛行、效率降低,而且造成机构臃肿、财政支出增加。

随着我国政治、经济体制的深化改革,根据市场经济的要求,城市政府的传统经济职能逐步淡化和消失,适应市场的新职能逐步成长和定型。政府也逐渐成为市场经济运行过程的主体之一,直接参与市场运行的过程。这一方面表现在,政府通过向私人企业大量订货、采购而成为一个巨大的市场需求者,对市场需求的影响也不断增强;另一方面政府通过直接建立国有企业或者私人企业参股来生产、提供公共产品,进行基础设施和高科技的开发,从而成为市场的一个重要供给者(田文杰,2005)。

2) 地方政府与公众关系的转变

根据《中华人民共和国宪法》,地方人民代表大会(简称地方人大)选举产生地方的政府机构和司法机构,这种政治格局使得我国地方权力机关的实际权力比一些联邦制国家地方政权机关的权力还要大。但是由于我国实行自上而下的垂直领导,地方政府机关领导人并不直接听命于地方人大的权力机关,而是服从于上级政府机构。因而,造成了体制转型以后,由于社会利益的分化和城市社会构架的变迁,地方政府与社会公众的关系发生了微妙的变化。

(1) 社会利益的分化

首先,转型期的地方政府所代表的不再是"公众利益",当遇到政府利益与社会利益相冲突的时候,地方政府"与民争利"的行为就难以避免。其次,转型期社会公众的内部也发生了利益分化。改革开放以后,我国发生了比较严重的社会阶层分化,产生了不同的利益群体。"公众利益"被分化成不同的概念层次:共同的利益需求,即社会全体成员的共同利益;多数人的利益需求,即社会大多数成员的利益需求;少数人的利益需求,即社会上数量较少成员的利益需求(何丹,2003a)。

(2) 社会组织的涌现

在转型期内,随着市场化的进程,原有的国营单位制度逐步瓦解,各种社会中间组织(包括社会中介组织)的作用日益凸显,各种非政府组织(NGO)和社区组织(CBO)在相同的行为目标或利益需求的基础上组建起来,在社会公共事务中发出自己的声音。这样由政府组织和国家机制构成的政府部门、由企业组织和市场机制构成的市场部门以及由非政府组织和社会组织构成的第三部门成为现代社会中的三大组成部分(何丹,2003a)。在新的社会构架下,人们开始与政府直接进行对话,自由地表达自身的利益需求。

当政府站在全体公众利益的立场上进行大事件营销时,与作为整体的公众有着共同的城市发展目标,因此能够与公众相互支持与合作;而当政府站在自身利益或某一部分公众利益的立场上时,往往会与利益受到威胁的部分群体发生冲突,包括与社会大多数成员发生的冲突和与社会中少数特定人群发生的冲突,从而影响社会的稳定,并给城市的社会发展造成负面影响。

因此,在我国体制转型期分权化、市场化和全球化的影响下,地方政府表现出了明显的企业行为特征,即热衷于追逐经济目标与政治利益,积极展开类似于企业之间的激烈竞争(Wu,2002)。可以说,伴随着我国市场经济体制的不断改革,在地方政府行政管理领域出现了明显的企业化倾向,即"地方政府企业化",而城市大事件营销正是在这种背景下获得了我国地方政府的青睐,其被奉为发展经济、提升城市竞争力的法宝,从而得到了广泛的开展。

4.2.2 营销型城市增长模式的积极社会效应

1) 有助于在"全球领域"中推介"地方特色"

全球化的浪潮正席卷全球城市,在地方化的发展下,城市需要营销自身特色以更好地融入全球竞争,但是各个城市的基本条件不尽相同,而全球化是透过"地方性"(Locality)的转化进入不同城市的,因此全球化最终都将转化为地方性的问题。对于地方政府来说,它们对城市的各种基本条件有更多的理解和掌握,所以能够根据城市自身的特点更好地在全球化中营造出特色,能够以全球化方式思考城市的发展方向,并以地方化方式规划与落实城市营销及发展方案。全球化视野与本地化意识的结合,有助于将全球化思维加速融入城市发展中。

例如,2013年4月,中国城市海外推介高峰论坛在苏州召开。在之前的2010年,通过"国际在线"网络平台,全球500多万名网民投票选择苏州为"最中国"的旅游城市。2012年,苏州再次入选"中国城市榜——全球网民推荐的最中国创意名城",被评选为"最中国创意名城"。会议期间,来自22个城市的旅游和外宣部门负责人,也借峰会平台对城市海外推介展开了热烈讨论。北京、桂林、三亚等城市也在该论坛上对自身的城市做了品牌定位,三亚通过"最美国事活动""美丽三亚"名片以及"特色节庆活动"等方式进行的全方位海外推介已经起到了良好的效果。再如,2015年2月,第二届长三角城市·品牌发展论坛在上海浦东举办。该论坛以"互联网时代与品牌经济"为主题,深入探讨在互联网时代中长三角品牌建设所面临的新挑战和新机遇,旨在进一步促进新常态下长三角区域一体化发展,着力提升长三角城市群品牌竞争力。

2) 有助于政府行为模式的转变

按照市场经济要求,转变政府职能、实现政企真正分开,是当前较难解决的问题。然而,通过城市营销,可以为城市政府提供一条新的、具体的、可操作的路径。市场经济是法制经济,它要求地方政府采用以法律法规为基础的经济杠杆管理模式,城市营销就是城市政府运用市场经济手段来解决城市发展问题的新探索。城市营销要求政府必须从过去对企事业单位直接插手的微观管理转向对城市整体资源的开发、利用、经营以及对城市设施、生态环境整体化的营销管理,真正实现政企分开,实现城市整体资源的可持续发展。因此,城市营销可以说是城市经济由僵化的计划经济转向市场经济,政府行为方式由微观模式转向宏观模式的具体表现之一。

3) 有助于城市治理模式的民主化

城市治理是地方政府与非政府部门相互合作、促进城市发展的过程(Pierre,1999)。一方面,它强调政府职能的稀释(Dilution)和政府组织的精干(Lean),要求地方政府管理方式的巨大变化;另一方面,它强调城市利益相关者对城市发展的广泛参与,以合力来促进城市的发展和城市竞争力的提高。作为地方政府和城市管理的新发展,它不仅增强了地方政府的有效性、责任性和透明性,而且提高了市民对城市发展的主动参与,形成了地方政府与社会非政府组织的共同关注。

4) 案例:新加坡的城市营销(非常新加坡)

新加坡自1965年独立以来,通过致力于创建美丽富饶、经济发达、环境优美的花园式都市,取得了令人叹服的伟大成就。目前,新加坡人均国民生产总值已达3万美元,按购买力计算,居世界第一位。新加坡拥有世界上最繁忙的港口和一座可供50多架国际航空客机起落、每年约1 100万名乘客进出的国际机场,每日观光客平均为12 000名,是世界上主要的旅游胜地之一。新加坡几乎是一个没有农村的国家,城市面积占总面积的绝大部分,有"花园城市"的美称。新加坡的发展,与其得天独厚的优越地理位置不无关系,但是更多的是得益于适合其发展的城市营销策略的实施。

(1) 城市产业营销策略——不断升级调整的产业

独立后,新加坡政府加大了对社会经济的主控权力,采取"积极、直接的干预"政府政策,努力加强城市营销,并制定了适合新加坡经济发展的产业营销策略,其发展主要经历了以下四个阶段:

劳动密集营销阶段。新加坡政府首先采取了发展出口导向性的劳动密集型制造业的方针,进行了改善基础设施、实行税务优惠、鼓励本地投资创业、提供银行与贷款服务等措施。此外,将1961年就成立的经济发展局的主要职能定位为招商引资,对新加坡走出独立初期的经济困境起到了重要作用。进入20世纪70年代后,新加坡政府开始注重发展资本密集型制造业,力求最大限度地解决失业问题。其间,新加坡政府设立了裕廊镇管理局,开始工业园区和厂房的开发建设,大量吸引外资,特别是来自跨国公司的投资,带动了新加坡经济状况的全面改观。这一阶段,新加坡经济年平均增长10%。到1979年,新加坡失业率已从1965年独立时的10%下降到 3.3%,制造业占 GDP 的比重由 1965 年的 15% 上升到 27%。

资本密集营销阶段。20 世纪 80 年代初期,为实现经济顺利转型,新加坡政府提出"自动化、机械化、电脑化"的产业营销策略。开始重视通过教育和培训开发人力资源等,并鼓励引进高附加值和技术密集型的投资,从而使得以国际著名跨国公司为投资主体的电脑、电脑附件制造业以及石化制造业陆续落户新加坡。其间,新加坡年平均增长仍达 6.8%,技术工人的比率上升至 22%。

技术密集营销阶段。进入 20 世纪 90 年代,新加坡政府大力发展高新技术,先后拨款 60 亿新元发展高科技基地。到 2000 年,新加坡已是全球重要的集成电路、芯片和磁盘驱动器的生产基地以及世界第三大炼油中心。此外,鉴于在金融(银行、保险、会计、律师、审计)、交通(快捷的空运、海运和高效的港口)、商业、酒店、餐饮等服务业取得了同步的快速发展,新加坡被公认为东南亚地区的金融中心、运输中心和国际贸易中心。国际跨国公司落户新加坡的数量超过 5 000 家,许多具有地区总部职能。在大力发展国内经济的同时,新加坡政府号召商家到海外发展,寻找、扩大商业空间。其间,新加坡年平均增长达到 8.5%;高科技产品出口在 1998 年更是达到 620 亿新元。

知识密集营销阶段。从 20 世纪 90 年代后期开始,以信息产业为中心的知识密集型经济如火如荼地开展起来。学习纽约纳斯达克,代表科技股的新加坡自动报价股市开始运作,为寻求新的经济增长点,新加坡政府投下巨资支持本地科研单位进行自主创新。

(2) 城市政府营销策略——高效、廉洁、精干的政府

面对建国之初无所不在的贪污受贿现象,新加坡总理李光耀上台后提出"要建立廉洁、有效的政府"。首先,在形式上,担任公职的人员一律穿白色的衬衫和白色的长裤,其寓意为白色"象征个人行为纯洁、廉明"。其次,李光耀选拔的内阁部长要求全部受过高等教育,理由是他们是专业人士,没有必要增加额外的储蓄。再次,就是建立严格的法规和反贪机构。政府明确规定,要确保纳税人每一块钱的去处都要有适当的交代,使得这个钱到达基层受益人手上的时候,一块钱照旧是一块钱,中途没被抽掉一分钱。新加坡《防止贪污法》数次被修改,反贪污调查局秉公执法,对于反贪污调查,任何人不得拒绝。据统计,在新加坡公务员中,经济犯罪的比率为万分之一,被誉为"亚洲最廉洁的政府",而高效、廉洁的新加坡政府也成为新加坡城市营销策略中突出的营销亮点。

(3) 城市环境营销策略——"花园城市"的逐步创建

新加坡为提高"花园城市"的建设水平,在不同的发展时期都有新的举措(表 4-4)。由于新加坡政府较早地认识到城市环境营销的重要性,认为美化城市环境不仅能创造使房地产增值的经济效益,更是国民综合素质和精神面貌的体现,使得"花园城市"建设运动深入人心,这一切都给新加坡

"花园城市"的建设注入了活力。

表 4-4　新加坡"花园城市"发展阶段

年代	措施
20 世纪 60 年代	提出绿化、净化新加坡,大力种植行道树,建设公园,为市民提供开放空间
20 世纪 70 年代	制定了道路绿化规划,加强环境绿化中彩色植物的应用,强调特殊空间(灯柱、人行过街天桥、挡土墙等)的绿化,在绿地中增加休闲娱乐设施,对新开发的区域植树造林,进行停车场绿化
20 世纪 80 年代	种植果树,增设专门的休闲设施,制定长期的战略规划,实现机械化操作和计算机化管理,引进更多色彩鲜艳、香气浓郁的花卉种类
20 世纪 90 年代以来	建设生态平衡的公园,发展各种各样的主题公园,引入刺激性强的娱乐设施,建设连接各公园的廊道系统,加强人行道的遮阴树的种植,减少维护费用,增加机械化操作

基于"花园城市"的理念,新加坡特别注重城市形象和城市环境的设计。重点对城市整体形象进行勾画与打造,并突出表现在其道路、水系、建筑的风格上。在新加坡街道、城市快速路两旁宽阔的绿化带中随处可以看到形态各异、色彩缤纷的热带植物,充分体现着赤道附近热带城市的特色。景观资源相对匮乏的新加坡通过花园城市、旅游设施和卫生环境与法制管理的一体化形成了自己城市的个性与特色,其良好的绿化环境成为现在新加坡最吸引人的环境营销要素。

(4) 城市人性化营销策略——"以人为本"理念的贯彻

新加坡的城市建设处处都体现出对自然的保护和对人的深度关怀,实现人与自然的和谐共生。为了保护自然景观,新加坡将大约 3 000 hm^2 的树林、候鸟栖息地、沼泽地和其他自然地带规划为自然保护区,以改善整个城市的生态环境。从武吉知马自然保护区、双溪布洛自然公园,到一个个分布于公路边的鸟类庇护所,其严格的管理和细微的措施,处处体现了新加坡人尊重自然法则的思想。为了营造舒适、恬静的人居环境,新加坡共建有 337 个公园,包括组团之间建有大型公园和生态观光带,每个镇区建有一个 10 hm^2 的公园,居民住宅区每隔 500 m 建有一个 1.5 hm^2 的公园。这都使得人们在走出办公室、家或学校时,仿佛有投身到大自然怀抱的感觉。新加坡特别强调对人行步道的绿化,从 20 世纪 90 年代着手建立连接各大公园、自然保护区、居住区公园的廊道系统,使广大市民能充分享用花园绿色休闲地,可见以人为本是从细微之处入手。为了满足人们"近山亲水"的需求,新加坡凡是有山的建筑都是依山就势,保持山景的完整。凡是临水住宅,都拥有大片的休闲区和亲水设施,其著名的南洋理工大学和东海岸公园的建设就充分说明了这一点。

(5) 城市智力营销策略——"新加坡人"传统文化及素质教育

为了保证社会稳定,经济得到良性发展,新加坡提出了"新加坡人"素质教育计划,其核心思想是培育全面发展的"新加坡人"是获得城市国家竞争力的重要保证。该计划坚持东方文明、吸收儒家学说中有益的道德伦理观念,较好地处理了物质文明与精神文明、法治与伦理道德之间的关系。另外,新加坡十分重视社区教育,其宗旨在于提高市民素质,新加坡政府有专项拨款给民众联络所、居民委员会进行社区教育。目前,新加坡拥有114个民众联络所、450个居民委员会。它们通过文体活动、娱乐活动、知识讲座、法制宣传、讨论会等,丰富市民的业余生活,维护社区治安,宣传政府方针政策,融洽邻里关系,解决社区纠纷等。其目标是培育一代代文明、礼貌、勤奋和高素质的"新加坡人",从而使新加坡能够保持强大的城市可持续发展能力。

4.2.3 营销型城市增长模式的消极社会效应

1) 政府工作停留在传统行政管理层面,公众参与意识薄弱

传统行政管理主张以政府为中心,强调政府全能,注重政府单向度、强制性地使用权力。国内许多城市的管理目前仍然因循这种有着计划经济时代色彩的管理方式。在这种思维影响下,城市缺乏营销理念,城市管理主要依靠政府来进行。地方政府进行营销决策时往往缺乏科学的分析,全凭地方政府决策者的个人好恶,根本没有经过专家论证,更缺乏公众的参与和监督,结果造成了大量的城市建设失误。

由于政府和其他公共部门处于强势地位,公众处于弱势地位,在公众缺少对公共部门有效制约手段的情况下,公共部门通常就会较少从公众角度去考虑公共服务营销问题。这也是公共部门容易忽视对公众负责、行为易偏离公众实际需要的重要原因。由于公众在城市公共事务处理中处于被动地位,其参与的积极性容易受到抑制,一方面,结果造成公众有关民主、法治、自治的观念难以形成;另一方面,政府管理事务过多,增加了财政负担,管理效率也难以提高,增大了公共事务处理的难度(李珍刚,2006)。

2) 城市营销政策呈现异化迹象,城市公共空间受到侵蚀

从公共管理上说,城市营销的目的是要增强城市的竞争力,增加城市的公共财富,提高城市居民的福利水平。然而,随着城市营销的深入,国内许多营销型城市出现了与城市营销价值异化的趋势。一些地区城市营销逐渐演化为政府追逐政绩、企业追求利润的工具,政府忽视了公共利益的实现与维护,对城市的公共空间进行"鲸吞蚕食"或者将其"私有化",这都是城市营销异化的重要表现。城市营销不仅带来了腐败,也为城市未来发展留下隐患,从而限制了城市综合实力的提升,影响到城市公共利益的实现。

以昆山为例,由于各级政府都只注重经济效益的产出,而忽视生态环境的保护和旅游资源的开发,包括巴城、周庄、锦溪等在内的城镇都大力发展工业,纷纷建立自己的镇级工业园区,浪费土地资源的同时,对整体生态

环境产生较大的影响。同时,随着城市空间的不断拓展,基本农田的保有量不断减少,城市基本生态线不断退守。

3) 城市迅速扩张造成对城市环境的破坏

在城市营销企业化的行为背景下,城市空间演化表现出迅速向外拓展的趋势,城市外围大量的农田和绿地林带被征用,城市建成区不断向四周扩展。一方面,当这种迅速形成的城市空间未能得到城市规划的合理、有效指导时,就容易产生盲目、低效率扩展的城市蔓延现象,破坏城市的生态环境;另一方面,由于过度竞争的压力,地方政府往往只注重经济效益而忽视社会效益,缺乏对城市人文环境、文物古迹、建筑风格、城市肌理的保护,使得城市自然与人文环境均遭到严重的破坏,从而造成城市与区域的可持续发展能力不断下降。

4) 案例:南京莫愁湖(何以成了豪宅的后花园)

(1) 公共空间的私有化——利益争夺的焦点

在现行的以营销型城市增长模式为导向、以经济利益最大化为目的的城市开发模式中,城市公共空间处于明显的弱势地位。地方政府为了获取最大的土地营销收益以弥补财政的困境,在规划上尽可能地压缩公共空间的面积,这与目前以销售而非经营为导向的房地产开发模式不谋而合,于是城市建设变成了一场增大容积率与建筑密度的商业活动,城市的社会功能被极大弱化,市民的公共利益受到侵害。

因此,可以说城市公共空间的功能被异化了,变成地方政府"任期政绩"的载体,或者成为利益集团逐利的工具,标志性、功利性地取代了公共空间的基本功能。在产权不清、相关法规不配套的背景下,公共空间的外部性诱发周边增值,导致周边地块开发失控,公共空间逐步被私有化,从而最终造成地区整体环境品质的难以提高。

(2) 政府与开发商——利益一致的同盟

城市的山林、湖泊、河流等自然资源是被普遍和一致认同的公众利益,是属于全体市民的宝贵财富。对公共资源进行保护,让自然景观为全体市民所共享,本应是地方政府义不容辞的责任。然而在当前的城市开发建设中,一些地方政府为了获得高额的经济利益,将拥有良好自然景观的土地出让给房地产商进行商业开发,造成大量的优质城市公共空间变成了市民难以进入的私有领地。

例如,近几年由于"公园效应"的升温,造就了临近公园的开发项目拥有巨大的升值潜力,也因此成为开发商追逐的旺地。大量的所谓景观住宅出现在城市公园的周边,许多原本属于城市公共资源的公园演变为私人的后花园。南京莫愁湖是一个典型的例子:其周边的楼盘"瑞阳尊邸"2018年的二手房均价高达 4.4 万元/m^2,其他滨湖楼盘"莫愁新寓""万科金色家园""名湖雅居""金基唐城"的房屋单价在短短几年内更是上涨了 4 倍多,楼盘均价都在 3 万多元。另外,南京玄武湖畔的"湖景花园"也是在近几年,价格上翻近5倍,涨到了均价5万元以上。而全国类似的现象屡见不鲜,如济南趵突泉公园,杭州的中山公园,北京的朝阳公园、陶然亭公园等早就陷入了"水泥森林"之中,从而对城市公园的景观和环境造成了不可修复的破坏。"万科金色家园"位于莫愁湖畔二道埂子,和"名湖雅居"一起形成一道屏障,把2 km长的沿岸湖景严严实实地遮挡起来。站在莫愁湖畔眺望东岸,其天际轮廓是一排毫无变化的平屋顶,且因莫愁湖水面较小,在近岸高层建筑的强势压迫下,犹如百姓形容的"洗脚盆"一般(图4-3)。

图4-3 四周被密集建筑围合的莫愁湖

(3)公共空间回归"公共性"——利益归位的诉求

在众目睽睽之下,公园资源为什么会悄悄流向私人豪宅的领地呢?原因可归纳如下:

① 在公园风景作为优质资源可以使房地产增值,即产生所谓的"公园效应",这已成为政府和开发商们的共识。因此,公园临近土地通过拍卖可获得比一般土地更高的价格,这是政府所希望的。而开发商的前期投入也会因为风景资源的卖点而获得丰厚的回报。

② 地方政府对旧城改造和城市形象塑造有强烈愿望,但缺乏进行城市营销所必需的充裕资金,而治理环境,包括拆迁安置、景观重塑等都需要大量投入。在这种情况下,政府将需改造的地块卖给开发商,在获取利益、环境治理和改善形象方面获得多赢结果。莫愁湖畔二道埂子在万科开发之前是有名的棚户区,是脏、乱、差的代名词,现在这一地区已成为高尚居住区,环境整洁,建筑亮丽,土地升值。但是政府忽略了公园周边土地作为城市景观和公共利益敏感地带规划的特殊性,让公园变成了"私园"。

③ 在经济体制转型期,相关产权和法律的不健全导致公共空间、公共利益观念的集体缺失。无论是政府、开发商、设计师还是业主,都缺乏强烈的公众意识,在立项、设计等方面缺少法规约束,使公众利益受到侵害。

④ 政府、公众与开发商作为三股影响城市建设的主要力量,三者之间的地位不平衡,公众处于绝对的弱势地位,开发项目只是开发商与政府之间的事。由于信息不对称,公众很难在项目过程中施加影响。结果,往往只好无奈面对公众利益受损的既成事实。

总之,可以说公共空间是城市中最为重要的空间资源,如何为市民提供充足、优良的公共空间,是衡量城市品质的重要指标,也是衡量地方政府是否"以民为本"的试金石。城市公共资源的维护必须以多数人的利益为重,这不仅是个人的利益问题,而且涉及所有市民的公共利益。因此,要特别加强社会对于公共财政的监督,对于公共空间经营权、使用权的监督,使其成为真正意义上的"公共物品"。

5)案例:南京城中村居民生活状况调查(揭开被增长表象所掩盖的社会问题)

"足够的金钱不能消除所有的贫民区,也不能扭转灰色地带衰败的趋势"——简·雅各布斯(Jane Jacobs)。营销型城市不断增长的表象掩盖了诸多社会问题。例如随着旧城改造,城市营销步伐的加快而出现的城市社会空间分异现象,侵害了弱势群体的利益;城市的不断增长,造成周边农民失地又失业,生活得不到保障;由于城市资本和劳动力要素快速集聚,外来人口聚居于城市边缘区,使城中村这种城市空间中的农村景观出现在城市范围以内,并开始成为贫民区的原始形态等,造成了当前人民内部物质利益矛盾以及社会阶层的矛盾,已经成为目前我国和谐社会建设所面临的主要矛盾,也成为影响我国社会经济发展的不稳定因素(表4-5)。

表4-5 和谐社会面临的主要矛盾

突出矛盾	所占百分比/%	突出矛盾	所占百分比/%
人民内部物质利益矛盾	51.0	政府宏观调控与市场经济的矛盾	16.4
城乡矛盾	45.5	不同所有制之间的矛盾	5.2
社会阶层之间的矛盾	27.6	中央和地方的矛盾	4.2
干群矛盾	20.3	不同部门之间的矛盾	1.7
区域矛盾	17.1	其他	0.7

地方政府对城市形象的改造则加速了城市内部空间重构的过程,受到人工干预的旧城区的功能置换与空间演替,在城市中形成了一个个孤立的岛状区域和城市马赛克(Mosaic)(殷洁,2005),社会分化的空间表征已经在我国许多城市出现。

(1)调查内容

调查以南京市绕城公路以内的8个社区下属的8个街道中的12个城中村为研究对象,从人口状况、居住状况、生活状况、社区状况、信息化情况、社会保障情况、意向和希望七个方面对城中村居民的生活状态进行调查研究,为城中村的改造以及城中村居民生活状态的改善提供准确的数据,并对城中村改造提出建设性意见。

(2) 调查范围

本次调查以家庭为单位,选取了红山村、藤子村、清江村、石村、长营村、迈皋桥村、向阳村、所街村、红花村、水关桥、方家营和燕江园12个城中村。

(3) 调查方法

本次调查采用问卷调查法和访谈法,以问卷调查法为主。依照机械抽样的方法有选择地抽取了358位城中村居民,覆盖了1 153位城中村居民的生活情况,其中村民160位,占调查总数的44.7%;外来人口198位,占调查总数的55.3%。调查共发放问卷358份,回收有效问卷355份,回收率为99.16%。

(4) 调查数据

由于城中村居民本身的特殊性,将调查结果录入统计产品与服务解决方案软件(SPSS),把城中村村民和外来人口作为对比源进行分类统计(Split File),并从城中村的人口状况等七个方面对调查数据进行分析。

(5) 调查结果

① 村民存在大范围的无业现象

据调查,城中村无业村民占调查村民总数的31.9%。一方面,这与调查的45%是女性有关;另一方面,在城中村中出租房屋的房租已经是很大的一笔收入,一些人不用工作单靠房租生活。相对外来人口,城中村本地居民生活得相对较好。

② 城中村村民和外来人口缺乏社会保障

有半数以上的村民和90%以上的城中村外来人口没有"三保"(保工资、保运转、保基本民生)保障。这在劳动能力较好的青壮年身上还没有太大的体现,一旦进入多病无劳动力的老年,没有"三保"的保障,这一部分群体必然还会成为社会和家庭的沉重负担。

③ 城中村整体居住环境较差,外来人口普遍住房条件不佳

总体说来,本地村民的住房条件良好,大多是自建的2~3层的混凝土房屋,面积都较大,大多都在50 m² 以上。住房设施较为齐全,70%以上都配有厨房、卫生间、煤气、彩电、电话,有36.71%还配有电脑。但外来人口住房条件不佳,住房面积多为10~30 m²。住房设施较为简陋,有卫生间的占48.02%,有热水器的占36.72%。城中村整体环境恶劣,垃圾随意丢弃,特别是施肥季节,味道难以忍受。

④ 交往范围局限

在城中村中,由于地域和乡邻观念及长久的时间,村民之间的交往很多,熟悉的人在100人左右;而外来人口的交往较为局限,熟悉的人往往在30人以下,且大多为单位同事或老乡。

⑤ 需求分异

由于城中村村民和外来人口无论在生产方式、生活水平、家庭情况还

是环境背景上都属于不同的群体,他们的需求必然产生分异。村民最希望的帮助:政府提供低价日用品的占 53.8%,政府提供子女教育补贴的占 30.0%,提供医疗保障的占 55.6%,降低生活成本的占 53.8%,而在再就业培训、提供工作岗位和提供廉租屋方面的需求较少。外来人口最希望的帮助:超过 30%的外来人口需要政府在提供低价日用品、降低生活成本、提高医疗保障方面提供帮助,而对于子女教育补贴方面的需求甚少。

4.3 营销型城市增长模式的空间效应

近 30 年来,中国的城市空间演化表现出令人惊异的多变性:土地资源的粗犷使用和城市空间的迅速蔓延,郊区的扩张和小汽车的剧增,土地资源在数量与结构上的紧缺导致城市环境的拥挤与恶化,种种外来的和内部的不规范因素对土地市场和规划控制的扰乱。似乎任何城市发展、规划的经典理论和技术控制的手段,都无法准确而有效地应对转型中的城市快速变化(张京祥等,2003)。

由于城市空间演化与社会经济过程的辩证统一性,这种城市空间演化特征无疑与转型期城市营销策略的企业化倾向紧密联系在一起。中国在经济、政治和社会等方面的剧烈变迁,从根本上改变着城市发展的动力基础,巨大的体制转型及其相应的复杂影响必然在城市空间结构上有着明显的表征,从而强烈地影响着其演化进程。

4.3.1 激烈竞争环境中城市空间角色的转变

在全球化的架构下,空间的意义被重新定义,产业结构得以在全球范围内进行弹性布局,城市的发展条件变得越发透明化。资金、技术与资源日益向更具竞争优势与更高投资收益的区位转移,产业经济的发展也受到全球发展步调的牵动,许多城市因产业结构的变迁而丧失了既存的优势条件。在全球化趋势下,一个城市能否跟随环境变动的趋势,在市场上形成低替代性的竞争差异,并能否将这种差异转换并累积为自身内在价值,将最终决定一个城市竞争力的大小,因此,城市营销对城市空间结构演变的效用正在逐渐增强。

1) 城市空间结构演变的动力机制

城市空间结构的形成和变化是城市内部、外部各种社会力量相互作用的物质空间反映。拥有资源或影响力的力量在相互作用之后的合力的物化,集中体现为城市空间的重组或扩展。在市场经济条件下,没有一个单一的力可以完全决定城市空间结构,在经济全球化的条件下,更有国际资本对地方层面上各种力的影响。但在诸多的社会力量中,某一时期,有某种力会主导最后的合力,并主要影响城市空间结构的变化。

影响城市的社会力量可简约地分为"政府力"(主要指地方政府的组成成分及其采用的发展战略)、"市场力"(主要包括控制资源的各种经济部类及与国际资本的关系)和"社区力"(主要包括社区组织、非政府机构及全体市民)。这三种力的相互作用有三种可能的模式：合力模型、覆盖模型和综合模型(图4-4)。

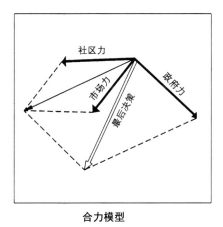
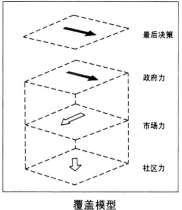

图4-4 城市空间结构演变模型

(1) 合力模型

马克思在阐述历史唯物主义中关于历史的创造时说："总是从许多单个意志的相互冲突中产生出来的"，"这样就有无数互相交错的力量，有无数个力的平行四边形，由此就产生出一个合力"。在政府力、市场力、社区力的作用下，城市空间结构的形成也遵循这样一个平行四边形的合力法则，一组相等权重的力的合力可以由各力大小做综合而得出。这个模型只能做概念上的抽象模型，实用价值很低，因为在现实生活中，这三组力并不以相同权重同时起作用。

(2) 覆盖模型

政府、市场和社区三组力在对城市空间结构发生作用时的权重是不一样的，在决策中也是居于不同的层次。在中国的营销型城市中，政府的决策作用远远大于市场和社区的决策。因此，这三组力的相互作用有着覆盖的特征。处于权重最大的上层的决策意图，将覆盖处于下层影响力较小的决策意图。影响力越大，覆盖力也越大，最后形成的决策仅仅反映出占主导地位的力的意图，并不反映其他力的意图。

(3) 综合模型

结合现实状况，将覆盖模型加以改进，就可以得出综合理论模型。政府、市场和社区三组力的权重不一，且对城市发展的意图不一。在制定城市发展决策时，有一组力是主力，由其提出发展的创议(Initiative)，并力图贯彻之。但由于另外两组力的存在，使这个动议受到约束而不得不加以调整。最后的决策主要反映了主力的意图，但是在某些方面可能做了调整，以满足另外两组力的要求,调整的程度则取决于其他两组力的大小。这个模型似乎可以较全面地解释城市空间结构的变化,并将经济学、社会学、文化政治学和政治经济学的不同理论综合起来。

2) 城市公共物品的供给与城市空间结构

与私人物品相对应,公共物品"一旦被生产出来,生产者就无法决定谁来得到它"。也就是说,公共物品具有非竞争性和非排他性的特征,城市公共物品是一种典型的公共物品。根据公共物品的特点,城市公共物品主要包括具有自然垄断特征的供水、供电、公共交通、道路等城市基础设施和治安、消防、教育、城市管理、环境卫生与公园等公共服务设施。按其消费特征,城市公共物品又分为纯城市公共物品和准城市公共物品。城市公共物品的非排他性和非竞争性的特点决定了其对城市空间结构规模、布局等方面都具有极其重要的影响。

(1) 城市公共物品的供给量影响城市聚集效应的大小

在一个统一完善的市场体系中,企业和居民为了追求最大利润或最大效用,会根据其在各个城市所能获得的效益或效用决定其流动的去向。显然,对于城市或城市中的局部地区来说,城市公共基础设施和公用事业服务越完善,质量越高,该城市或局部地区的聚集效应就越大,对居民和厂商的迁入就越有吸引力,从而使该城市或局部地区土地的利用效率提高,土地利用的集约性增强;相反,如果城市公共物品的供给能力较低,则可能构成城市聚集效应发挥作用和城市经济增长的约束,限制城市的经济规模和用地规模。这样,城市公共物品在本质上形成了城市聚集的物质承载力,是城市聚集规模的关键因素。

(2) 城市公共物品的分布影响着城市聚集效应的分布

城市公共物品能够为居民和厂商带来外部正效应,使其效用或效益增加,因此,公共物品周围的集聚效应增加,土地竞争加剧,土地价值将上升,地租斜率将上抬。这样,将引导城市空间结构从单一的同心圆结构向多极、多层次空间结构变化。城市居民或者厂商的选址总是趋向于向聚集效应较高的地区发展,因此,城市公共物品的布局会成为居民和厂商选址活动的出发点和归宿,引导着城市空间结构的扩展方向。

(3) 城市公共物品供给的类型引导城市地域的分异

不同的厂商和居民会对城市公共物品的供给有不同的要求,不同的公共物品对厂商和居民的影响也不同。因此,不同类型的城市公共物品周围将吸引不同的厂商和居民,从而使城市内部不同地域形成不同的聚集体。

3) 新区营销运作模式

(1) SOD

SOD(Service-Oriented Development)是近些年来地方政府引导市场参与新区建设进行新区营销的一种新方式。所谓 SOD,就是通过公共服务设施建设引导的开发模式,即地方政府通过规划将行政或其他城市功能进行空间迁移,使新开发地区的市政设施和社会设施同步形成,进一步加大"生熟"地价差,从而同时获得空间要素功能调整和所需资金保障的一种开发方式。由于社会服务设施,尤其是以政府为核心的行政中心的转移,给社会带来了巨大的示范效应和心理预期效应,往往能够引导经济要素聚集在其周围,从而带动城市新区的开发。例如20世纪90年代初期青岛将行政中心东移至新区,就是地方政府成功运用SOD方式引导市场开发的一个经典案例。

（2）AOD

AOD(Anticipation-Oriented Development)即城市营销远景引导的开发模式,是地方政府充分利用发布规划信息的诱导作用,描绘城市未来发展蓝图,来引导市场力量开发建设新区的一种方式。政府通过预先发布公开某些地区的规划消息,来激发、引导市场力量进行先期的相关投入,以尽快形成与规划目标相一致的外围环境和所需氛围,以便于政府在最为适合的时机,以较小的投入即可实现原先的规划建设意图。例如杭州在《杭州城市发展概念规划》中就针对未来远期要形成的中央商务区(CBD)提出了导入AOD的概念进行城市远景营销:杭州市政府在钱江新城南岸（未来CBD核心区）以低廉的土地价格预征土地,并向社会明确发布政府未来的规划意图信息,以形成强大的社会心理预期;引导开发商在周边地区进行相应的开发,促使CBD所需的配套环境和氛围尽快形成。待建设时机与项目储备成熟,政府再进行CBD核心区的开发就水到渠成了,届时地方政府还可以获得高额的土地资金回报。

（3）TOD

TOD(Transit-Oriented Development)即以公共交通为导向的开发模式,其作为一种源自城市规划的城市经营方式,已经被西方国家的城市政府广为采用。所谓TOD,就是政府利用垄断规划带来的信息优势,在规划发展区域首先按非城市建设用地的价格征用土地,然后通过基础设施（主要是交通基础设施）的建设、引导、开发来实现土地的增值。政府基础设施投入的全部或主要部分是来自于出售基础设施完善的"熟地",利用"生熟"地价差平衡建设成本。TOD模式成功运用的关键在于政府行动领先于市场需求,只要判断准确、运作得当,对城市边缘的"生地"进行TOD的先期投入,其成功的可能性和回报率要远远超过现有建成区的"熟地"。基于TOD模式的城市规划与建设是一种全新的概念,南京市依据此理论重新规划与建设了地铁2号线。

（4）BOT

BOT(Build-Operate-Transfer),即建设—营运—转让,也叫特许经营,是国际上私有投资介入公共基础设施建设的一种投融资方式和通行办法。由政府或所属机构对项目的建设和经营提供一种特许权协议作为项目融资的基础,由民营企业作为项目的投资者和经营者进行融资,承担风险,并且建设经营,在经营期过后再无偿地转让给政府,其经营期通常为15~20年。用BOT方式兴建大型基础设施,对政府、投资者和社会是多赢的。从政府方面看,BOT不仅可有效缓解政府负担,还可规避风险;从投资者方面看,投资于基础产业具有稳定的利润保证;对于社会而言,由于民间投资者的参与可提高资金使用效率,从而产生更大的社会效益。另外,除BOT外,还有BT(建设—转让)、BOO(建设—拥有—经营)、TOT(移交—经营—移交)、PPP(私人建设—政府租赁—私人经营)等多种城市建设融资方式。

4.3.2 营销型城市增长模式的积极空间效应

营销型城市增长模式对城市空间结构演化的影响是显著而直接的。改革开放以前,我国城市空间演化长期处于缓慢甚至停滞的发展状态;改革开放以后,由于城市营销等因素的推动,城市空间演化进程大大加快,对促进城市发展起到了一定的作用。比如城市战略规划可以引导土地利用与空间发展,并改变城市的空间结构。例如,《杭州市城市发展概念规划》提出,杭州城市发展的基本走向应该是向南跨越钱塘江,从以西湖为中心的城市空间结构向以钱塘江为发展轴的"双核拥江"式都市区空间结构转移,从此拉开了发展江南萧山区、建设城市CBD的序幕。几乎在所有已完成的城市战略规划中,城市空间结构重组都是极为重要的内容,它不仅体现了地方政府的意愿,同时还能起到指导城市发展、调控市场、引导经济要素聚集等作用。

1) 有助于促进城市新区的开发,实现城市空间跨越式拓展

随着我国城市化发展速度的加快,城市人口规模迅速增长,原有城市建成区的环境、交通和基础设施等面临着极大的压力。地方政府为了疏散中心城区人口、改善人居环境、提升中心城区的职能和效益,纷纷在城市外围建设新市区或新城来满足城市空间拓展的迫切需求。例如在地方政府推动资本集聚和促进经济发展的双重作用下,适应于大规模投资和社会化生产的各类工业园区、经济开发区、高新技术产业区、物流园区等产业空间以及各种类型的居住区、商贸区、大学城等生活空间在城市边缘区迅速出现和成长起来。

由于新区发展基础薄弱,地方财力有限,建设资金匮乏。地方政府常常与市场合作完成最基本的基础设施建设,比如采用BOT、TOT以及PPP等方式,来吸引民间资本直接参与基础设施的建设,不断完善城市的功能。地方政府与市场结成增长联盟,通过采用一系列包括城市营销在内的政策措施,如控制土地的投放区位和投放量、采用基础设施引导、给予近期建设地区更优惠的政策等,吸引投资以及城市消费者的目光,有意识地引导市场力量进入待开发区域,增强新区发展的动力与活力,促进了城市

空间的向外拓展和城市化的地域推进过程。

2) 有助于推动城市更新、改善城市面貌

营销型城市增长模式推动了城市更新的进程，使得城市面貌得到迅速改善。例如，地方政府结合国企改革，积极推进老城区用地的"退二进三"②，使计划经济时期生产、生活合一的空间组织形态被打破。老城区的工业企业不断向郊外工业园区迁移，旧城区工业和居住混杂的状况由此得以改善。又如，旧城居住区普遍存在基础设施缺乏、建筑衰败破旧等问题，因为缺乏改造资金而长期得不到解决。对此，地方政府与企业部门展开合作，对老城内的居住区进行了大规模改造和重建，部分改造为现代化居住区，部分被置换为商贸功能，迅速地改善了城市的面貌。此外，为了提升城市形象和开发城市文化资源，地方政府结合城市更新，对旧城区、老建筑进行了城市形象和文化资本的包装与营销，增加了许多绿地广场、步行街、滨水休闲区等城市再开发项目，对于改善城市面貌、提升市民生活质量都起到了积极作用。比如南京 1912 街区、上海新天地、北京什刹海的改造，都可以算是城市营销与城市更新相结合的成功案例。

3) 有助于促进城市空间结构进一步演化

在营销型城市增长模式主导下，地方政府可以通过制定城市发展战略、调控引导市场力量、促进经济要素聚集等一系列行为来引导城市土地利用与空间发展，并从城市的区域中心地位和影响出发，对具有发展潜力的战略地区(如具有良好区位条件、交通条件、自然资源条件等竞争性要素的区域)进行开发引导，集中建设新区，鼓励将分散的人口、产业和基础设施集中到新区进行建设，避免了城市"摊大饼"式的无序蔓延扩张。这样既保护了城市外围的绿色空间，又使市政公用设施的建设和运营更加经济。不少城市由此出现了分担中心城市功能和集聚外来人口的新城(卫星城)建设，使城市空间结构向着多中心化的方向发展。例如苏州的"一体两翼"、杭州的"双核拥江"等城市空间重组战略，就都体现了地方政府建设新城、提升城市功能、拓展城市空间结构的意图。

4) 案例：伦敦 2012 年奥运会(借助奥运营销带动城市落后地区的再生)

"申办奥运会的成功给了伦敦和英国其他地区一个千载难逢的发展机会。奥运发展计划将整合正在进行中的泰晤士河口(Thames Gateway)地区的城市更新工作，以确保我们不但在创造一个短暂的重要时刻(奥运会)，同时也规划布局长远的休闲设施、住房、就业和繁荣的社区"——英国副首相普雷斯科特。

随着 2012 年奥运会的成功举办，伦敦完成了一个雄心勃勃的规划，主要针对伦敦东部地区的土地置换和再利用以及下利亚谷地(Lower Lea Valley)地区的城市更新。伦敦将其主要奥运会场馆的建设地点设定在了英国亟须再发展的地区之一——伦敦东部贫瘠的下利亚谷地地区，并由伦敦发展局组织进行了该地区的城市再生总体规划,以期能够抓住奥运会契机达到促进伦敦东部落后地区发展,优化伦敦城市空间结构的效果,该建设有力地推动了伦敦东部地区的复兴。位于伦敦东部的奥林匹克公园是重建伦敦计划的一部分,它的开发大大促进了斯特拉福德(Stratford)的开发与复兴。在该地区中心区斯特拉福德城新建了包括一个国际通信中心、多功能办公中心和5 000套住房在内的一系列设施。当初下利亚谷地地区再生规划的直接目的是为了2012年伦敦奥运会进行全面的地区规划,同时为奥运会后该地区进行持续性的城市规划(图4-5)。

图4-5 伦敦下利亚谷地地区再生规划

下利亚谷地地区再生规划把奥林匹克公园与改造下利亚谷地地区结合起来,在向全世界展示伦敦文化和体育传统的同时,加速伦敦东区的发展和建设,该地区成功转变成新的邻里地区;通过区域性再开发的进行,以社区发展为重点,借此契机重新发展现有的社区并建立了新社区;释放公共空间,使其拥有公园般的绿化,同时还有公共水域空间可供利用。

① 再生原则

对都市再生进行新的诠释,使建设重心专注于社区的营造;恢复河道,扶助地区独特性开发,重建人与河流、水道之间的动态关系;增加密度,灵活使用。将现存的低强度地区迁移到其他地区,加强原地区的新开发计划,增加建设住宅区、办公室、零售场所及优质的开放空间;重新建立城市连接网络,建立战略性的交通基础设施,把不同地区重新连接在一起,为伦敦东部提供良好的发展条件;增加城市绿化,在东部地区公园和泰晤士河地区,将公园与其他绿带整合为一体。利用水道和地形优势,将地区特色、水资源管理和环境生态系统融合;根据开发计划,引进新的更新系统,提供新的生活品质、新的生活模式,引导人们向可持续发展的城市生活迈进;建构人性化的城市,经过城市再生的下利亚谷地将为当地居民和新的社区增加许多工作机会、住宅单位和公共设施,提供给所有人一个完整的生活。

② 建设内容

在奥运会场地内兴建了面积达5 hm² 的公园,该公园是150年来欧洲规模最大的市区公园。整个奥运会场地占地 15 hm²,9 个主要场馆包含一个可以容纳 8 万人的体育场、水上中心、曲棍球场和赛车场等,以及 4 个多功能场地以备临时使用。占地面积较大的选手村提供了最先进的设备,新建的 9 000 栋选手住宿单位,其中一半在赛后成为平价住房。同时兴建了学校及健康、社区设施,还更新了 10 条运输系统。场馆建设和奥运会期间创造了 7 000 个工作机会,而且赛后又产生了 11 000 个新的工作机会,政府还为当地居民提供就职培训,以适应新增的工作机会。

③ 未来展望

伦敦奥运村赛后的总体规划将推进英国有史以来最大规模、最显著的一次城市再生运动。奥运会将为伦敦东部带来转机,把它变成一个生机勃发的新区域,成为当地和国家的骄傲。规划设计将加速伦敦的东扩计划,完善伦敦的城市结构,以缓解未来伦敦人口不断膨胀的压力。

4.3.3 营销型城市增长模式的消极空间效应

1) 导致城市之间进行重复建设与恶性竞争加剧

为了增强自身竞争力,营销型城市增长模式常常成为地方政府展开激烈争夺的有效武器,例如争夺国家大型投资项目和优惠政策,争夺外资、技术与人才等。而对于能够影响区域经济发展走向的重要基础设施和竞争性产业,地方政府更是志在必得,甚至不惜采取遏制其他竞争主体发展的策略来夺取竞争的胜利,表现出一定的对抗性,从而造成了区域内城市重复建设、产业结构趋同、环境状况恶化等问题。

例如,近年来爆发的城市招商引资大战,使得机场、港口等用以吸引外资的城市供给性基础设施成为各城市进行营销、参与竞争的重要因素。以机场设施建设为例:据统计,至 2018 年,在全国 200 座机场中仅有约 50 座是盈利的,其余都处于亏损状态,而城市间恶性竞争是导致基础设施重复建设、机场运力不足的直接原因。目前,仅江苏省就有民用机场 9 座,除南京禄口国际机场与苏南硕放国际机场客源相对稳定外,其他机场的客流量均较小,吞吐量仅在近年来突破百万人次,而南京禄口国际机场早在 2009 年旅客吞吐量就已突破 1 000 万人次。在珠三角则分布着 8 座机场,相互之间的距离在 200 km 之内,都靠近香港,大部分机场利用率偏低,其中珠海金湾机场的利用率长期低于 10%,部分资产只能被拍卖。再如港口设施建设:长三角的大多数海港以及长江沿线港口均存在明显的争货源、争腹地的现象,截至 2018 年,长江干线共有 14 个亿吨大港,包含 581 个万吨级泊位,而小港口、小码头更是数不胜数。设施重复建设将使多余的港口资源更加闲置,一些地方岸线出现了低效利用的问题,如长江中下游地区出现深水岸线占而不用、多占少用、深水浅用、贴岸使用和碎片化使用等现象。此外,重复建设港口的投资也是巨大的,仅渤海湾一带,天津、大连、青岛等地投资数百亿元进行港口扩建,深圳、宁波、上海的扩建项目投资也都近百亿元,这样的超前建设只会导致竞争的加剧和资源的浪费。

2) 导致城市规模盲目扩张,土地利用效率低下

近年来,不少城市各类新城、开发区、大学城、高新园区遍地开花,城市用地规模快速增长,大量圈占农民土地而又"开而不发",造成大量土地闲置与外延式增长模式下土地的粗放、低效使用。不加评估的投资建设行为严重超越了城市自身的经济承受能力,同时耗尽了城市未来发展的空间。据调查,截至2018年12月底,国家批准的新区19个,县及县以上的新城、新区数量超过3 000个。截至2012年,已经统计的新区规划总面积达到7.30万 km^2。截至2012年年底,全国已有30个新区的单体面积超过400 km^2,面积超过1 000 km^2的城市新区也已达到19个,其中黄河三角洲新区(高效生态经济区)是目前所有新区面积最大的,达2.65万 km^2(方创琳等,2013),各类新区建设在推动城市扩张的同时也存在严重的土地浪费问题。"开发区"热也是城市盲目扩张的表现,在被称为苏州"集约用地典范"的昆山出口加工区,平均投资仅为55.3万美元/亩,而法国的开发区平均水平是60万美元/亩,新加坡、中国台湾等地开发区均为100万美元/亩。另外,还有"大学城"热。据有关报导,自2000年9月河北廊坊首先推出规模宏大的东方大学城以来,至2013年年底,全国已出现了60多座大学城。如陕西西部大学城占地400 hm^2,山东菏泽大学城占地466 hm^2,辽宁沈阳大学城占地1 250 hm^2,浙江5个大学城规划面积为2 480 hm^2,南京江宁大学城和仙林大学城总占地达61 km^2等,这在一定程度上造成了城市空间的无序蔓延与土地资源的浪费。

目前一哄而上的高铁新城建设也正面临着复杂的困局,只要稍微大一点的高铁站都建高铁新城。如据媒体2012年的报道,位于湖北的国家级贫困县大悟县,引资160亿元建设临站商务区,"鄂北高铁新城的梦想正一步步成为现实"。不少地方政府下了血本,如长沙2009年启动的高铁新城,截至2013年年底,长沙在基建上已投入了90多亿元,未来三年还要投入100亿元。而这个城市2013年的财政收入为879亿元。在能找到投资计划的12个高铁新城中,已投资及计划投资百亿元以上的有4个,投资50亿元的有4个,余下1/3为30亿元及以下。在不少地方的规划中,速度成了决胜的关键。"一年成名、三年成型、五年成城""一年成势、三年成型、八年成城",口号大同小异。正如同中国不少地方出现的"鬼城"一样,高铁新城已表露出类似的隐忧。截至2014年8月,在全国"四纵四横"主要高铁网络上,已有36个高铁新城正在规划或建设。其中,密度最大的属京沪线和哈大线。在京沪线上,24个站点共有15个高铁新城;在哈大线上,23个站点已查到有9个。京沪高铁沿线的高铁新城空间规划规模上大多采取

了"超常规"尺度：如锡东新城（包括高铁商务区）达 125 km²，德州高铁新区为 56 km²，南京高铁新城以高铁站点为核心的启动区就超过了 30 km²，基本都是在主城基础上实现了"跃进式"增长（于涛等，2012）。一些经济、人口体量不大的县城，亦在大张旗鼓规划或建设高铁新城。除了大环境、自身经济发展和城市空间等因素的影响之外，高铁新城选址距离主城过远也直接导致新城难以接受主城在人口、产业以及公共服务等方面的辐射，发展基础过于薄弱。如京沪高铁站点基本选址在距离城市中心较远的郊区甚至是偏远的农村地区。大城市往往体现为近郊区化，而中小城市则多属于远郊区化。这主要是因为大城市更能掌握高铁新城选址的话语权，通过行政等手段可使高铁站点的选址和线路走向尽可能契合城市自身空间发展（于涛等，2012；鲍小东，2014）。

3）导致城市建设出现"克隆"，复制的城市空间和景观缺乏个性

在各个不同的营销型城市中，其城市空间演化总是表现出某种程度的相似性。为了能快速给全球资本的生产活动提供最优越的生产条件、生活环境和社会文化氛围，地方政府纷纷依照全球资本市场的统一要求重新塑造城市空间，或者低成本复制目标城市的空间景观外壳，而城市自身的特性则被清除或扭曲。富有特色的城市历史文化和自然景观被大规模建设的开发区、CBD、现代化居住小区、大学城、步行街、休闲广场等模块化空间类型所取代，中国内地许多城市总能发现"万达广场"这样的商业综合体以及被称作"国贸大厦"的高层建筑，恒大、保利、万科、碧桂园等地产公司的四面出击更让"千城一面"现象愈演愈烈，导致城市特色与个性的丧失。可见，中国千篇一律的城市越来越多，从地标建筑的雷同到城市定位缺乏因地制宜的考虑等问题不一而足。实际上从营销学的角度来看，城市形象与空间环境的塑造和传播只是营销策略的外延表现，还没能反映营销的实质，即城市内在素质的提升。正是这种认识上的错误导致了我国城市形象、品牌建设出现了同质化，地方政府对城市营销的深层次内涵缺乏领悟，从而忽视了城市内在发展的特质。

4）案例：南京新城建设"四面出击"（城市空间增长偏离可持续轨道）

（1）2001 年版南京城市总体规划背景

《南京市城市总体规划（1991—2010 年）（2001 年调整）》中明确提出了南京未来"多中心、开敞式"的城市空间布局结构，并将新市区作为未来南京城市发展和建设的重点。规划提出了在都市发展区形成"以长江为主轴，以主城为核心，结构多元，间隔分布，多中心、开敞式的现代化大都市空间格局"的规划构想，并制定了"保护老城、发展新区"，实施"一城三区""一疏散、三集中"③的城市发展新思路（图 4-6）。

规划包括河西主城区以及东山、仙林、江北三个新市区，它们分别位于主次发展轴的交汇点上，将成为承担主城部分功能扩散、与主城共同发挥区域中心城市作用的城市发展先行区，规划新市区的远景人口按 50 万

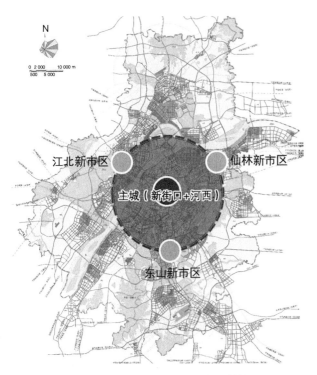

图 4-6　南京城市"一城三区"规划结构图

人以上预留。主城要形成功能完善、服务齐全的区域性第三产业核心；三个新市区着力培育形成次区域中心，仙林新市区要强调教育科研、文体娱乐等区域性第三产业职能，江北新市区要形成具有一定规模、相对独立、较高水平的江北地区综合服务中心，东山新市区要形成南部地区的综合服务中心。

(2) 城市空间无序蔓延导致空间形态偏离规划布局

1991—2001 年，南京城市建设空间发展的主导方向并没有按规划所预期的那样沿江扩展，而是以南向江宁方向发展为主导。城市建设主要集中在主城范围内，特别是老城区，外围城镇的全面建设尚未启动，没有起到规划所预期的疏散老城的作用（何子张等，2006）。

2001 年经过调整后的总体规划实施近 20 年，南京城市空间发展最突出的问题就是空间扩张过程中的无序蔓延和分散建设，其中以城南和城东两个方向的态势尤为严重，表现为沿主城圈层式扩展及沿对外放射性道路两侧盲目扩张，主城、新城和新市区之间的绿色生态隔离绿地不断被蚕食等。在市域层面表现出"全面开花"的发展态势，规划所预期的"开发一片，成熟一片""组团式、滚动发展"的局面并未出现（何子张等，2006），反倒出现了"开发一片，放弃一片""蔓延式、无序发展"的局面。快速的城市空间蔓延使得南京城市空间形态布局逐渐偏离了规划所预想的空间布局形态，具体的偏离轨迹如下：

① 向南发展，肇始于江宁——"江宁模式"

江宁本是南京的一个县，由于其得天独厚的自然区位条件以及当地富有营销意识的领导的带动，在 20 世纪末至 21 世纪初，掀起了一场规模巨大的"造房运动"，带动了江宁城市建设用地的快速扩张。2000 年南京行政区划调整，江宁撤县建区，使得江宁的房地产开发迅速达到了白热化程度，江宁成为南京"一城三区"拓展战略和实施城市化、郊区化战略的一个重要地区。作为南京的一个卫星城市，江宁区有效缓解了老城中心的人口压力和土地紧张问题，因而被誉为"江宁模式"而闻名于全国，这也许正是江宁区潜意识里进行的一种城市品牌营销。直至"铁本事件"发生，"江宁模式"的光环才逐渐褪去，留下的则是江宁城市开发初期杂乱无章、风格迥异的大量空置楼盘组成的烂摊子。

江宁区早期"开而不发""人气难聚"的原因关键在于其配套服务设施规模和质量的滞后。特别是在快速交通以及商业中心两大要素缺位的情况下，难以对人口形成较强的吸引力。而就在江宁最需要政府进行基础设施完善配套的关键时刻，南京市政府做出了令人意想不到的事情——挥师西进，跨过秦淮河！

② 向西发展，押宝于河西——南京的"西部大开发"

南京在2001年城市总体规划调整中规划了新的城市空间结构，由于第十届全国运动会（简称十运会）将于2005年在南京召开，2002年2月，河西新城区开发建设指挥部成立，拉开了河西大开发的序幕。南京市政府投入了巨额城市建设资金：2003年，南京市政府宣布拿出326亿元进行河西新城区的配套建设，这个数字比新中国成立以来南京历年城市建设资金的累计总和还要多。一时间在河西 56 km² 的面积上集中了近50家房地产开发商，地价、房价一路飙升，土地出让收益一度最大化。直到2007年，河西的地价已超过了 5 000 元/m²，万元楼盘也不断涌现，河西在数据上正在不断刷新南京城市建设的历史。仅河西新城区中心地区城市设计和滨江景观规划设计，就邀请了荷兰隆美集团、法国夏氏建筑与城市规划设计有限公司、美国霍克公司等10家国内外知名规划咨询机构参加，方案征集范围之广，参加单位之多，在南京城市规划编制历史上都属首次。按照整体规划，南京将举全城之力，用5~10年的时间，将河西建成现代文明和滨江特色交相辉映的现代化标志区。

但是，由于缺乏新区规划的实施制度和管理制度的支撑，在很长一段时间里，河西地区实际上成了相邻各个城区的边缘区。缺少配套服务的居住区、散乱的工业和低档次的大型市场形成了城乡接合部特有的景观。河西新城成了名副其实的"卧城"，通勤交通的拥挤、生活教育设施的缺乏，极大地限制了河西的发展。十运会之后南京又在2014年举办了青年奥林匹克运动会（简称青奥会），河西已经成为名副其实的南京主城区。然而现在来看，河西当时出现那样的情况，实际上是政府主导与市场运作、规划定位与投资需求产生矛盾的体现。一个区域的发展必须经过一段基本的自我封闭运作的时间，才能达到居住、就业和第三产业的融合，从而形成完整的城市机能。南京市政府在河西新城建设中的作用显然已经超过了"引导市场"的限度。政府不可能代替开发商们进场开发，真正主导的是市场，在不具备开发条件时依靠行政指令强行推进开发速度，将导致局部地区经济过热，对区域的持续、健康发展不利。

③ 向北发展，振兴江北——南京的沿江大开发

1991年，南京高新技术产业开发区（国家级）的设立曾经短暂促进了江北地区的开发，直到2003年6月，江苏掀起了"沿江大开发"的热潮，沉睡多年的江北似乎终于迎来了自己崛起的一天。2005年，南京计划新增

储备土地"入库"1 000 hm²,其中80%分布在浦口、六合、江宁等区。并且为了解决跨江发展遇到的交通瓶颈问题,南京宣布不惜巨资打造10条过江通道,以彻底改变江北与主城交通不便的情况。因此,在政府力挺等利好消息下,浦口的房价也得以苏醒,平均房价在2003年后上涨了近一倍。一些大型楼盘如"世贸滨江新城""苏宁天润城"等屡屡排在南京楼盘销售排行榜的榜首,可以说江北的城市开发建设在营销型城市增长模式的带动下进入了一个高潮。

但是南京对江北的定位重点是工业区尤其是重工业区,这与大量的住宅建设构成了较大矛盾。一方面,瞬间大量涌入的楼盘破坏了江北空间发展的肌理,甚至破坏了大量的自然景观,如"世贸滨江新城"的建设对于长江岸线景观的破坏;另一方面,江北重工业以及"走廊"城市的特点,使得江北的人居环境并不适宜,入住率也不高。

④ 向东发展,营销仙林——打造国际化大学城

2002年1月14日,江苏省、南京市政府共同召开新闻发布会,宣布成立南京市仙林大学城管理委员会,正式拉开了开发建设仙林大学城的序幕。仙林新市区是南京三大新市区之一,是南京都市发展区内的区域副中心,是南京以发展高等教育和高新技术产业为主、集中体现现代城市文明和绿色生态环境协调发展的新市区。新市区的发展目标是建设绿色城市、文化城市、科技城市和宜居城市。相比于其他新市区,仙林有着更加优越的区位和交通条件以及丰富的自然人文资源。在1999年南京师范大学进驻仙林后,南京财经大学、南京邮电大学、南京森林警察学院、南京中医药大学等高校纷纷选址仙林,将其作为学校的第二校区,包括南京大学也于2006年11月22日在仙林举行了奠基仪式,开工建设南京大学仙林新校区,从而使得仙林大学城一跃成为全国规模最大的大学城之一。大学城的开发建设的确在一定程度上带动了仙林新市区的开发,增加了"人气",拉动了仙林的经济增长,像亚东新城等楼盘的房价早已翻了一番,均价早已突破2万元/m²,甚至南京大学由于入驻迟缓,2006年耗资9.09亿元才拍下了现在465 725.4 m²的仙林校区用地(图4-7)。

⑤ 向北跨越,宏伟战略——打造国家级江北新区

2012年5月,南京提出深入研究江北发展战略和总体规划,强化江北的城市功能和辐射能级,规划将其从南京"副城"上升为"江北新区",由此江北新区的概念正式提出。2013年7月,南京召开江北新区2049战略规划暨2030总体规划编制工作动员大会,会上提出,南京将全面启动"江北新区"规划编制工作,在"十三五"期间,南京的发展重点从河西新城向江北新区转移。2014年4月南京成立国有独资集团——南京扬子国资投资集团有限责任公司,负责统筹江北新区的开发建设,南京市委书记、市长均亲自挂帅江北新区开发领导小组。2015年6月27日,国务院印发《关于同意设立南京江北新区的批复》,正式批复同意设立南京江北新区。自此,南京

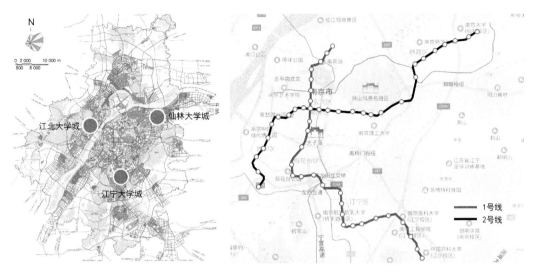

图 4-7　南京大学城分布及地铁 1 号线、2 号线路线图

江北新区建设正式上升为国家战略,成为中国第 13 个、江苏省首个国家级新区(图 4-8)。

与此前的"沿江大开发"不同,国家级江北新区成立的初衷是对南京未来发展进行明确导引,对南京改变城市发展重心、空间布局结构的演化产生重要影响,对整个苏南地区产业结构调整乃至辐射带动南京都市圈周边城市的协同发展具有十分重大的战略意义。但是,国家级江北新区的成立能否延续南京城市空间发展的脉络,真正缓解南京城市发展跨江难的问

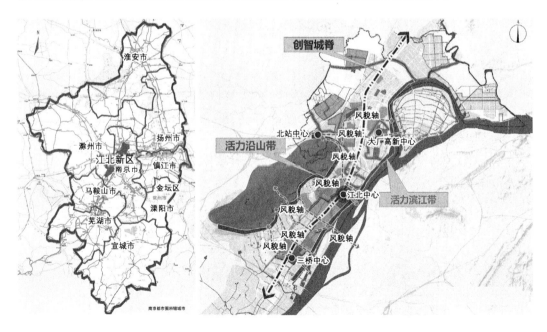

图 4-8　江北新区在南京都市圈的区位及"十三五"期间的发展战略

题,从而发展为功能完备的城市副中心,并缓解南京主城区人口、交通、环境等方面的压力,尚存着较多的不确定性。

(3) 分析原因

① 新城之间的发展时序问题。城市内部各新城的地域资源条件和发展基础各不相同,发展水平也存在差异,要在短时间内达到整体平衡是不现实的。基于我国现阶段的经济实力,只有采用"不平衡发展"的方式,才能集中力量,按时序分步骤发展。因此,为保证城市空间的有序发展,规划在宏观上应促进增长极的形成和发展,在微观上应优先进行生长点的建设,并根据不同时期的发展特点,采用不同的策略。不平衡发展战略是促进城市空间快速发展,并最终达到平衡发展的手段。但是不平衡发展战略与公平发展的冲突,造就了新城之间的发展时序难以确定(何子张等,2006)。

② 城市营销缺乏系统性和长远考虑。城市营销的思路缺乏系统性和长远性考虑,比如江宁成熟的房地产营销策略之于江宁发展,十运会营销策略之于河西发展,过江通道营销策略之于江北发展,大学城营销策略之于仙林发展,都能够在短期内起到很强的带动新区发展的作用。但是要长远地保持与新区建设开发的协调关系,则需要进行深层次城市管理体制的改革,改变传统的城市营销策略方法,构建新的城市发展模式。

③ 土地供应政策问题。南京为了配合总体规划的实施,进行了多次行政区划调整。但是,在行政区划调整过程中实施的"撤县建区后保留县级管理权限三年不变"的过渡期政策,却使得政府难以实现对城市空间资源进行统一的规划建设管理。市一级政府无法垄断一级土地市场(2004年,南京市土地储备中心负责运作的居住用地投放量仅占总量的22%),各区竞相出让土地,导致出现了土地全面开发的态势,严重影响了城市空间结构建设的有序推进。另外,20世纪90年代为了加快道路交通基础设施建设,政府出台了"以地补路"的政策,客观上加剧了分散、无序建设和零星开发的态势,进而使城市空间扩展更加无序。

4.4 内生型城市增长模式的提出

4.4.1 对于营销型城市增长模式的反思:"内生"与"外生"④

1) 全球资本"流动性"与地方政府"稳定性"

(1) 营销初期——营销型城市对全球资本的"让步"

全球化的本质乃是资本的全球性流动。众所周知,资本的全球性流动是跨国公司为了降低成本、增加利润而不断地在全球市场上寻找"投资机会",全球资本是否进入一个国家或一个城市,主要考虑是否能降低成本、增加利润。当一些城市符合全球资本的目标——有广阔的市场,低廉的劳动力,有效的政府,宽松的政策环境,使跨国公司可以实现其利润目标时,它们就会对这些城市感兴趣。在这些候选城市中,全球资本到处谈判,希望得到地方的让步。如果有一个城市的让步最多,全球资本就可能把资本投入这个城市,所以,引发了全球众多营销型城市为了"追求"全球资本而不得不进行非常激烈的"让步对决"。

营销型城市向全球资本做出的让步甚至可能超过了跨国企业为城市带来的好处。为了吸引全球资本,不光中国城市,美国城市也在"讨好"这些资本。例如,美国费城为了吸引挪威的克瓦纳集团石油服务(Kvaerner ASA)公司前来投资,重新为该厂修建码头和城市基础设施,并向企业提供免税、补贴等优惠条件,费城市政府一共向 ASA 公司提供了 3.1 亿美元的财政补助。企业投产后,共创造就业岗位 950 个,即平均每个工作岗位花费公共投资 326 315 美元。按照政府和企业商定的优惠税率,3.1 亿美元的公共投资需要 48 年才能从 ASA 公司收回。但是 ASA 公司是否会在费城运行 48 年,却是无人可以保证的,这个项目在美国引起研究者的关注,普遍的结论是城市政府让步太大,得不偿失。

(2) 营销中期——地方政府与全球资本的"博弈"

全球资本进入城市的初期,地方政府和全球资本将有一段短暂的"蜜月期",它们往往结成增长联盟,将城市变成一部"增长机器"(Growth Machine)。而由于全球资本的"见异思迁",这样的联盟从形成以来就注定是动态、不牢靠的,它们之间的联盟是相对的、临时的,而它们之间的矛盾却是绝对的、持久的。在进入城市以后,投资者"一如既往"地追求"可持续"的赢利,同时也希望政府能够"一如既往"地在税收、土地以及基础设施使用等方面给予企业以最优惠的政策;对于地方政府来说,其寻求的是一种"稳定性"的利益——稳定的增长、稳定的就业、稳定的税收,为了实现稳定性的利益,地方政府愿意以一定的让步来继续"留住"全球资本。当然由于法律法规等体制方面刚性的束缚,地方政府想继续甚至保持让步的空间有限,因而不可能"可持续"地满足企业的要求。这样,双方在度过短暂的"蜜月期"后进入了"相持期",表面上双方力求保持合作关系,都希望形成双赢的局面,实质上在全球资本的"流动性"特征和地方城市的"稳定性"目标之间产生了一个根本矛盾,从而使得地方政府与全球资本进入了博弈阶段。

(3) 营销末期——地方政府与全球资本的"分手"

全球资本是"无情"的,同时也是可以流动的,既然资本可以从别的城市转移到这个城市,当然也可能从这个城市再转移出去。在全球经济结构的剧烈变化中,全球资本变得"很不安分",当它一旦出现亏损或利润有限,甚至一旦发现世界上某个角落有更好的赢利机会,全球资本就不可能因为和某个城市的"感情"不再次流动,而是"义无反顾"地向全世界"伸出橄榄枝",进而开始与其他待选城市展开新一轮的谈判。而与此同时,地方政府也"不甘寂寞",继续利用已有的营销政策和基础设施条件,向全球营销城市品牌,去吸引更大规模、质量更高的外来资本,最终导致全球资本的"流动性"利益和地方城市的"稳定性"利益之间的矛盾彻底爆发,双方进入了"冷战期",最后的结果很可能是"不欢而散",从而使得地方政府特意针对外来资本所进行的基础设施建设等营销方面的巨额投入打了水漂,给城市留下了沉重的经济负担。

总之,每一次资本转移时,跨国企业都能从新的城市那里取得一些新的优惠(否则资本就不会转移到这个特定的城市),资本转移的结果总是以全球资本的胜利和地方城市的让步结束。而这样的资本转移永远是动态的,没有终点。全球资本永远在寻找下一个城市,那里有更加"优惠"的条件,更加"丰厚"的"企业福利"(Corporate Welfare)[5],可以获得更加高额的利润。因此从宏观来说,全球跨国企业的全部历史就是它们不断赢利、壮大的发家史,与此并存的是全球贫富差异的不断扩大,以及地方城市财政的拮据。

例如,资本的全球流动起始于美国。过去50年间,所有美国的工业城市都无一例外地经历了工业投资外移、工业就业岗位大量消失的过程。在20世纪60年代,工业资本从大城市(大部分位于美国的东部和中西部)市区转移到郊区,因为当时郊区的土地、劳动力便宜。很快,郊区的土地和工资不再有吸引力,于是工业资本从美国的东部和中西部迁移到美国的南部、西南部,即所谓的"阳光带"。"阳光带"的城市曾经以此为荣,以为能吸引资本是自己的竞争力强过老旧的大城市,那些老工业城市是"锈带"(Rust Belt)。但是20世纪70年代以后,工业资本开始迁离美国本土而向全球流动。韩国、新加坡以及中国的香港和台湾成为全球资本的新宠。20世纪80年代末,工业资本又转移到一批亚洲新兴国家的城市,如中国沿海地区的经济特区,马来西亚、泰国的一些城市,这些城市当时被认为是竞争力最强的地方。可是到了20世纪90年代末,中国的经济特区开始遭遇挑战:国际工业资本开始从经济特区转移到非经济特区的一些城市。例如,深圳的加工制造业迁到东莞,电子工业转移到昆山(张庭伟,2003)。现在中国的中西部地区以更加低廉的劳动力和土地空间在大力吸引外资,承接东部主要是工业资本的西迁转移。

2) 全球经济结构的调整成为资本全球流动的主要动因

在相当程度上可以认为,资本转移是由全球经济结构的调整和转移造成的,主要与产业全球资本自身发展战略的需求有关,而和个别城市对它的影响无关。例如新加坡直到2002年仍然被评为全球最有竞争力的地区,但是2000年以后,某些全球资本(例如电子工业资本)仍然从新加坡迁移到苏州、天津等中国城市,这主要跟全球经济产业结构调整密切相关。

4.4.2 内生型城市增长模式的产生

一些学者对于城市管治的"企业型"模式和基于城市营销的"外生型"城市发展模式提出了质疑。哈维(Harvey,1989)认为,全球化带来的城市竞争迫使地方政府采取"企业型"的城市管治方式,在营销过程中专注于外来资本,追求短期效益,其实质是增长导向的"城市政治联盟",带来的却是诸如资源破坏、环境恶化、社会失衡等问题。弗里德曼(Friedmann,2001)认为"传统"的城市营销模式一般是依赖于外因的,其带来的机会是狭隘的、短视的,城市营销是一个对某些人保证短期物质回报而对其余的大多数人却有着长期损害的模式。城市—区域要获得可持续发展,就必须牢固地基于"内生型"的发展动力。他同时指明城市营销不是仅以经济发展为目的的活动,也是政治稳定、经济发展、文化创造和社会资源配置等诸多方面综合性的社会活动。唐子来等(2006)赞同弗里德曼的观点,认为城市营销是吸引外部资源的有效途径之一,但并非城市发展的唯一出路。城市发展必须坚持"内生型"模式,注重发掘、培育和整合内生发展资源,只有形成能够在全球竞争中始终处于强势地位的地方创新环境,才能使城市在全球竞争中立于不败之地。胡彬(2009)认为在全球化与分权化浪潮的共同影响下,城市营销表现出强烈的增长倾向,驱使城市之间展开以追逐资本为主要内容的竞争博弈。在我国经济转型时期,地方政府替代市场的行为助长了城市营销利益短视的经营动机,致使城市发展受到恶性竞争的困扰,并冲击着由行政区划制度建构的城市管理体系,制约了以城市区域为依托的功能型空间组织的一体化发展诉求。鉴于此,我们要密切关注由市场主导的和受到外部环境影响的城市行为空间变化,认清城市营销战略转型的价值基础,积极探索其组织管理制度的创新模式。

本书认为城市发展既要强调"内生型"的发展动力,即不断提高城市的自主创新能力,实现可持续发展,也要注重吸引外部的发展资源特别是外来投资和稀缺资源。城市营销不是目的,只是城市发展吸引多方外力推动的一种工具,被誉为"发展注意力经济"的城市营销应把吸引别人的注意力转变为把注意力放到自身可持续发展的轨道中来,由整个城市为营销服务转变为营销为城市的可持续发展服务,城市营销发展战略应充分适应和服务于城市发展演变规律而不能本末倒置。在经济全球化背景下,城市发展面临新的机遇与挑战,迫切需要理论的创新,产生出一套"内生型"城市发展模式,用以指导我国营销型城市的可持续发展。

4.4.3 内生型城市增长模式的特征

1) 营销型城市增长模式与内生型城市增长模式比较

营销型城市增长模式与内生型城市增长模式的比较如表 4-6 所示。

表 4-6 两种城市增长模式比较

分类	营销型城市增长模式	内生型城市增长模式
主体	政府与企业的增长联盟	政府、企业、市民、社会团体[非营利组织(NPO)、非政府组织(NGO)]
客体	城市有形资产特别是土地	城市有形资产与无形资产
目标	经济快速发展、政绩突出	城市可持续发展
产业	外部化	内部化
范围	城市经济(产业)	城市经济、社会、历史、文化等
时效	短期性	长期持续性
方式	竞争的(零和)	协作的(网络式的)
机会	经济增长的最大化	多重目标的最优化(涵盖经济、社会、资源与环境等目标)
行为空间	核心城市	城市—区域
时间框架	长期偿付	短期偿付
可持续性	劣	优
环保角度	多大规模的资源型开发模式	注重地区的生活质量以及可持续发展力
文化角度	文化单一性(外部强势文化代替本地文化)	尊重原有的文化传统
权力基础	狭隘的、专家政治论的	包容的、民主的
发展原动力	外生型	内生型
目标客群	以投资者为主,还包括旅游者、会务者	投资者、旅游者、会务者和城市居民

2) 内生型城市增长模式主要特征

(1) 城市—区域特征——政治联盟与创新思想

"全球城市并不以有几个全球 500 强企业的总部为衡量标准,而是以一个城市—区域地缘经济实力的总量为衡量标准"——弗里德曼(Friedmann, 2001)。

城市—区域是指一个在功能上整合的地区,包括一个大的城市核心以及毗邻的区域,这个区域可以满足城市的多种需求,并为它的扩张提供区间。营销型城市的行为空间剥离了外围郊区部分和紧邻的偏僻地区的城市核心,城市的发展是极化的和片面的。而内生型城市增长模式则是一个由中心城市与其周边地区组成的政治结盟,具有城市—区域特征。这些区域协同管理,联合行动。权力虽然被分散了,但是中央政府仍有着强有力的决策机制。这种模式中的地方政府是一个主动行动的政府,把注意力放在提升区域创造财富的资源质量上,并积极鼓励创新思想和实践活动。

(2)经济发展内部化特征——产业内部化

在经济全球化的背景下,营销型城市的主导产业主要为外部力量所控制,是可以流动转移的,这样的拉动无法保持其可持续性。因为产业发展带来的效益大部分被外部所获取,当地只获得很小部分的效益,同时当主导产业主要为外部力量所控制时,我们可以说这个区域就变成了一个申请津贴或来自其他地方财政转移拨款的候选人。当外部危机出现或外部环境变化时,由外部力量控制的主导产业或支柱产业将可能"瞬间消亡"(韩昶,2005),比如产生"拉美化"问题⑥。因此,采用内生型城市增长模式的城市始终强调区域财富的创造,强调区域发展的两个循环——区域财富的创造和城市之间的贸易——的大致平衡(Thomas et al.,2000)。为了获得可持续发展,内生型城市增长模式必须牢固地基于它们自身的天赋资源。其重要企业一般是当地所有或者其战略选择是基于当地考虑的,城市产业的发展总体上控制在城市自身手里。其发展过程中创造的效益大部分为本地所享用,即企业或产业是"内部化"的,从而可以最大限度地避免生产要素的外流,保持城市经济的可持续发展。

(3)主体多元化特征——包容和民主

营销型城市发展模式的权力基础是极其狭隘的,其基本组成是一些希望与城市政府和跨国资本携手合作的本地商业利益集团,而忽视了另外一些利益集团和公众的利益。内生型城市增长模式的权力基础是民主的、包容的,代表了城市中大多数人的利益。其主体包括城市政府、企业、社会组织与市民,甚至还包括城市所在地区的上一级政府和国家政府,体现出城市发展主体多元化的特征,并通过公众参与和民主程序保证城市中大多数人的利益,并利于调动城市资源来实现共同利益。

(4)多重目标的最优化特征——涵盖经济、社会、资源与环境等目标

营销型城市注重经济增长的最大化,忽视社会或环境利益,缺少经济可持续发展观的思考和长期偿付。而内生型城市增长模式认为无论促进城市发展的动力是来源于外部还是内部,城市的发展应主要基于自身的资源或能力。当推动力来源于外部时,城市必须考虑沿着"外部—内生"途径实现外部动力内生化。营销型城市往往注重经济利益,忽视社会或环境利益,缺少经济可持续发展观的思考,而实际上营销创造的收益要从长期的社会角度来计算,也就是说,要用广泛的社会目标和价值来度量。坦率来说,城市不可能从外部获得一种可持续的发展,要获得可持续发展,就必须牢固地基于其自身的天赋资源,即人力、智力、社会、文化、环

境、自然、城市基础设施等资源领域,它们构成一个城市最主要的生产资本。

(5) 城市网络协作特征——协商、弹性的城市与区域管治

营销型城市发展模式强调单个城市的利益,主张通过对抗性竞争"战胜"其他城市而获得稀缺资源,从而忽略了其他城市或地区的利益,缺乏整体大局观,是一种零和博弈。内生型城市增长模式采取的如大都市管治,强调协商、伙伴制、志愿参与以及新组织结构的灵活性,并建立了参与者反馈机制,在共同的目标追求下与别的城市和区域相互协作。这种联系发展了城市间的网络,同时鼓励协作与竞争。在这里任何一个特定区域的利益都不需要使其他区域付出代价,只可能为所有的地区增加机会,比如"欧洲大都市联盟"(Eurocities)(Friedmann,2001)。

(6) 城市可持续发展特征——内生型发展动力源

营销型城市增长模式主要是寻求外部力量推动城市发展,把城市的未来发展寄托于城市对外来资金、游客、人才的竞争上,希望通过竞争获得的外部资源推动城市的发展。但是从发展动力来源上看,营销型城市发展的推动力不是城市所能控制的,其是一种外生力,是可以流动转移的,不具有可持续发展的意义。特别是受跨国资本驱动的出口生产不是自发产生的,因而无法走向一种可持续的发展。因此,内生型城市增长模式始终强调区域发展的两个循环,即区域财富的创造和城市间的贸易必须保持一种大致的平衡(Thomas et al.,2000),也就是说,内生型城市发展的动力源是基于内生理念的,其追求的结果是一种稳定的、和谐的城市可持续发展。

4.5 内生型城市增长模式的构建

4.5.1 内生型城市发展战略的制定——统一城市发展的行动纲领

到目前为止,城市营销在我国很多城市仅仅是作为一种战术性手段而存在,缺乏系统长远的思考和规划,其本身具有很强的随意性,不具备相关法律、法规的配套支持,因而很难成为一个被广泛认可的城市整体发展规划。因此,内生型城市增长模式必须借助于城市规划的技术思想、手段及法律效力,利用城市发展战略规划等形式来统一城市各方利益主体对城市发展的认识。制订城市营销的具体行动计划,通过时间进度的框架明确各类任务及相关责任主体,推进战略规划安排的各项具体任务与措施,从而最终形成城市整体长远发展的行动纲领。

4.5.2 内生型城市管理体制改革——主体的多元化选择

转型期营销型城市容易出现营销主体的错位、越位,突出表现为政府

常常出现定位上的偏差,往往把太多的资源直接用于营销城市。依据治理⑦理论,有效的管理需要科学的管理机制来保障。城市政府要克服城市营销公共性缺失的局限,就需要构建科学规范的城市管理机制,这一机制核心的价值追求应当是实现和发展公共利益。因此,城市政府需要以公共利益作为营销的出发点和归宿,对其做出制度安排。应考虑在多个层面构建内生型城市管理机制,政府应成为积极的组织者和倡导者,实现城市营销主体的多元化改革。除政府外,企事业单位、社会团体组织和市民都可以承担城市营销的角色(李珍刚,2006),可以从他们中遴选出代表按比例构成城市营销的决策部门(例如城市营销委员会)(表4-7)。政府的职责不再是直接掌控城市营销而是通过制定城市发展战略和总体规划,搞好城市的科学管理,建立通畅的信息渠道和敏捷的信息反馈机制,做好城市营销的基础性工作。具体的城市营销战略制定与执行工作应由城市营销委员会负责,这样可以较好地增强公众参与意识,使得城市营销更加符合公众的利益和要求。当然,在建立管治体系的时候要注意保留较小地域的自主权,像农村地区发展行动联合(LEADER)项目扁平式的组织机构,欧盟大都市战略中的"地方分权"和"扶助原则"就是管理体制革新的体现。

表 4-7　城市营销委员会的组织构成(建议)

主要参与者	
地方政府	企事业单位
1. 市领导 2. 城市建设部门 3. 经济发展部门 4. 社会发展部门 5. 旅游局 6. 环保局 7. 宣传部门 8. 基础设施部门	1. 房地产企业 2. 金融机构 3. 国有大型企业 4. 地方企业组织 5. 服务和零售业(宾馆、饭店、百货商店等) 6. 旅行社 7. 出租汽车公司 8. 建筑师与设计师
社会团体	区域部门
1. 人民代表大会、中国人民政治协商会议 2. 研究机构 3. 行业协会 4. 民间组织	1. 区域经济发展协调机构 2. 区域旅游发展协调机构 3. 区域生态环境保护机构 4. 省级政府分管领导

4.5.3　以政府营销增强城市竞争力——塑造高效、清廉的政府形象

政府营销的理论和实践在发达国家有着较长的历史,已经形成了相对成熟的理论和实际案例。对于地方政府和公众来说,政府与公众之间的互动也应建立在彼此互信的基础上,由此而积累的社会资本⑧非常重要。城

市社会资本的积聚,除了伦理层面的引导外,稳定有序的法治环境所形成的良好的城市软环境也是城市发展的重要条件(李珍刚,2006);另外,政府营销也是增强城市竞争力的重要手段,其作用是评价城市综合竞争力的一个重要指标。政府行为对竞争力的影响反映在如下公式之中:城市综合竞争力 = ∑竞争力要素资源 × ∑竞争力要素资源的组织过程(沈开艳等,2001)。可见政府的作用强弱就体现在要素资源的组织过程中,如果政府能对要素资源组织过程的调整和完善发挥积极的推动作用,那么城市综合竞争力就显示增强趋势,反之则减弱。这一公式不仅提示了政府通过调整组织过程对城市竞争力的影响,还反映了城市综合竞争力具有动态的发展性质。由于历史和地缘等因素的制约,各地政府的职能呈现彼此不同的实现模式。中国香港特区政府的"第三者政府"(萧琛,1998)和新加坡的"公共服务型政府"及网络政府(鲍小东,2014)模式都为提升当地城市的竞争力创造了良好的政策环境。实践证明,有效的政府营销可以增加政府资源,提高政府效率,增进社会的福利,进而强化政府的合法性。因此,政府营销在西方发达国家是一种常见现象。而长期以来,我国政府属于"全能型"政府,结构庞杂,与公众沟通不足,政府营销意识薄弱。

内生型城市增长模式进行的城市营销管理机制改革并非意味着政府在城市营销中的"淡出"和"不作为",在西方发达国家盛行已久的政府营销模式给我们提供了很好的借鉴,即城市政府可以通过提高政府组织、管理与服务水平,制定科学合理且诱人的公共政策,营造良好的城市发展软环境,从而逐渐树立城市政府的亲民形象,提升政府的信誉,使城市形象、城市政策和城市发展环境成为吸引各项城市发展要素的媒介,最终增强城市的活力和可持续发展能力。采用政府营销手段也有助于解决长期以来我国政府机构结构臃肿、效率低下、政务不透明以及缺乏公众参与等问题,有利于提升政府的信誉,扩展政府与公众间良好的关系,使城市政策和城市发展环境成为吸引资源、扩展资源的媒介,增强城市的活力和发展能力。

4.5.4 以市民营销增加城市魅力——引入"全民营销"策略

在城市营销过程中,人的因素是一个城市魅力的根本所在,好客的市民对于旅游者来说是非常具有吸引力的因素,高素质或者低成本的人力资源是投资者选择的偏爱,而负面的评价则使消费者避而远之。因此,在城市营销中应当加强对公众的培训,提高市民的技术能力以及科学文化素质,以期在市场中形成对城市市民的良好认知。

另外,市民本身对城市发展的贡献也不可忽略,"本地居民是城市活力的关键"(Woolley,2003)。在营销型城市中,居民具有双重身份:既是营销的消费者,也是开展营销的市场主体。市民、政府、社团、企事业单位、投资者和游客在系统中的合力将最终决定一个城市竞争力的强弱,因此,内生型城市增长模式中理应引入全员营销的理念。在城市各个层面、各个环节，各界人士均需树立城市营销意识，形成良好的城市文化氛围，增强城市的亲和力与感染力，实现城市建设、城市管理、城市品位、城市形象的提升。

4.5.5 打造城市品牌特色——保护与发掘城市无形资产

城市特色文化、风俗传统以及生态环境等资本是城市的无形资产，可以为城市增添灵性、创造性和活力。因此，城市发展中应加强对城市自身特有的历史文化、自然资源、人文传统等城市特色的保护和利用。注重城市文化底蕴的挖掘、包装和宣传，运用城市营销的手段，不断提升其知名度、美誉度，创造具有独特历史文化价值的城市品牌。不断改善城市生活和生产环境，注重地球生态环境保护，促进经济与生态协调发展，以实现企业利益、消费者利益、社会利益以及生态环境利益的统一，塑造城市美好形象，倡导城市"绿色"营销①，以满足人们的精神物质要求，建设一个适宜居住、投资、工作和旅游的特色城市。

4.5.6 城市定位方法的转变——面向市民的城市定位模式

城市定位的实质就是用定量的和定性的分析方法找出城市存在的精髓，也就是确定本城市区别于其他城市的个性和特色，由此而形成这个城市鲜明的品牌个性，展示城市优势，在公众的心目中建立起独具特色的城市印象。定位过程就是一个价值凝练、个性发掘的过程，它塑造了一个城市的成长空间和个性格调。营销型城市传统的城市定位方法解决的更多的是城市经济政治利益，考虑的更多的是政府与企业增长联盟的要求，因而是一种"自上而下"的城市定位模式，不能较好地满足公众的需求以及城市可持续发展的需要。

因此，内生型城市发展定位首先要把握未来环境发展变化的趋势，即进行传统的SWOT分析（态势分析），全面认清城市自身的优势和劣势，预测机遇及风险因素。根据城市的区位、资源、特征、历史沿革和发展潜力，扬长避短，实事求是地进行定位，特别要警惕盲目追求"国际城市"或人为拔高城市定位的做法。另外，特别要考虑公众对城市定位的认同，使定位尽可能地靠近公众的需求，体现人与自然、现代与传统、生活与工作的和谐，找到适合城市自身发展的核心主题，形成独特的城市核心竞争力。

4.5.7 构建城市同盟与协作网络——实施城市与区域管治

现代竞争已不再是那种你死我活的对抗性竞争，竞争也不再是一个"零和游戏"（Ciampi，1996），内生型城市增长模式强调区域内城市的联合,实现区域整体与城市个体发展的双赢。城市之间的关系将更加注重协作性,对于绝大多数的城市而言,为了能在全球竞争体系中占据更高的地位,必须通过强化区域内城市的联合,发挥1+1＞2的协同效应,实现区域整体与城市个体发展的双赢。比如长三角地区作为我国最早形成区域城市协作网络的地区,城市之间的协作机制日渐成熟,已初步形成了一个区域内进行沟通和共同发展的机制。通过定期召开的"沪苏浙经济合作与发展座谈会""长三角城市经济协调会暨市长联席会议"⑩等形式,促使区域合作逐渐向着制度性安排的方向演进。另外"京津冀""长株潭"等城市协作网络也同样在区域城市协作机制方面开展了诸多实践,并取得了良好的效果。

因此,内生型城市增长模式应当增强城市与区域的合作,注重保护城市与区域的利益,借助区域经济的定位,融入区域社会经济的发展,完善区域产业体系,充分发挥规模经济的效应,打造城市发展平台。可以在区域规划指引下由各城市政府组成协调会,或由高层政府出面进行协调,通过合理调配、分散配套项目,或以其他方式补偿,实现"一致对外"。增进合作,减小摩擦,形成城市同盟或城市协作网络;共同确定并实施城市与区域管治政策,分享经济增长带来的利益,共同保护区域生态环境,确保城市与区域的可持续发展。

第4章注释

① 微笑曲线是微笑嘴型的一条曲线,两端朝上,在产业链中,附加值更多体现在两端,即设计和销售,处于中间环节的制造附加值最低。微笑曲线中间是制造;左边是研发,属于全球性的竞争;右边是营销,主要是当地性的竞争。当前制造产生的利润低,全球制造也已供过于求,但是研发与营销的附加价值高,因此产业未来应朝微笑曲线的两端发展,也就是在左边加强研发创造智慧财产权,在右边加强客户导向的营销与服务。

② "退二进三"是地方政府结合国有企业改革进行的一种城市职能空间置换活动,将城市中心区内原有第二产业用地置换为第三产业用地,从而获得更高的土地租金并盘活国有资产。

③ "一疏散、三集中"即疏散老城人口,工业向开发区集中,建设向新区集中,高校向大学城集中。

④ 在全球化背景下,发展却总是本地化的,而且它在政治上的意义仍然是有疆界的。只有考虑到这种地域基础我们才能够说一种发展是内生型的还是外生型的,也就是说,它是产生于内部还是外部。

⑤ 在一定程度上,全球企业的高额利润是从城市的"优惠条件"中获得的,起码部分是地方政府的"补贴"、地方财政转移的结果,这种现象被称为"企业福利"。

⑥ 20世纪八九十年代,拉美一些国家走上"外资主导型"的开放道路,依靠廉价劳动力和给予优惠政策等比较优势吸引大量外资进入。外资的进入令拉美国家GDP在短期内高速增长,但当全球产业风向一转,跨国公司纷纷把投资抽出转向其他国家

后,这些国家迅速出现经济衰退。
⑦ 治理实际上是寻求公共利益最大化的社会管理过程。它展示了政治国家与公民社会通过协商关系,确立共同目标并对公共生活进行合作管理的一种新颖的关系。良好的治理包含着合法、法治、透明、责任、回应、有效、参与、稳定、廉洁、公正等基本要素。
⑧ 社会资本:美国学者帕南特认为社会资本指的是普通公民的民间参与网络,以及体现在这种约定中的互惠和信任的规范。在他看来,社会资本有助于减少对抗的诱因,降低不确定性,可以促进社会信任与合作。
⑨ "绿色"营销强调营销中的"绿色"因素,即注重绿色消费需求的调查与引导,注重在再生产、消费及废气物回收过程中降低公害,注重符合绿色标志的绿色产品的开发与经营,并对城市绿色产品实行清洁生产、绿色包装、绿色定价等绿色营销策略。
⑩ 长三角城市经济协调会是以经济为纽带的区域性经济合作组织,1997年由原长三角经协(委)办主任联席会议更名升格而成,共有15个成员城市,每两年召开一次会议,由各成员城市轮流主办。

第4章参考文献

鲍小东,2014.新城傍高铁:"死城"隐忧[N].南方周末,2014-08-14(15).
方创琳,马海涛,2013.新型城镇化背景下中国的新区建设与土地集约利用[J].中国土地科学,27(7):4-9.
韩昶,2005.基于经济可持续发展观的城市营销战略研究[D].上海:上海财经大学.
何丹,2003a.城市规划中公众利益的政治经济分析[J].城市规划汇刊(2):62-65.
何丹,2003b.城市政体模型及其对中国城市发展研究的启示[J].城市规划,27(11):13-18.
何子张,邵斌,2006.城市空间蔓延与空间政策分析——以南京为例[J].规划师,22(2):73-76.
胡彬,2009.全球化环境中的城市营销:行为空间变化与战略转型[J].天津社会科学(5):84-89.
李新,左仁淑,2005.成都会展与城市营销[J].西南民族大学学报(人文社科版),26(4):153-155.
李珍刚,2006.论城市营销的公共性价值及其实现[J].学术论坛(10):70-73,77.
沈开艳,屠启宇,杨亚琴,2001.聚焦大都市——上海城市综合竞争力的国际比较[M].上海:上海社会科学院出版社.
唐子来,李新阳,2006.2010年上海世博会的公共服务设施:经验借鉴和策略建议[J].城市规划学刊(1):60-68.
田文杰,2005.我国城市营销理论与实证研究[D].昆明:昆明理工大学.
萧琛,1998.全球网络经济[M].北京:华夏出版社.
杨超群,2014.地方政府"政绩工程"治理研究[D].郑州:郑州大学.
殷洁,2005.地方政府企业化主导下的城市空间演化研究[D].南京:南京大学.
于涛,陈昭,朱鹏宇,2012.高铁驱动中国城市郊区化的特征与机制研究——以京沪高铁为例[J].地理科学,32(9):1041-1046.
张京祥,程大林,2003.发展中国家城市发展与规划的几个主要问题[J].国外城市规划,18(2):1-4.

张庭伟,2003.对全球化的误解以及经营城市的误区[J].城市规划,27(8):6-14.

诸大建,邱寿丰,2005.城市营销的研究现状和未来突破方向[J].同济大学学报(社会科学版),16(1):66-70.

CIAMPI C A, 1996. Enhancing European competitiveness[J].Banea Nazionale del Lavoro Quarterly Review,197:143-164.

FRIEDMANN J, 2001. World cities revisited: a comment[J]. Urban Studies (13): 2535-2536.

HARVEY D, 1989. From managerialism to entrepreneurialism: the transformation in urban governance in late capitalism[J]. Geografiska Annaler: Series B, Human Geography, 71(1):3-17.

PIERRE J, 1999. Models of urban governance: the institutional dimension of urban politics[M].Urban Affairs Review,34(3):372-396.

THOMAS V, DAILAMI M, DHARESHWAR A, et al, 2000. The quality of growth(published for the World Bank)[M]. New York: Oxford University Press.

WOOLLEY H, 2003. Town center management awareness: an aid to developing young people's citizenship[J].Cities,17(6):453-459.

WU F L, 2002. China's changing urban governance in the transition: towards a more market-oriented economy[J].Urban Studies,39(7):1071-1093.

第4章图表来源

图4-1源自:2002—2018年昆山市统计年鉴.

图4-2源自:1995—2017年昆山市统计公报.

图4-3源自:笔者绘制;照片源自百度.

图4-4源自:张庭伟,2001.1990年代中国城市空间结构的变化及其动力机制[J].城市规划,25(7):7-14.

图4-5源自:易道公司,2005.2012年伦敦奥林匹克运动会选址总体规划[J].城市建筑(8):49-51.

图4-6至图4-8源自:南京市规划局.

表4-1源自:赵云伟,2001.城市形象营销与旗舰工程建设——以伦敦的千年工程项目为例[J].规划师,17(5):9-12.

表4-2源自:2008年苏州市、常州市、无锡市、温州市的国民经济和社会发展统计公报.

表4-3源自:2018年江苏统计年鉴、2017年江苏各区统计公报、2017年浙江各区统计公报、2017年上海各区统计公报.

表4-4源自:田文杰,2005.我国城市营销理论与实证研究[D].昆明:昆明理工大学.

表4-5源自:石楠,2007.城市公共空间——利益争夺的焦点[R].南京:南京大学.

表4-6、表4-7源自:笔者绘制.

5 城市增长模式评价指标体系设计

5.1 指标体系构建原则

5.1.1 科学性原则

科学性原则是指本书评价的方法和手段应科学,设置的评价指标体系要合理,收集的材料数据要翔实、充分可靠。

5.1.2 针对性原则

针对性原则是指本书所设计的城市增长模式评价指标体系应能够反映出营销型城市增长模式和内生型城市增长模式的本质差异,将选取有代表性的指标,针对这两种增长模式构建评价指标体系。

5.1.3 可行性原则

可行性原则是指本书评价指标体系中的指标应能够计量、可比,这些指标的计算方法应当明确。并且,计算过程中所需要的数据应易于获得。对难以统计和收集的数据暂时不列入本指标体系。

5.1.4 层次性原则

层次性原则是指本评价指标体系由多个层次的指标层构成,具有鲜明的层次性,上一层是下一层的目标,下一层则是上一层的反映因子。

5.2 指标分类及选取

根据以上原则,分为经济增长模式、社会发展模式以及生活环境质量3个大类,共选取22个单项指标,来设计城市增长模式评价指标体系。

5.2.1 经济增长模式

选取全年新批外资项目数、新批注册合同外资额、实际使用外资额占GDP的比重、实际利用外资年增长率、外贸依存度、重大节庆及会展数量、商品房成交均价、农村居民人均纯收入、城乡居民收入比、万人专利授权量以及研究与试验发展（R&D）经费支出占GDP的比重共11个单项指标来反映本指标体系中的城市经济增长模式。

5.2.2 社会发展模式

选取城镇登记失业率、普通高校数量、人均拥有图书数以及财政教育支出占GDP的比重共4个单项指标来构成社会发展模式部分。

5.2.3 生活环境质量

选取居民平均期望寿命、万人拥有病床数、万人拥有卫生技术人员数、城镇人均住房建筑面积、建成区绿化覆盖率、财政环保支出占GDP的比重以及环境质量综合指数共7个指标来构成生活环境质量大类。

5.2.4 城市增长模式评价指标体系

综上，本书所设计的城市增长模式评价指标体系如表5-1所示。

表5-1 城市增长模式评价指标体系

总目标层	大类指标层	单项指标层	单位	指标含义
城市增长模式评价指标体系	经济增长模式	新批外资项目数	个	反映吸引外资的情况
		新批注册合同外资额	亿美元	反映吸引外资的规模
		实际使用外资额占GDP的比重	%	反映实际利用外资的情况及其对GDP的贡献
		实际利用外资年增长率	%	反映实际利用外资的增长速度
		外贸依存度	%	反映地区经济发展对外贸易活动的依赖程度以及此地区的经济外向程度
		重大节庆及会展数量	个	帮助衡量营销型城市增长模式的倾向程度
		商品房成交均价	元/m²	衡量针对城市土地进行营销的倾向程度
		农村居民人均纯收入	元	反映农村居民的收入情况及生活水平

续表 5-1

总目标层	大类指标层	单项指标层	单位	指标含义
城市增长模式评价指标体系	经济增长模式	城乡居民收入比	—	反映城乡居民收入差距及区域统筹的效果
		万人专利授权量	件	反映城市科学发展水平及科技经费投入效果
		研究与试验发展(R&D)经费支出占 GDP 的比重	%	反映对科技研发活动的投入强度及创新能力
	社会发展模式	城镇登记失业率	%	用于评价地区就业状况
		普通高校数量	所	在一定程度上可反映地区科教水平
		人均拥有图书数	册	反映地区文化建设水平和投入状况
		财政教育支出占 GDP 的比重	%	反映地区教育投入水平
	生活环境质量	居民平均期望寿命	岁	可用于衡量居民生活质量
		万人拥有病床数	张	反映医疗卫生水平
		万人拥有卫生技术人员数	人	反映医疗卫生水平
		城镇人均住房建筑面积	m²	可用于衡量居民居住条件
		建成区绿化覆盖率	%	衡量城市绿化水平
		财政环保支出占 GDP 的比重	%	反映地区环境保护投入状况
		环境质量综合指数	分	反映地区的综合环境状况

在此，有必要指出其中部分指标的计算方法，并进行相应说明。

1）外贸依存度

外贸依存度 = 全年外贸进出口总额/GDP×100%

2）城乡居民收入比

城乡居民收入比 = 全年城市居民人均可支配收入/全年农村居民人均纯收入

3）研究与试验发展(R&D)经费支出占 GDP 的比重

R&D 经费支出占 GDP 的比重 = 全年用于 R&D 活动的经费/GDP×100%

4）人均拥有图书数

人均拥有图书数 = 当地公共图书馆图书总藏量/当地户籍人口数

5）环境质量综合指数

环境质量综合指数 =（环境空气质量良好天数百分率×30）+（集中式引用水源地水质达标率×20）+（水域功能区水质达标率×40）+（城市环境噪声达标区覆盖率×10）

本书中所采用的环境质量综合指数均为城市统计年鉴、统计公报中所提供的数据。

5.3 指标选取的针对性

为构建出能体现营销型和内生型城市增长模式差异的指标体系,本书基于前文关于两种增长模式间差异的提炼,考虑了指标体系的构建原则,并进行了指标分类和选取,建立了城市增长模式评价指标体系。在选取指标的过程中,特别注重表现这两种模式在以下几个方面的差异:

5.3.1 可持续发展方式的遵循

营销型与内生型城市增长模式的本质区别在于前者过于追求短期经济利益,缺乏对城市发展的长远考虑。城市政府往往着眼于近期经济的快速增长,追求任期政绩。其与企业共同形成的以"逐利"为最终目的的增长联盟,从企业化的角度出发,针对城市进行短期营销。这种不考虑城市社会、环境等方面综合发展的模式,是与可持续发展路径背道而驰的。

本书选取的城乡居民收入比、万人专利授权量、研究与试验发展(R&D)经费支出占 GDP 的比重、财政教育支出占 GDP 的比重、万人拥有病床数以及环境质量综合指数等单项指标,即意在评价一个城市的发展是否兼顾了社会、环境等方面的因素,是否采取了可持续的发展方式。

5.3.2 经济发展原动力为"外生"还是"内生"

城市经济发展的原动力是否外生,以及经济增长过程中对外资的依赖程度,是判别营销型和内生型城市增长模式的另一个重要因素。在中国,在经济发展方面有高度外生要素依赖性的城市,为了更多地争取外部资源,倾向于投入大量资金和人力去提升城市形象和知名度、进行城市事件营销,缺乏对城市长远发展的规划;而践行内生型增长模式的城市,其经济发展由内部驱动,这样既避免了外部经济动荡所带来的巨大风险,也加强了城市内部的经济发展基础,真正提升了城市的竞争力。

本书所选取的新批外资项目数、新批注册合同外资额、实际使用外资额占 GDP 的比重、实际利用外资年增长率、外贸依存度等指标,都可以帮助评价城市经济发展原动力是否为外生。

5.3.3 其他体现两种增长模式差异的指标

本书立足于营销型与内生型两种城市增长模式的差异,还选取了重大节庆及会展数量这个指标来衡量城市"大事件营销"的表现;选取了商品房成交均价这个指标,试图反映对城市土地进行营销的程度;用农村居民人均纯收入、城乡居民收入比等指标来衡量城乡统筹发展的效果。

5.4 城市增长模式评价指标体系的应用——以长三角为例

以长三角地区的20个典型城市为例,将相关数据代入城市增长模式评价指标体系,运用主成分分析法,得出20个城市的增长模式排名。在此基础上进行综合分析和评价,并判断出具有明显的营销型倾向或内生型倾向增长模式的城市,进而提出建议。这20个典型城市包括:上海市;江苏省的南京市、苏州市、无锡市、常州市、南通市、扬州市、镇江市、泰州市、常熟市、昆山市和江阴市共11个城市(含3个县级市以辅助验证评价指标体系);浙江省的杭州市、温州市、宁波市、嘉兴市、湖州市、绍兴市、舟山市以及台州市共8个城市。

5.4.1 城市数据收集

本书使用了以上20个城市相对应的2018年的统计年鉴,获取了所需的各市2017年的指标数据,具体如表5-2至表5-4所示。

表5-2 长三角20个典型城市经济增长模式指标数据

序号	城市	新批外资项目数/个	新批注册合同外资额/亿美元	实际使用外资额占GDP的比重/%	实际利用外资年增长率/%	外贸依存度/%	重大节庆及会展数量/个	商品房成交均价/(元·m^{-2})
1	上海	3 950	170.08	3.81	−8.10	106.98	1 020	49 648
2	南京	112	36.73	2.05	5.60	35.25	281	28 053
3	苏州	985	45.04	1.70	−33.33	123.33	113	15 160
4	无锡	408	36.75	2.36	7.70	52.18	48	11 945
5	常州	372	25.50	2.60	1.96	31.98	102	11 200
6	南通	348	24.20	2.11	1.50	30.51	21	11 207
7	扬州	122	12.08	1.61	0.35	14.39	27	11 322
8	镇江	102	13.53	2.22	1.63	17.36	20	8 300
9	泰州	226	16.18	2.30	20.30	18.42	25	8 498
10	常熟	211	6.09	1.80	−3.40	72.47	39	11 500
11	昆山	70	7.94	1.47	−33.33	158.72	47	15 098
12	江阴	43	9.50	1.78	−11.58	40.83	37	7 578
13	杭州	575	66.10	3.55	−8.30	40.50	396	23 455
14	温州	66	3.58	0.44	47.20	24.34	16	17 992

续表 5-2

序号	城市	新批外资项目数/个	新批注册合同外资额/亿美元	实际使用外资额占GDP的比重/%	实际利用外资年增长率/%	外贸依存度/%	重大节庆及会展数量/个	商品房成交均价/(元·m⁻²)
15	宁波	555	40.30	2.76	−10.70	77.19	312	16 656
16	嘉兴	360	29.95	4.64	11.20	56.69	23	10 419
17	湖州	182	10.50	2.86	5.20	31.42	262	11 335
18	绍兴	407	12.87	1.70	60.80	39.10	17	8 787
19	舟山	271	4.18	2.14	3.10	86.25	9	9 933
20	台州	48	4.43	0.68	23.93	35.96	12	11 008

表 5-3　长三角 20 个典型城市经济增长模式、社会发展模式指标数据

序号	城市	农村居民人均纯收入/元	城乡居民收入比	万人专利授权量/件	研究与试验发展(R&D)经费支出占GDP的比重/%	城镇登记失业率/%	普通高校数量/所	人均拥有图书数/册	财政教育支出占GDP的比重/%
1	上海	27 825	2.25	48.76	3.78	3.90	64	5.38	2.90
2	南京	23 233	2.35	54.36	1.31	1.82	53	2.74	1.83
3	苏州	29 977	1.96	76.99	2.80	1.82	26	4.37	1.73
4	无锡	28 358	1.86	58.67	1.80	1.82	12	1.28	1.46
5	常州	25 835	1.93	43.36	2.56	1.80	10	1.32	1.48
6	南通	20 472	2.09	24.94	2.69	1.97	8	0.83	1.98
7	扬州	19 694	1.97	30.90	1.87	1.84	8	0.63	1.79
8	镇江	25 637	1.77	54.70	2.65	1.82	8	0.86	1.81
9	泰州	19 494	2.05	19.50	2.55	1.82	7	0.57	1.61
10	常熟	30 288	1.62	30.94	2.00	1.91	1	1.89	1.33
11	昆山	30 489	1.94	125.81	2.35	1.96	6	3.12	1.11
12	江阴	30 532	1.94	34.41	3.00	2.26	1	2.15	1.09
13	杭州	30 397	1.85	13.09	3.20	1.84	39	2.11	2.22
14	温州	25 154	2.06	35.78	1.67	1.83	11	1.36	3.29
15	宁波	30 871	1.80	61.96	1.60	1.95	16	1.21	2.18
16	嘉兴	31 436	1.69	6.88	2.77	2.84	10	2.33	2.34
17	湖州	28 999	1.72	45.30	1.35	2.22	4	1.09	2.35
18	绍兴	30 331	1.80	4.24	2.65	2.25	11	0.95	1.95
19	舟山	33 812	1.67	18.94	1.16	2.62	4	1.92	1.24
20	台州	25 369	2.03	31.75	1.56	2.05	4	0.35	2.22

表 5-4 长三角 20 个典型城市生活环境质量指标数据

序号	城市	居民平均期望寿命/岁	万人拥有病床数/张	万人拥有卫生技术人员数/人	城镇人均住房建筑面积/m²	建成区绿化覆盖率/%	财政环保支出占GDP的比重/%	环境质量综合指数/分
1	上海	83.37	85.37	130.10	36.70	39.10	3.10	87.20
2	南京	83.32	76.11	110.95	36.50	44.90	0.30	84.10
3	苏州	83.04	81.19	115.20	43.50	42.25	0.39	91.30
4	无锡	82.24	85.40	102.23	37.96	42.98	0.42	86.50
5	常州	82.22	68.64	87.12	43.60	43.10	0.18	85.60
6	南通	80.89	55.10	58.51	48.50	40.43	0.15	83.80
7	扬州	77.84	49.49	58.23	39.00	43.82	0.42	87.20
8	镇江	81.05	55.97	75.16	36.90	38.20	0.35	83.20
9	泰州	80.97	50.54	54.07	49.00	42.22	0.20	85.90
10	常熟	82.89	77.14	88.93	37.65	44.40	0.23	96.58
11	昆山	83.46	83.75	134.65	49.79	43.20	0.18	90.47
12	江阴	81.50	65.34	79.25	59.30	43.04	0.27	85.00
13	杭州	82.42	93.18	146.54	36.40	40.10	0.30	90.01
14	温州	80.50	48.45	76.78	40.80	41.00	0.18	88.90
15	宁波	81.50	61.98	125.63	40.80	40.10	0.42	87.10
16	嘉兴	82.10	102.40	93.31	39.62	40.12	0.32	84.30
17	湖州	80.67	57.20	85.57	38.50	4.43	0.45	90.35
18	绍兴	81.23	54.01	60.36	40.50	44.23	0.19	88.10
19	舟山	78.49	54.76	85.33	34.18	41.14	0.15	86.20
20	台州	79.43	46.91	70.62	50.80	43.15	0.14	84.50

5.4.2 主成分分析法

运用主成分分析法完成两个重要步骤,以便得到最终的城市增长模式得分排名:以 22 个单项指标为基础进行降维,根据原始变量的信息进行重新组构,得出影响城市增长模式的主要"综合因子"以及对应的因子得分;得到每个"综合因子"的权重(依靠主成分分析法的客观赋权方式),与之前的对应得分相乘,之后求和,即可知长三角地区 20 个典型城市各自的总得分以及综合排名情况。主成分分析法在降维的过程中,对原始信息的损失较少,对原有的多变量高维系统的综合表现力也比较好。

1) 基本步骤

本书中所应用的主成分分析法的基本操作步骤如下：

① 验证待分析的 22 个原有变量是否适合进行主成分分析；

② 构造主成分分析中的因子变量（即综合因子）；

③ 对各个综合因子进行命名解释；

④ 计算出各综合因子的得分；

⑤ 各综合因子与对应权重相乘，得出相应城市的总得分，并进行排名；

⑥ 对最终结果进行分析和解释。

2) 计算过程

（1）计算相关系数矩阵，对现有指标进行标准化，并判断是否适合进行主成分分析

其公式如下：

$$\boldsymbol{R} = \begin{Bmatrix} r_{11} & r_{12} & \cdots & r_{1p} \\ r_{21} & r_{22} & \cdots & r_{2p} \\ \vdots & \vdots & & \vdots \\ r_{p1} & r_{p2} & & r_{pp} \end{Bmatrix} \qquad (式5-1)$$

式中，$r_{ij}(i,j=1,2,\cdots,p)$ 是原来变量 x_i 与 x_j 之间的相关系数，它的计算公式如下：

$$r_{ij} = \frac{\sum_{k=1}^{n}(x_{ki}-x_i)(x_{ki}-x_j)}{\sqrt{\sum_{k=1}^{n}(x_{ki}-x_i)^2 \sum_{k=1}^{n}(x_{kj}-x_j)^2}} \qquad (式5-2)$$

式中，n 为自变量的个数，即城市数量，为 20；x_{ki} 和 x_{kj} 分别是第 k 个城市的第 i 个、第 j 个指标；x_i 和 x_j 分别是第 i 个、第 j 个指标的平均值。

考虑到 $\boldsymbol{R}$ 是实对称矩阵（即 $r_{ij}=r_{ji}$），所以只需要计算上三角元素或下三角元素。

如果相关系数矩阵在进行统计检验时，大部分相关系数均小于 0.3 且未通过检验，那么这些原始变量就不太适合进行主成分分析。

（2）计算特征值和特征向量

首先解特征方程

$$|\lambda \boldsymbol{I} - \boldsymbol{R}| = 0 \qquad (式5-3)$$

使用雅可比（Jacobi）迭代法来求出特征值 $\lambda_i(i=1,2,\cdots,p)$，并使其按照大小顺序排列，即 $\lambda_1 \geqslant \lambda_2 \geqslant \cdots \geqslant \lambda_p \geqslant 0$；然后再分别求出相对应的特征向量 $e_{ij}(i,j=1,2,\cdots,p)$，这里要求

$$\sum_{i=1}^{p} e_{ij}^2 = 1 \qquad (式5-4)$$

式中，e_{ij} 表示向量 e_i 的第 j 个分量。

(3) 计算主成分(即综合因子)的方差贡献率和累计贡献率

主成分 z_i 的方差贡献率为

$$\frac{\lambda_i}{\sum_{k=1}^{p}\lambda_k}(i=1, 2, \cdots, p) \qquad (式5-5)$$

式中，k 代表第 k 个城市；i 代表第 i 个指标；p 代表指标的数量。

其累计贡献率为

$$\frac{\sum_{k=1}^{i}\lambda_k}{\sum_{k=1}^{p}\lambda_k}(i=1, 2, \cdots, p) \qquad (式5-6)$$

式中，k 代表第 k 个城市；i 代表第 i 个指标；p 代表指标的数量。

一般取累计贡献率达 85%～95% 的特征值 $\lambda_1, \lambda_2, \cdots, \lambda_m$ 所对应的第一，第二，…，第 $m(m \leqslant p)$ 个主成分，且要求所取主成分的特征值大于1。

计算主成分载荷，构建载荷矩阵，其计算公式为

$$l_{ij} = p(Z_i, Z_j) = \sqrt{\lambda_i}e_{ij}(i, j=1, 2, \cdots, p) \qquad (式5-7)$$

式中，l_{ij} 表示因子载荷；Z_i 代表第 i 个变量；Z_j 代表第 j 个公共因子；λ_i 表示第 i 个指标的方差；e_{ij} 表示主成分；p 表示指标的数量。

有时因子载荷矩阵的解释性不太好，所以通常需要进行因子旋转，使原有的综合因子更具有可解释性。因子旋转的主要方法有正交旋转和斜交旋转。

(4) 计算因子得分

将综合因子表达为原始变量的线性组合，用回归法、巴特利特(Bartlette)法等来估计因子得分(即综合因子在不同因子上的具体数据值)。

本书将根据以上原理，运行 SPSS 22.0 软件(统计产品与服务解决方案软件)来实现主成分分析，以得到最终研究结果。

5.4.3 研究过程

1) 数据导入及相关系数矩阵的获得

将长三角地区 20 个典型城市的数据导入 SPSS 22.0 软件中，并选择输出相关系数矩阵以及抽样适合性检验(KMO 检验)和巴特利特球形检

验(为了判断是否适合进行主成分分析),选用主成分分析法来提取变量。研究所得的相关系数矩阵详见附录,由相关系数矩阵可以看出,各变量间都具有一定的相关关系,并且其中有一些相关系数还比较大。这说明本书所用的原始变量比较适合使用主成分分析。KMO 检验和巴特利特球形检验的结果也显示适合进行主成分分析。表 5-5 反映了变量相关性(Communalities),它可以表示主成分分析中形成的综合因子所包含原始变量的信息量的多少。本书中的变量相关性多在 80% 以上,提取出来的综合因子对原始变量的解释性比较强。

表 5-5 变量相关性

因子	起始	提取
新批外资项目数	1	0.933 621
新批注册合同外资额	1	0.957 462
实际使用外资额占 GDP 的比重	1	0.825 704
实际利用外资年增长率	1	0.664 579
外贸依存度	1	0.866 580
重大节庆及会展数量	1	0.917 336
商品房成交均价	1	0.969 010
农村居民人均纯收入	1	0.776 202
城乡居民收入比	1	0.965 936
万人专利授权量	1	0.809 057
研究与试验发展(R&D)经费支出占 GDP 的比重	1	0.737 497
城镇登记失业率	1	0.840 523
普通高校数量	1	0.937 638
人均拥有图书数	1	0.855 249
财政教育支出占 GDP 的比重	1	0.637 678
居民平均期望寿命	1	0.746 768
万人拥有病床数	1	0.915 317
万人拥有卫生技术人员数	1	0.878 036
城镇人均住房建筑面积	1	0.794 917
建成区绿化覆盖率	1	0.566 012
财政环保支出占 GDP 的比重	1	0.955 384
环境质量综合指数	1	0.512 639

注:提取法——主成分分析(Extraction Method—Principal Component Analysis)。

2) 各主成分的方差贡献率和累计贡献率

由表 5-6 可知,第一变量特征值为 6.303,方差贡献率为 28.648%,累计贡献率为 28.648%;第二变量特征值为 3.841,方差贡献率为 17.458%,累计贡献率为 46.106%;第三变量特征值为 3.633,方差贡献率为 16.515%,累计贡献率为 62.621%;第四变量特征值为 2.544,方差贡献率为 11.568%,累计贡献率为 74.189%;第五变量特征值为 1.741,方差贡献率为 7.916%,累计贡献率为 82.105%。前五个主成分的特征值均大于 1,且累计贡献率为 82.105%,已接近 85%,比较理想,故选取前五个主成分进行后续研究。

表 5-6 方差贡献率和累计贡献率(Total Variance Explained)

元件	起始特征值			提取平方和载入			循环平方和载入		
	总计	变异的/%	累加/%	总计	变异的/%	累加/%	总计	变异的/%	累加/%
1	9.074 201	41.246 370	41.246 37	9.074 201	41.246 370	41.246 37	6.302 651	28.648 410	28.648 41
2	3.802 403	17.283 650	58.530 02	3.802 403	17.283 650	58.530 02	3.840 773	17.458 060	46.106 47
3	2.278 715	10.357 790	68.887 81	2.278 715	10.357 790	68.887 81	3.633 378	16.515 350	62.621 82
4	1.562 761	7.103 459	75.991 27	1.562 761	7.103 459	75.991 27	2.544 932	11.567 870	74.189 69
5	1.345 064	6.113 926	82.105 20	1.345 064	6.113 926	82.105 20	1.741 411	7.915 506	82.105 20
6	1.034 129	4.700 585	86.805 79	—	—	—	—	—	—
7	0.804 402	3.656 373	90.462 16	—	—	—	—	—	—
8	0.613 459	2.788 452	93.250 61	—	—	—	—	—	—
9	0.418 411	1.901 868	95.152 48	—	—	—	—	—	—
10	0.313 590	1.425 407	96.577 89	—	—	—	—	—	—
11	0.266 340	1.210 637	97.788 53	—	—	—	—	—	—
12	0.218 677	0.993 985	98.782 51	—	—	—	—	—	—
13	0.105 939	0.481 540	99.264 05	—	—	—	—	—	—
14	0.076 913	0.349 604	99.613 65	—	—	—	—	—	—
15	0.038 734	0.176 066	99.789 72	—	—	—	—	—	—
16	0.028 615	0.130 070	99.919 79	—	—	—	—	—	—
17	0.011 239	0.051 086	99.970 88	—	—	—	—	—	—
18	0.005 078	0.023 083	99.993 96	—	—	—	—	—	—
19	0.001 330	0.006 044	100.000 00	—	—	—	—	—	—
20	1.55E−16	7.02E−16	100.000 00	—	—	—	—	—	—
21	−3E−16	−1.4E−15	100.000 00	—	—	—	—	—	—
22	−6.6E−16	−3E−15	100.000 00	—	—	—	—	—	—

注:提取法——主成分分析(Extraction Method—Principal Component Analysis)。

图 5-1 也能反映出前五个主成分的特征值超过了 1.0,符合选择的条件。

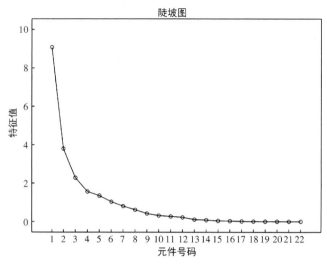

图 5-1 碎石图

3) 因子旋转与主成分的命名解释

经过以上步骤所得到的五个主成分,是对原有变量的综合。通过对因子载荷矩阵的分析,可以得出新的综合变量同原有变量的关系,也可以进一步解释其相关"含义"。通常,使用因子旋转法来使原有的因子变量更具可解释性。

本书中采用了方差最大正交旋转法(Varimax Orthogonal Rotation)来实现因子旋转。其基本原理为:使主成分的相对负荷的方差之和最大,保持原主成分的正交性和公共方差的总和不变,令每个因子上具有最大载荷的变量数量最小,进而简化对主成分的命名解释。使用方差最大正交旋转法后的因子载荷矩阵见表 5-7。

表 5-7 旋转后的因子载荷矩阵(Rotated Component Matrix[a])

项目	成分				
	1	2	3	4	5
财政环保支出占 GDP 的比重	0.939 604	0.139 924	0.159 235	0.164 812	0.020 757
新批外资项目数	0.904 927	0.167 722	0.257 610	0.141 850	0.010 611
城镇登记失业率	0.872 483	−0.032 960	0.153 890	−0.210 910	−0.100 210
重大节庆及会展数量	0.821 431	0.176 481	0.325 696	0.233 663	0.225 310
新批注册合同外资额	0.808 457	0.127 589	0.466 518	0.252 324	0.079 206
商品房成交均价	0.420 709	0.243 473	0.324 781	0.739 479	0.302 797
建成区绿化覆盖率	−0.716 320	0.030 998	0.155 182	0.141 143	−0.089 080
普通高校数量	0.542 528	0.135 164	0.504 939	0.516 765	0.320 972
财政教育支出占 GDP 的比重	0.508 460	−0.324 390	−0.049 050	0.263 239	0.449 682
万人专利授权量	−0.045 050	0.873 331	−0.074 840	0.190 013	−0.051 130
外贸依存度	0.224 036	0.857 061	0.187 353	−0.209 680	−0.052 590

续表 5-7

项目	成分				
	1	2	3	4	5
实际利用外资年增长率	-0.063 070	-0.710 850	-0.298 960	0.069 371	0.247 200
万人拥有卫生技术人员数	0.220 713	0.626 760	0.582 650	0.008 994	0.311 340
人均拥有图书数	0.535 653	0.597 177	0.451 912	0.086 470	0.001 862
环境质量综合指数	-0.069 900	0.508 705	0.014 884	-0.312 280	0.588 887
万人拥有病床数	0.114 562	0.329 572	0.874 427	-0.154 630	0.071 005
实际使用外资额占GDP的比重	0.434 174	-0.220 990	0.702 347	-0.307 400	0.023 985
居民平均期望寿命	0.090 068	0.476 991	0.697 574	0.156 350	0.008 971
研究与试验发展（R&D）经费支出占GDP的比重	0.438 448	-0.030 390	0.533 867	0.044 076	-0.507 330
城乡居民收入比	0.236 967	0.866 045	0.024 235	0.444 344	-0.114 220
农村居民人均纯收入	0.094 877	0.380 002	0.275 569	-0.722 560	0.157 360
城镇人均住房建筑面积	-0.249 120	0.123 918	-0.165 100	0.191 979	-0.808 320

注：每一列的灰色标注即代表此主成分的解释指标。提取法——主成分分析（Extraction Method—Principal Component Analysis）；因子旋转方法——方差最大化正交旋转（Rotation Method—Varimax with Kaiser Normalization）；a 指旋转收敛于10次迭代（Rotation converged in 10 iterations）。

基于旋转后的因子载荷矩阵，对五个主成分分别进行命名解释。

（1）第一主成分以财政环保支出占GDP的比重、新批外资项目数、城镇登记失业率、重大节庆及会展数量、新批注册合同外资额、普通高校数量、财政教育支出占GDP的比重7个变量为主，可称之为"外资利用、环保与教育因子"。

（2）第二主成分以万人专利授权量、外贸依存度、万人拥有卫生技术人员数、人均拥有图书数、城乡居民收入比、农村居民人均纯收入6个变量为主，可称之为"公平发展与科教、医疗服务因子"。

（3）第三主成分以建成区绿化覆盖率、实际利用外资年增长率、万人拥有病床数、实际使用外资额占GDP的比重、居民平均期望寿命、研究与试验发展（R&D）经费支出占GDP的比重6个变量为主，除了反映城市科技、教育投入水平之外，主要反映了实际利用外资的情况，可称之为"外资依赖、科技投入和医疗供给因子"。

（4）第四主成分以商品房成交均价、城镇人均住房建筑面积为主，可称之为"住房因子"。

（5）第五主成分则以环境质量综合指数为主，可称之为"环境因子"。

综合以上对五个主成分的解释，影响城市增长模式（营销型或内生型）的因子主要为：吸引、实际使用外资状况；环境保护状况；城乡公平发展状况；科技、教育水平以及城市服务水平（医疗、住房、就业）等。另外，主成分系数矩阵可以表明各个主成分在不同变量上的载荷，即每一个变量在五个主成分上的具体数据值(亦即因子得分),详见表 5-8。本书在 SPSS 22.0 软件中选用回归法(Regression)来估计因子得分,其优点在于计算结果误差较小。

表 5-8　主成分分析结果的成分得分系数矩阵

	成分				
	1	2	3	4	5
新批外资项目数	0.183 262	0.023 327	-0.069 880	-0.020 420	-0.071 590
新批注册合同外资额	0.096 779	-0.028 190	0.069 110	0.051 072	-0.017 410
实际使用外资额占 GDP 的比重	0.008 693	-0.204 100	0.302 388	-0.148 950	-0.048 000
实际利用外资年增长率	0.002 524	-0.187 030	-0.009 560	0.024 666	0.158 730
外贸依存度	0.062 633	0.260 144	-0.115 540	-0.098 300	-0.056 180
重大节庆及会展数量	0.117 243	0.016 030	-0.017 480	0.041 819	0.073 395
商品房成交均价	0.061 236	0.041 402	-0.001 170	0.147 051	0.140 871
农村居民人均纯收入	0.039 769	0.073 528	0.016 611	-0.301 210	0.057 956
城乡居民收入比	-0.030 280	0.032 073	0.000 594	0.384 661	-0.050 320
万人专利授权量	-0.002 510	0.315 925	-0.181 300	0.093 189	-0.009 760
研究与试验发展(R & D)经费支出占 GDP 的比重	0.056 727	-0.108 110	0.201 631	-0.025 160	-0.360 020
城镇登记失业率	0.240 665	-0.032 610	-0.096 030	-0.183 890	-0.154 410
普通高校数量	-0.034 590	-0.030 220	0.150 574	0.208 315	0.169 323
人均拥有图书数	0.055 689	0.129 955	0.021 369	0.009 707	-0.042 960
财政教育支出占 GDP 的比重	0.075 169	-0.088 530	-0.057 320	0.073 991	0.242 066
居民平均期望寿命	-0.124 780	0.038 613	0.261 655	0.099 127	0.002 254
万人拥有病床数	-0.126 980	-0.047 850	0.359 587	-0.030 110	0.021 513
万人拥有卫生技术人员数	-0.076 450	0.114 172	0.138 792	0.030 391	0.174 478
城镇人均住房建筑面积	0.019 845	0.064 483	-0.041 750	0.068 227	-0.468 950
建成区绿化覆盖率	-0.233 810	-0.025 980	0.223 513	0.143 034	0.015 932
财政环保支出占 GDP 的比重	0.208 437	0.032 748	-0.121 340	-0.018 800	-0.066 770
环境质量综合指数	-0.018 080	0.171 466	-0.091 440	-0.104 530	0.239 583

4) 得出权重

主成分分析法的优点之一在于以客观的方式赋权,比主观赋权更有说服力。本书中主成分的权重为主成分的方差贡献率除以五个主成分的累计贡献率,根据前表 5-6 计算得出五个主成分的权重分别为:0.348 923 245、0.212 630 354、0.201 148 676、0.140 890 848、0.096 406 877。根据每个指标在五个主成分上的得分系数(表 5-8)加权求和得到每个指标的权重,见表 5-9。

表 5-9 指标权重表

指标	权重	指标	权重
财政环保支出占 GDP 的比重	0.414 853	实际利用外资年增长率	-0.199 680
新批外资项目数	0.424 239	万人拥有卫生技术人员数	0.358 762
城镇登记失业率	0.288 998	人均拥有图书数	0.417 144
重大节庆及会展数量	0.444 297	环境质量综合指数	0.080 266
新批注册合同外资额	0.446 244	万人拥有病床数	0.271 000
商品房成交均价	0.459 681	实际使用外资额占 GDP 的比重	0.204 784
建成区绿化覆盖率	-0.200 840	居民平均期望寿命	0.296 059
普通高校数量	0.423 360	研究与试验发展（R&D）经费支出占 GDP 的比重	0.211 209
财政教育支出占 GDP 的比重	0.179 011	城乡居民收入比	0.223 639
万人专利授权量	0.176 765	农村居民人均纯收入	0.082 703
外贸依存度	0.263 482	城镇人均住房建筑面积	-0.144 670

将各个指标标准化之后与对应的权重相乘，相加之后即得每个城市的最终得分。

5）研究结果

把长三角 20 个典型城市的最终得分结果按降序排列后，得表 5-10。表中排名越靠前的城市，越倾向于营销型城市增长模式；反之，则越倾向于内生型城市增长模式。所得结果基本符合基本认知。

表 5-10 长三角 20 个典型城市营销型增长模式评价排名

排序	城市	得分	排序	城市	得分
1	上海	4.899 433	11	湖州	0.920 045
2	杭州	2.132 589	12	镇江	0.739 653
3	苏州	2.030 785	13	江阴	0.734 334
4	昆山	1.882 009	14	舟山	0.603 315
5	南京	1.818 699	15	南通	0.544 749
6	嘉兴	1.391 481	16	绍兴	0.443 395
7	宁波	1.390 770	17	温州	0.432 982
8	无锡	1.129 239	18	泰州	0.318 889
9	常州	0.933 303	19	扬州	0.215 810
10	常熟	0.925 070	20	台州	0.124 207

5.4.4 评价与分析

1) 区域性差异显著

由表 5-10 可以看出,在城市增长模式方面,江苏省苏南地区的城市比浙江省的城市具有更加明显的营销型倾向:按降序所得的排名前 10 位的城市中,有 6 个属于苏南地区的城市(在此,取广泛意义上的苏南地区,即江苏省范围内长江以南的地区),但只有 3 个浙江省的城市——杭州、嘉兴、宁波。而浙江省的台州、温州等城市,则表现出了明显的内生型增长倾向。造成如此差异的原因,可以结合这两个地区各自的发展模式来理解。

(1) 苏南地区——从"苏南模式"到"新苏南模式"

广义上的"苏南模式"是指江苏省的苏州、无锡、常州及南京、镇江等地区通过发展乡镇企业来实现非农化发展的方式(陈友放,2006)。"苏南模式"在 20 世纪 80 年代创造了辉煌,但到 90 年代中期,该模式遭遇了前所未有的危机,面临乡镇企业体制改革的迫切要求。20 世纪 90 年代后期,苏南乡镇集体企业相继进行产权制度改革,基本上把乡镇政府对企业的直接支配权撤出来,这标志着传统"苏南模式"的终结和"新苏南模式"的诞生(李可,2004)。"新苏南模式"的内涵被定义为"四主导、三协调、二目标、一保障",即以公有经济为主导、以经济国际化为主导、以高新技术产业为主导、以都市圈建设为主导;协调城乡发展、协调经济与社会、协调人与自然;以人为本,提高富民程度和人民生活质量;推行行政体制改革。

不难看出,"新苏南模式"的最终目标是追求经济、社会和环境的多方和谐发展。然而,在实践过程中,苏南城市投入了大量资源来促进经济发展,却忽略了社会生活质量和环境质量的同步提升。"四主导"中的"以经济国际化为主导,外资、外经、外服、外技齐头并进"这一原则也被苏南城市"片面"执行。在"经济国际化"的过程中,单纯以吸引外资、发展外向型经济为目标,产生了对外部资源的过度依赖。为了竞争到更多的全球流动资本,苏南城市不断调整自身来适应外部需求,采取了诸多不可持续的营销型城市增长模式,在成为"外资集聚地"的同时,也将自身置于非常被动的处境。而即便争取来的发展机会,也是最狭隘意义上的经济以及其他诸如社会或环境上的机会。从"苏南模式"到"新苏南模式"的蜕变和实际践行,是苏南城市的发展原动力"由内转外"的过程,是由初具雏形的"内生发展"演变为当今的"短视营销"的过程。

(2) 浙江省——"浙江模式"

浙江模式,也称"浙江现象",指改革开放以来,浙江省形成的以市场化为取向、以民营经济为主体的经济发展模式。其特征明显:非公有制经济是经济发展的主体,众多的中小私营企业在经济发展中占据主体地位;资本结构具有内源性,资本主要通过内部(区内、省内和国内)获得,对外资依赖性小;本土企业家资源丰裕;浙江人大量外出经商、打工,市场信息资源获得便利等(吴伟锋,2011)。

可以看出,在浙江模式中城市增长的动力机制为内生型。其城市开发的最终目的是培养地方基于内部的生长能力,注重的是可由地方自身激发和掌控的发展活力。当地居民是地区开发的主体,是主要的参与者和受益者。这种内生型增长由内在的、地方的力量引导,进而走向全球性的融合。当然,虽然浙江模式较好地诠释了内生型城市增长模式的核心含义,但是在社会全面发展、环境资源保护等可持续发展方面仍有不足。

2) 典型城市表现突出

具有明显的营销型或内生型增长模式特征的城市有上海、杭州、昆山、温州和台州(前表5-10)。这些都反映出本书构建的指标体系及评价方法具有一定的可行性。

(1) 上海

上海位列得分排名表首位,在城市增长模式上表现出了最强的营销型倾向。其在"新批外资项目数""新批注册合同外资额""重大节庆及会展数量""商品房成交均价""研究与试验发展(R&D)经费支出占GDP的比重""城镇登记失业率"等单项指标中均列首位;其"外贸依存度"亦高达106.98%,仅次于昆山和苏州;"城乡居民收入比"排第二位;"建成区绿化覆盖率"排倒数第二位。上海在此次评价中表现出最强的营销型倾向,主要原因为产业外部化程度高、外资依赖性强、节庆会展等大事件营销活动丰富,但是社会公平、环境配套等方面有待改善。

(2) 杭州

排名表中处于第二位的杭州在"新批注册合同外资额""重大节庆及会展数量"等单项指标中排第二位;"新批外资项目数"名列第三位;但实际利用外资相比往年反而减少了8.3%;杭州的"外贸依存度"在20个典型城市中也处于中游水平;不过杭州市的城乡收入差距较小,"城镇登记失业率"也较低,人民生活水平较高;同时高度重视研发,"研究与试验发展(R&D)经费支出占GDP的比重"位居第二位。应该说,杭州的城市增长模式具有较强营销型倾向的原因与上海有较大差异,但杭州的特色在于花费大量资金和人力,通过基础设施建设和媒体网络进行城市形象和城市品牌的塑造,其"打造生活品质之城"的城市品牌营销口号几乎人尽皆知。

(3) 昆山

昆山的总得分排名第四位,其"外贸依存度"高达158.72%,排第一位;"财政教育支出占GDP的比重"为倒数第二位。昆山是国内采取营销型城市增长模式、以外资为导向的典型城市,该市以项目引进为核心,不断加大利用外资的力度。尤其是"主攻台资"的战略,使"昆山模式"具有很高的知名度。但是,对外资的过度依赖、对资源的大量消耗和对生态环境的破坏,也为昆山的后续发展埋下隐患。昆山的企业根植性并不强,2017年年底有9家A股上市公司,远低于同期江阴的30家,随着土地资源瓶颈的不断突破和社会问题的不断积累,昆山营销型城市增长模式的转型将愈加迫切。

(4) 温州

从排名表可以看出,温州具有很强的内生型增长倾向,在内生型增长模式的城市中排名第四位。其在"实际使用外资额占GDP的比重"中排名倒数第一位;在"新批外资项目数"这一单项指标中排名倒数第三位;"外贸依存度"列20个典型城市中的倒数第四位;其"财政教育支出占GDP的比重"排名第一位,但"研究与试验发展(R&D)经费支出占GDP的比重"和"万人专利授权量"处于中游水平。

如果试图理解温州的城市增长模式,就不得不提到"温州模式"。"温州模式"指温州人率先运用市场机制发展民营经济、实现富民强市的经济社会发展模式(方立明等,2005)。社会、经济发展的主体是政府、企业和市民,产业内部化程度高,发展原动力来自城市内部,并注重在教育、科研等方面的投入,温州经济对外资的依赖度很低,以地方为主导来激发和掌控自身的经济发展。但要指出的是,尽管温州表现出了较强的内生型增长倾向,其增长模式距真正意义上的内生型城市增长模式仍有较大距离。温州应在城市可持续发展上投入更多的资金和精力,以期实现多重目标——经济、社会、资源与环境的协调、永续发展,并加强区域合作。特别是从其单项指标数据表现上也可以看出,温州应加大力量解决民生问题,注重发展地方文化,提高医疗服务水平。

(5) 台州

排名显示台州是20个典型城市中最具内生型增长倾向的城市,其"实际使用外资额占GDP的比重"排名倒数第二位;在"新批外资项目数""新批注册合同外资额"和"实际利用外资年增长率"三项单项指标排名中均处于倒数三位;其"城镇人均住房建筑面积"排20个典型城市中的第二位;"财政教育支出占GDP的比重"排名第五位。台州是浙江省具有明显内生型增长特征的城市,其"民营、民投、民享"的发展原则,反映了其对"浙江模式"的探索,其本身也是"浙江模式"的一个重要组成部分。由中国社会科学院发布的关于台州经济的研究成果表明,与温州相比,台州的工业化更具内生型特点,更依靠自身的资本积累和更加明确的制造业发展路径,更强调民营经济的自主发展(赵菲,2009),这也从另一方面印证了本书的研究结果。

第5章参考文献

陈友放,2006.从"苏南模式"到"新苏南模式"的启示[J].产业与科技论坛(6):22-24.

方立明,奚从清,2005.温州模式:内涵、特征与价值[J].浙江大学学报(人文社会科学版),35(3):174-178.
李可,2004.从"苏南模式"到"新苏南模式"[J].苏南科技开发(8):9-10.
吴伟锋,2011.政府管理与发展模式创新:关于浙江模式的几点思考[J].中国西部科技,10(35):50-51,90.
赵菲,2009.台州经济的"草根"模式[J].中国报道(1):84-85.

第5章图表来源

图5-1源自:笔者绘制.
表5-1源自:笔者绘制.
表5-2至表5-4源自:2018年上海市、南京市、苏州市、无锡市、常州市、镇江市、南通市、扬州市、泰州市、江阴市、昆山市、常熟市、杭州市、宁波市、湖州市、嘉兴市、绍兴市、舟山市、台州市以及温州市的统计年鉴.
表5-5至表5-10源自:笔者绘制.

下篇 实证研究

6 大事件营销的研究背景、概念界定与实践历程

6.1 实证选择背景及目的

6.1.1 大事件营销的研究背景

1) 城市大事件营销作为城市营销的主要方式在全球广泛开展

20世纪80年代以来,经济的全球化和城市的国际化已经成为世界发展的两大趋势。由全球化和新经济在各个领域引起的变革重新构筑了当今世界城市的发展环境,从而促使城市在区域、国家乃至全球范围内展开了广泛的竞争。在全球化进程中,资本、信息、技术与人才形成的流通空间(Space of Flow)逐渐占据了更为有利的支配地位(Castells,2000),特别是在城市与资本的博弈中,城市越来越处于被动的地位,由此引发的城市间竞争日趋激烈(于涛等,2007)。

在全球化过程营造的激烈竞争环境中,城市不仅是经济增长的场所,同时也成为实现资本积累与再积累的重要工具。营销型城市尤其热衷于通过频繁举办重大政经活动、体育赛事和节事会展等形式来不断增强城市的曝光度和美誉度,使得大事件营销逐渐成为全球化环境中城市营销战略的主要工具,在一定程度上也刺激了大事件营销实践在世界范围内的广泛开展,如2008年北京奥运会,2009年哥本哈根世界气候大会,2010年上海世博会、第16届亚洲运动会(即广州亚运会),2012年伦敦奥运会,2014年俄罗斯索契冬季奥林匹克运动会(简称冬奥会)、巴西世界杯足球赛(简称世界杯),2016年里约奥运会、杭州G20峰会,2018年俄罗斯世界杯等全球重量级的大事件应接不暇,成为全世界持续瞩目的焦点。大事件不仅成功地展示了城市乃至国家的品牌与形象,也在一定程度上提升了城市和国家的国际竞争力(于涛等,2011)。因此,大事件营销已经发展成为全球城市之间除了竞争人才、资金、信息和自然资源以外,所竞争的一项非常重要的外部发展要素,是城市间竞争中的重要历史性抉择(吴志强,2008)。

2) 我国城市空间快速发展和生产消费模式改变的内在要求为大事件营销提供了机遇

目前,中国已经进入了城市化加速发展的阶段,2018年我国城市化水平达到59%,中国已成为真正意义上的"城市国家",城市空间面临着进一

步扩容的巨大压力。与此同时,我国城市的建设机制也发生了显著的变化,市场机制在促进城市空间发展方面逐步发挥了重要作用,如城市发展主体的多元化、土地有偿使用制度以及住房制度改革等。在此背景下,我国城市空间发展不仅表现为大规模的城市新区开发、城市用地扩张等城市空间增长现象,而且城市内部更新、功能提升、空间结构调整等"空间再造"现象也日益加快(彭涛,2008)。因此,大事件营销作为我国城市新区开发或者旧区更新的引擎而受到了普遍重视。服务业的发展、市场力量和政府的推动、制度的创新和完善逐渐成为城市化的主要动力,政府的消费刺激是城市增长最主要的动力,我国城市增长正面临着向内需驱动模式的转型(袁瑞娟,2009)。

同时,全球性的产业转移导致我国城市消费和生产模式的变化,这也是城市大事件营销在我国兴起的另一重要原因。作为后工业社会城市发展战略的重要因素,大事件营销成为城市在全球舞台上展现自我个性并提升地位的主要方式(Harvey,1989),尤其是资本的国际化强化了大事件营销作为城市营销工具的意义,这种意义的产生与后福特主义的新消费模式、现代主义向后现代主义、工业化社会向后工业化社会的转变紧密相连(Dunn et al.,1999;Graham et al.,1995)。在消费方面,伴随着城市经济的快速发展,人们的收入水平和闲暇时间不断增长,并开始追求物质以外的精神和文化享受。城市大事件营销正是这样一种能够满足人们日益增长的文化和精神享受需求的形式,是人们物质文化丰富之后的精神宣泄口(马聪玲,2005)。在生产方面,随着消费结构的高级化,我国城市的产业结构也不断向高级化方向发展,大事件营销与娱乐业、旅游业的结合使其经济与社会价值更加凸显,其在人们社会生活中扮演着愈加重要的角色(Graham et al.,1995)。因此,近年来城市大事件营销是伴随着全球性的产业转移而在我国逐渐兴起的,在微观上它满足了我国城市消费和生产模式高级化的内在需求,在宏观上它表现为与产业梯度转移的强关联性,并且逐渐由我国的国际化城市向其他低层级的城市渗透转移。

3) 大事件营销对我国城市增长模式转型的影响日益显著

城市空间发展的过程是由内部日常性动力构成的底线增长和由外部突发性动力构成的跨越提升组成的(即"底波率"现象),大事件营销因其具有巨大的规模和吸引力、短时间内高强度的公众关注度、提升城市形象和地位等作用而成为整合城市软硬两方面发展因素的有力手段(伦佐·勒卡达内等,2003),其对于城市发展的推动作用甚至被喻为"可与19世纪工业革命相比的发动机"(Metropolis Commission,2002)。作为城市发展、提升的触媒,大事件营销正快速、巨大而深远地影响着城市空间发展的演变,并迅速成为各城市增长模式的重要影响要素。

在我国地方政府职能转型的过程中,大事件营销已经成为其进行城市营销的有力政治经济工具,是一种典型的政府企业化的"空间过程"。地方政府与市场力量结成了增长联盟,通过相对集中的投资与建设活动形成突发动力,深刻地影响着城市空间发展的演变,其空间效应也显然不同于城市内生、长期增长的结果(于涛等,2011)。当大事件营销符合城市增长演变的规律时,往往能够产生加快城市要素集聚、优化城市空间拓展、改善城市景观面貌、整合城市形象、推动城市更新、改善城市基础设施以及促进城市均衡发展等诸多积极空间效应。大事件作为政府力的承载策略有力地催化了经济和社会空间的重组(李凌月,2018)。如2010年上海世博会的举办成为上海市继开埠、浦东开发之后的第三次空间发展契机,由于世博会科学的选址、规划与建设既符合了上海市百年来城市空间结构逐步走向开放化和国际化的演变规律,又体现了上海传统的"精明增长、紧凑发展"的地域文化,因而极大地提升了上海市的城市能级,并促进了其城市空间的进一步优化。

当大事件营销有违城市空间发展演变的规律时,特别是当大事件营销是围绕着地方政府某一短期、狭隘目标采取营销型城市增长模式进行时,大事件营销对城市空间发展的推力往往会变为阻力,不仅会加重原有城市空间发展的压力,甚至可能会成为城市难以摆脱的负担,从而对城市发展带来诸如盲目低效扩张、重复建设、马赛克效应以及结构失衡等巨大的消极影响。如2008年北京为了确保申奥成功并体现出中国古城特有的"中轴对称"思想,将主场地奥林匹克公园选址在了城市的四环与五环之间、北京城市空间发展"十字轴"的北轴上。这样虽然确保了奥运会的成功举办,但却加剧了北京城市空间发展的"北富南穷"问题。这不仅丧失了一次北京主城内部功能向外疏散的重大历史机遇(赵燕菁,2002),也影响到了北京与天津以及河北省北部地区的区域协作与城市联盟的形成。

6.1.2 大事件营销的研究目的

1) 通过透视大事件营销的空间效应,具体深化城市增长模式转型理论的研究领域

作为城市营销的主要方式,大事件营销已经成为包括中国在内的世界诸多城市的积极行动,成为全球化时代剧烈、快速而深远地影响城市空间演化、格局重组的重要力量。但是目前对其空间效应的特征、影响要素和内在机制的理论研究仍远滞后于其实践,而且仅有的少量论著也是将大事件和城市营销作为单独的命题,分别从建筑学和经济学的视角进行的物质层面研究,对"规律"和"机制"演绎分析的深度有所欠缺,尤其缺乏与城市增长模式转型理论的有机融合,解释力明显不足。

城市空间是城市经济、社会和政治等活动在空间上的投影,其历来是城市地理学研究领域的核心内容。崛起于20世纪七八十年代的西方政治

经济学派,认为对城市空间发展的解析必须从社会背景和政治经济结构入手,才能透过表象揭示其内在的动力机制和演变规律。大事件营销影响巨大、关联面广、政府主导而同时又具有"瞬时性"的特点,使其空间效应具有明显的特殊性,其背后复杂的政治经济外力作用过程、"社会—空间"影响机理等深层次问题也都亟待深入研究。因此,本书基于城市地理学、经济地理学、城市社会学、城乡规划学以及公共管理学等多学科的视角,透过复杂的大事件营销空间效应表象,廓清其内在的政治、经济与社会运行机制、社会—空间互动过程,最终揭示其演化规律并提出相应的调控对策。这样不仅在理论层面增添了城市营销的研究视角,也在一定程度上更加具体地深化了城市增长模式转型研究领域的主要内容。

2) 指导中国城市大事件营销的实践,进一步优化城市空间的可持续发展

进入21世纪以来,大事件营销在中国许多城市日益升温,除了已经举办的2008年北京奥运会,2010年上海世博会、广州亚运会、博鳌亚洲论坛、天津夏季达沃斯论坛,2014年南京青奥会、北京APEC(亚太经合组织)峰会,2016年杭州G20峰会,2017年厦门金砖国家峰会,2018年青岛上合组织峰会,还有即将举办的2022年北京冬奥会、杭州亚运会等诸多大事件的广泛开展。巨量资本、特殊政策和稀缺资源的瞬间投入犹如一剂"猛药",无疑促进了举办城市的超常规发展,提升了其城市建设的整体档次,一举实现了多年来城市旧区改造或新区开发的夙愿,因而毫无争议地具有积极空间效应。但是,在营销型城市增长模式的背景下,任期政绩的压力迫使城市政府有着破釜沉舟发展经济的勇气和气魄,标志性与功利性逐渐成为中国城市大事件营销的代名词。而我国稚嫩的市场经济体制根本无力约束地方政府的非市场行为,强势的城市政府使得"集中力量办大事"成为中国城市大事件营销的普遍行为准则,从而导致了我国城市大事件营销的价值取向发生了微妙的变化:更加突出大事件的政治意义,而忽略了其服务于广大市民和城市空间可持续发展的根本目的。因此,大事件营销的"外生性"被无限放大了,其不仅不再为城市空间的长远发展服务,而且使城市空间的自然演化都不得不为大事件营销做出"让步"甚至"牺牲",从而不可避免地产生了一些消极的城市空间效应(于涛等,2011)。

鉴于中西方城市发展体制和增长模式的差异,笔者在大事件营销主流发展的视角对其空间效应特征、要素和机制等科学问题进行探索的基础上,对中国城市大事件营销的空间效应进行针对性研究具有重要的现实意义。笔者主要通过对大事件营销与城市空间发展关系的研究,试图分析二者间相互作用的路径和机制,找出其良性互动发展的规律,并为我国城市大事件营销的宏观决策与微观操作提供科学指引,从而最终促使城市大事件营销真正成为推动我国城市空间良性发展的引擎。

6.2 基本概念

6.2.1 大事件营销

1）事件的定义

事件对应的英文名词为"Event"，在《朗文当代高级英语辞典》中其的定义是"a happening, esp. an important, interesting, or unusual one"，特指重要、有意思或不寻常的事件，包含"节事、活动、节庆"等多方面的含义。而在中国的语境中，从《新华词典》的释义来看，"事件"是指"事情""历史上或社会上发生的不平常的事情"；《辞海》中对"事件"一词的解释是"法律事实的一种"，包括政治性、经济性、社会性和文化性事件（图6-1）。

CULTURAL CELEBRATION 文化庆典 -Festivals 节日 -Carnivals 狂欢节 -Religious Events 宗教事件 -Parades 大型展演 -Historical Commemorations 历史纪念活动	SPORT COMPETITIONS 体育赛事 -Professional Game 职业比赛 -Amateur Competition 业余竞赛	PRIVATE EVENTS 私人事件 -Personal Celebrations 个人庆典 -Anniversaries 周年纪念 -Family Holidays 家庭聚会 -Religious Services 宗教礼拜
ART/ENTERTAINMENT 文艺/娱乐事件 -Concerts 音乐会 -Other Performances 其他表演 -Literature and Art Exhibitions 文艺展览 -Prize-Awarding Ceremonies 授奖仪式	EDUCATIONAL AND SCIENCE EVENTS 教育科学事件 -Seminars, Symposiums 研讨班，专题学术会议 -Academic Conferences 学术大会 -Education and Science Press Conferences 教科发布会	SOCIAL EVENTS 社交事件 -Dancing Parties, Festivals 舞会，节庆
Trades and Exhibitions 商贸及会展 -Commodities Fairs 展览会，展销会 -Consumer and Trade Shows 交易会 -Expositions 博览会 -Meetings and Conventions 会议 -Advertising Promotions 广告促销 -Fund-Raiser Events 募捐/筹资活动	RECREATIONAL EVENTS 休闲事件 -Games and Sports for Fun 游戏和趣味体育 -Amusement Events 娱乐事件	
	POLITICAL/STATE EVENTS 政治/政府事件 -Inaugurations 就职典礼 -Investitures 授职/授勋仪式 -VIP Visits 贵宾观礼 -Mass Rallies 群众集会	

图 6-1 策划的事件类型

罗奇（Roche，2000）从研究事件的现代性角度出发，综合事件的规模、目标观众及市场、媒体类型覆盖面等标准，把事件划分为重大事件、特殊事件、标志性事件和社区事件（Community Event）四类（表6-1）。

表 6-1 公众事件的类型和规模

事件类型	实例	目标观众/市场	媒体类型覆盖面
重大事件	世博会、奥运会、世界杯	全球	全球电视台
特殊事件	国际汽车大奖赛、区域性体育赛事(泛美运动会)	世界/国内	国际/国内电视台
标志性事件	国家体育赛事(澳大利亚运动会)、大城市体育赛事、节日	国内/区域	国家电视台/本地电视台
社区事件	乡镇事件、地方社区事件	区域/地方	本地电视台/报刊

1993年，保继刚等在我国首次提出了"旅游事件""事件吸引""事件旅游"的概念（范丽琴，2007）；戴光全等（2004）也从旅游专业的应用角度，将事件归为"节日和特殊事件"。笔者在总结"事件"概念各种解析的基础上将其分为两种类型：一种是指自然或意外发生的与当事人意志无关的客观现象，即当事人无法预见或控制而被动发生的偶发性或突发性事件；另一种是指城市发展中作为一种对社会能产生积极影响的预期而安排的文化、体育、商务、会展或宗教活动，是由人为驾驭主动发生的事件。本书研究的"事件"主要指后一种类型，即由人为控制而主动发生的，对城市的经济、社会、政治和文化等多方面产生影响并与城市空间的发展关系密切的事件。

综上所述，笔者认为事件的概念在相关研究领域中已经基本形成了共识：其是指城市主体围绕城市整体目标，在集中的时空关系中发生的经济、社会、政治与文化等活动的集合，即以城市为承办主体，具有一定的主题特色和区域影响的各种展示、节日、庆典、贸易、会议、娱乐和体育等非日常发生的活动。

2) 大事件的界定

大事件（Mega-Event）一词最初源于西方旅游学界，"Mega"的意思是重大的或超大的，"Mega-Event"是指对城市乃至国家产生重大社会和经济影响的事件，它往往会极大地促进举办城市社会经济的发展并创造出非同寻常的知名度，也常被译为重大节事、大型活动等。

罗奇（Roche，2000）认为大事件是指具有国际重大意义的大规模（Large-Scale）的文化、商业和体育事件，是现代社会的大型"狂欢秀"（Great Parades & Shows），它有着丰富主流文化、强调文化身份（Cultural Citizenship）以及实现文化包容与排斥（Cultural Inclusion/Exclusion）的意义和作用。霍尔（Hall，1997）提出大事件是指那些以国际旅游市场为明确目标的活动，从它们在出席人数、目标市场、公共经济参与水平、公共影响、电视报道程度、设施建设以及对东道主的经济和社会结构所造成的影响等方面的规模来讲，应该被称为"伟大"的。

盖茨（Getz，1997）则从定性与定量相结合的角度提出了大事件的定义(表6-2),"对于活动组织者来说,大事件是赞助商或组织机构举办的非常规性的一次性或不经常发生的活动;对于活动参观者来说,大事件是为人们提供的非正常选择范围内的或非日常经历的娱乐、社交或文化经历的机会"。

表6-2 大事件的量化指标

	指标	量化标准和定性指标的含义
定量指标	参观人次	>100万人次
	投资成本	>5亿美元
定性指标	目的多元化(A Multiplicity of Goals)	目标的多样性
	节日精神(Festival Spirit)	浓厚的节日氛围
	满足基本需要(Satisfying Basic Needs)	满足相关利益主体[利益相关者(Stakeholders)]及观众的基本需要,提供相关的休闲和旅游机会
	独特性(Uniqueness)	"必看性"(Must-See)、"一生仅此一次"(Once-in-a-Lifetime)的独特性
	质量(Quality)	高质量,超越观众的期望值并提高他们的满意程度
	真实性(Authenticity)	以本土文化价值(Indigenous Cultural Values)为基础,事件的品质具有内在的独特性
	传统(Tradition)	以社区及其传统为根源,并展示相关的神秘性(Mystique)
	适应性(Flexibility)	基础设施、空间和时间要求,对不断变化的市场需求和相关机构需要的适应性
	殷勤好客(Hospitality)	使每一个事件观众和参与者(Event-Goer)体会贵客的感觉
	确切性(Tangibility)	体验到目的地鲜明的主题及其相关资源的"特殊性",包括文化、款待和自然资源方面的特点
	主题性(Theming)	鲜明的主题,体现最佳的节日精神、真实性、传统、互动(Interaction)及事件观众服务至上
	象征性(Symbolism)	综合运用仪式和符号,以强化节日氛围
	供给能力(Affordability)	提供游客买得起(Affordable)的旅游、休闲、社会、教育和文化体验
	便利性(Convenience)	为参与者和观众提供各种特别的、不需事先策划的休闲和社交活动机会,为以工作为中心、紧张忙碌的世人提供各种机会

格雷姆(Graeme,2019)分析大事件营销对土地利用、社会经济变化和城市建设的影响,并通过对美洲、澳洲、欧洲等10个国家大事件的历史演进和动因进行分析,强调了大事件对于区域增长和场所营销的重要意义,同时批判性地审视了在不同国家和地缘政治背景下大事件营销的后续结果和影响。

近些年来,国内学界对大事件的概念方面也陆续有一些研究,如彭涛(2006)将其定义为"对主办城市、地区和国家有着重大影响的体育、商业和文化事件"。王璐(2011)认为大事件是指"对主办城市、地区和国家产生重大影响的,经过策划短期举办的政治、经济和文化体育活动"。王一波等(2017)认为大事件指的是"对城市、地区甚至国家产生影响的重大商业旗舰项目以及文化、体育活动的事件"。吴志强(2008)则认为大事件是相对于城市来说的,是指特定城市发展过程中的关键事件。

吴志强等在对大事件的各种特性进行归纳的基础上,对大事件有了一个相对明确的性质界定(Hall, 1989; Ritchie et al., 1990; Getz, 1997; Roche, 2000;吴志强,2008)。笔者在此基础上把大事件定义为:由城市政府主导的,具有明确的时间节点,享有特殊专项政策,有巨额资金投入并进行了大规模开发建设的,具有重要影响的体育赛事、节事会展以及政经活动。同时,本书归纳了大事件的三种特性。

(1)营销性

大事件是为国际资本服务的,主办方出于城市营销的目的举办大事件,是城市塑造和延伸形象并实现资产增值的需要(约翰·艾伦等,2002)。城市主体通过大事件的举办来满足目标市场如投资者、游客和居民等的需求,借此达到城市社会经济发展的多重目标。基本上这样的活动是独一无二的,能广泛吸引眼球并给人留下独特印象。它由政府直接主导或者间接引导,大多获得广泛的社会认知和参与,同时其具有的特定主题往往与举办城市的特色、地位和功能等方面在一定程度上达到默契。如美国学者迈科龙(Macaloon,2004)认为大事件能够促进人文精神的进步,是一种极具诱惑力和吸引力的特殊活动,它通过一种节日的氛围把人们从平日的生活惯例中解放出来,并且还能集中展示城市经济、社会、文化等方面的综合力量。因此,相对于主题的"专一性",大事件的目的早已"多样化",其已发展成为集商业、文化和娱乐等活动于一体的综合性活动,并且能够促进举办城市获得更多的外部发展资源。特别像举办周期较长的奥运会、世界杯和世博会等最为"稀缺"的城市大事件,早就成为世界各城市奋力追逐的焦点,这也在侧面印证了大事件对于城市营销的重要性。

(2)巨量性

大事件必须具有一定的规模,并且突出表现为巨量性,即巨额资金、巨型建设和巨大影响。大事件的举办将引入数量巨大的人流、物流、资金流与信息流,从而对举办城市产生明显的冲击效应。如在奥运会、世博会等大事件举办期间日均人群规模可以达到数十万人,因此,举办城市往往借助大事件提供的"巨大需求"契机,投入巨额资金进行大事件设施与管理的软硬件投入。如举办奥运会一般都需要投入几十亿甚至上百亿美元,最高的像2008年北京奥运会的投资额甚至超过了300亿美元。而大事件的巨额资金投入,直接带动了城市场馆设施、基础设施等巨型工程建设,并通过城市触媒引发的连锁反应和催化作用,对城市的发展产生了极大的改变。因此,无论是在大事件的举办前还是举办后,其对城市社会、经济和空间发展的影响都无疑是巨大而久远的,甚至可能会对城市乃至整个区域的发展方向起到重新定位的作用。如在1988年首尔奥运会举办前的两年时间里,首尔GDP呈现高速增长的趋势,年平均增长速度超过10%,奥运会举办期间吸引的旅游人数高达234万人,并带来了4.34亿美元的外汇收入,从而一举带动了韩国经济的腾飞。

（3）密集性

大事件是在特定的时空关系下进行的,即具有明显的时间有限性和空间有限性。大事件具有明确的时间节点、确定的空间范围。大事件具有申办、筹备和举办等几个阶段,每个阶段都有明确的时间限制,不仅筹备时间不长,其举办时间更为短暂。如以奥运会为例,以4年为周期,从申办到筹备一般为1年,筹备阶段一般为7~8年,而举办时间仅为2~3周,举办地点也基本在主办城市的特定区域(表6-3)。因此,在大事件的筹备时期其引发的巨量投入和建设规模短期内会给整个城市的发展带来巨大的冲击,而在举办阶段的较短时间内,大量的人流、物流、资金流和信息流等发展要素迅速而密集地注入举办城市,更凸显出大事件在有限的时空格局下,通过大规模的资本投入、开发建设和要素流动对举办城市所产生的密集性影响。当然这也很容易成为大事件的"双刃剑"效应,即在密集的大事件需求和投入结束后,城市很快进入需求和投入双弱的发展"失落期"。因此,对于大事件举办后该如何巩固其成果并实现城市可持续的升级发展已经成为世界各城市普遍关注的问题。如2004年雅典奥运会,希腊的GDP、私

表6-3 大事件的举办周期

大事件类型	举办时间	举办间隔时间	申办时间
奥运会	15天左右	4年	8年
世博会	6个月	5年	5年
世界杯	1个月	4年	10年
亚运会	15天左右	4年	8年
大运会	10天左右	2年	8年
青奥会	≤12天	4年	8年
全运会	10~15天	4年	7年
世园会(A1类)	3~6个月	≥1年	6~12年

注：大运会是世界大学生运动会的简称；全运会是全国运动会的简称；世园会是世界园艺博览会的简称。A1类是指大型国际园艺展览会。

人消费、政府消费和投资指标等都是在奥运会的前一年达到峰值，增速从奥运年开始呈下降的趋势，其中尤以投资增速的下降幅度最大，从2003年的11.6%下降到2005年的3.9%，随着资金投入的减少，雅典经济发展受挫，奥运会产生了持续的债务负担，从而也严重影响了希腊全国经济的发展。

3）大事件营销的概念

目前关于大事件营销的概念描述尚处于定性研究的阶段，笔者认为在全球化背景下大事件营销的定义是：为了增强城市的竞争力，由城市政府主办或授权主办，城市通过举行各种大事件活动，挖掘与整合城市资源，在充分发挥城市整体功能的基础上，不断提升城市的知名度和美誉度，从而满足目标市场（投资者、游客和居民等）需求的一种活动或过程。因此，在现阶段它可以被视为城市营销的一种主要运作方式，也可被称作城市大事件营销（表6-4）。

表6-4 大事件营销的主要类别

类别	内容	典型城市案例	特点
体育活动	奥运会、洲际运动会、世界杯、大运会	北京奥运、英联邦运动会、广州亚运会、南非世界杯、深圳大运会	场馆及配套设施等一次性投入巨大、举办时间较短、很少重复举办，对城市空间形成巨大冲击
节事活动	国际级电影节、艺术节、音乐节、国家级运动会或世界级专项体育比赛、宗教活动	戛纳电影节、威尼斯双年展、维也纳音乐节、环法自行车赛、中国全运会、F1赛车赛事	历史悠久，一次性投入较少，举办时间较短，多可以重复举办并形成传统，短期内对城市空间的冲击较小
会展活动	世博会、世园会、世界级专业展会	上海世博会、昆明世园会、上海中国国际进口博览会（简称进博会）	场馆及配套设施等一次性投入巨大、举办时间较长、可以重复使用，其日常维护和后续使用对城市空间发展影响显著
政经活动	国际级政治会议、经济论坛与活动	哥本哈根世界气候大会、达沃斯世界经济论坛、上海APEC会议、博鳌亚洲论坛、广州广交会、北京中非合作论坛	举办时间、地点相对固定，短期内对城市空间的冲击较小

大事件营销的意义已经超越了完成活动内容本身，是城市政府进行地域营销的有力政治经济工具，其作用主要体现在三个方面：(1)体现了地方政府的意愿，塑造所在城市、国家的国际形象，提升全球知名度；(2)引导发展要素聚集与市场调控，带动所在城市乃至国家的经济发展；(3)引导城市土地开发与空间发展，促进所在地区的城市拓展或改造，推动基础设施和公共设施建设，巨大地改变和重构城市的空间结构，并为城市长远发展提供必需的社会资本（张京祥等，2007）。由于城市发展的阶段、基础和战略不同，各个城市选择的大事件类型和级别也有很大的差异，本书对大事

件案例尤其是对中国城市案例的研究,并不仅仅限于具有国际影响的大事件。

6.2.2 城市空间效应

城市空间效应(Urban Spatial Effects)简而言之是指在城市发展的外力或内力作用下引起的城市空间量与质的动态变化。对于城市空间效应虽没有专门的定义,但可以从城市空间的相关定义中梳理出城市空间效应的内涵。

1) 城市空间结构

城市空间(Urban Space)是城市中人地关系在空间上的聚集表现形式。从系统的观点来看,城市空间是城市系统中各类相互作用关系的物化及其在一定地理区域的投影,它使城市作为一个整体能以物质形态而存在并使各种相互关系在物质形态的层面上得到统一。同时,城市空间也是城市社会、经济、文化等各种活动的综合结果(彭涛,2008)。而城市空间结构(Urban Space Structure)是人们探索和研究城市空间的重要途径,是指城市构成要素在空间分布上表现的特征及其组合关系(江曼琦,2001),它是复杂的人类社会、经济、文化活动在特定环境条件下的地域投影,是城市功能组织方式在空间上的具体体现(陶松龄等,2001)。

2) 城市空间效应

基于对城市空间结构概念的认识,笔者将城市空间发展理解为城市空间在内外各种驱动力的作用下不断进行形态塑造与结构演化的过程。其包括城市空间的外延式拓展与内涵式提升两种方式。城市空间的外延式拓展是指在城市发展中原有的城市空间不能满足经济增长需求的情况下所产生的城市外围土地转变为城市建设用地的过程,主要表现为城市规模的蔓延扩张或者新区、新城建设等城市外部空间量的增长。城市空间的内涵式提升是指在城市发展中原有建成空间土地利用性质和开发强度的变化,如城市中心区、旧城区的退二进三、退工改居等城市旧区改建或城市更新行为导致的城市内部空间质的提升。

综上所述,笔者认为城市空间效应是指城市空间在外部或内部发展动力的驱动作用下,由(非)物质影响要素所引起的城市不同尺度范围的(非)物质空间的变化。其具有多重属性,具体涉及城市的经济、社会、政治和物质环境等多个空间层面。并且这些多样化的空间影响相互交织,共同作用于城市空间发展的具体过程之中,从而构成了城市物质环境的外在特征,并客观反映到了城市空间发展的动态演化之中。本书正是通过建立"大事件营销—城市空间发展"统一体的分析框架,研究城市大事件营销这一社会活动给城市空间发展带来外部驱动力的过程与机制,并且主要分析其产生的(非)物质影响要素所引起的城市不同尺度范围的(非)物质空间的变化,即城市大事件营销的空间效应。由于篇幅所限,对于城市大事件营销的非空间效应,本书不做深入研究。

6.3 大事件营销的相关理论研究

6.3.1 大事件营销的相关理论基础

1) 空间生产理论

到 20 世纪后半叶,"空间"继"时间"之后成为西方社会理论研究领域的一个主要议题。1974 年列斐伏尔发表的著作《空间的生产》一书,成为空间生产(Space Production)理论诞生的重要标志。在该书中,列斐伏尔(2006)认为空间本身积极地参与了整个商品的生产过程,它已成为生产关系和生产力的一个组成部分。

城市空间生产理论有助于从政治经济学的分析视角,拓宽城市空间研究的新领域,尤其是列斐伏尔(2003)从动态的社会关系角度,将传统意义上静止和被动的空间视为资本再生产的过程,是资本主义生产环节中的重要组成部分。因此,空间也就成为城市各利益主体博弈的重要因素,城市空间的发展正是这些发展主体博弈关系的物化反映。

2) 城市触媒理论

"城市触媒"(Urban Catalysts)是由韦恩·奥图(Wayne Atton)和唐·洛干(Donn Logan)首先提出的概念,具体是指对城市空间发展、景观改造等起到催化带动作用的重要建筑(韦恩·奥图等,1995)。建立在早期以建筑物为依托的城市触媒体研究基础上,学者们认为城市经营活动的过程也是一样的,一项政策的颁布或一个建设项目的落成都会对城市发展产生影响,从而激发或抑制城市某一特定片区的发展进程(张目,2005)。当引进的开发项目能够对周围城市活动产生正效应时,该项目便可称为城市触媒(扬·盖尔等,2003)。简而言之,城市触媒的主要功能是激发和带动城市的各项建设,它不是终极产品,而是一系列产品的发端,它的出现将刺激与引导后续众多项目的开发。

对于区域与城市的宏观战略而言,大事件是进行城市营销的重要工具,而像世博会、奥运会等重量级大事件由于能够给城市乃至区域的空间发展造成巨大的影响,可以被看成是特殊的建设活动,成为"城市触媒"。因此,运用该理论对大事件营销这一"城市触媒"进行研究,分析预测大事件对城市空间产生"触媒效应"的作用过程,并在其中加以引导与控制,有着十分现实的意义。

3) 城市政体理论

斯通(Stone,1993)从政治经济学的视角分析,认为城市政府不可能拥有绝对的能力独立制定和执行政策;同样,私人部门也不能独立制定政策来促进城市的发展。城市政体模型正介于这两者之间。尽管其表达了各种利益主体面对外部压力时的反应,但它最主要的还是关注联盟建构中内部的动态变化,或者说是关注跨越政府和私人部门之间的非正式的合作关系。斯通是通过权力的"社会生产模式"(Social Production Model)来理解城市政体的内部动态变化的,他认为城市政体所表达的政治权力应该是一种能够促进城市发展的权力或能力,而不是一种高于他人的特权或社会控制权,这种能力或者合作并不是一成不变的,需要不断地创新和进行维护(何丹,2003b)。

由斯通所创建的"城市政体理论"(Urban Regime Theory)从政治经济学的角度,对城市发展的主体——市政府、工商业及金融集团和社区三者的关系,以及这些关系对城市空间发展的影响提出了一个理论框架。在西方国家,市政府一方面为了赢得选举必须促进经济增长、增加就业机会以赢得市民的支持;另一方面由于可支配的资源有限,为了做出政绩而不得不借助于掌握着资源的市场力量,从而形成"权"和"钱"的同盟即"政体"(Regime)(彭涛,2008)。当然这种结盟若是以损害社会的利益为代价,则市民在选举时可以通过选票来拆散现有的权钱同盟,而代之以新政府,于是新一轮的政体变迁就产生了,并在城市空间发展的层面得以反映。

4)城市增长联盟理论

城市增长联盟(Growth Coalition)的概念最早出现在哈维·莫洛奇(Harvey Molotch)的《作为增长机器的城市》(*The City as a Growth Machine*)一文中。在该文中,莫洛奇(Molotch,1976)认为地方政府在促进经济快速增长和取得任期政绩的双重目标压力下,在城市的具体建设中必须依靠市场的力量如企业开发商等形成城市空间增长的利益共同体或称"城市增长联盟",另外他也观察到,当城市增长联盟损害到其他利益群体的利益时,这些利益群体(如社区)将结成反联盟(Anti-Coalition),阻碍城市的增长甚至使增长联盟的行动纲领无法实施。

20世纪90年代以来,由于受到全球化、市场化和分权化的影响,中国地方政府之间的竞争日趋激烈,经济增长已经成为我国各级地方政府发展的重中之重或核心目标(何丹,2003b)。为了实现行政区内经济的快速增长以及政治目标的快速实现,中国的地方政府往往同城市中掌握大量生产资源和要素的市场力量结成增长联盟,从而形成了复杂而有力的"城市增长机器"(Zhang et al.,2006)。

6.3.2 大事件营销理论的研究进展

对大事件营销理论研究的关注最早是从20世纪60年代的西方学界开始的,但后续研究并不多见,直到2000年之后才大量出现(Getz,2000b;伦佐·勒卡达内等,2003;Burbank et al.,2002;Deffner et al.,2005)。目前国内外学者对于城市大事件营销的空间效应研究主要集中在主要特征、研究方法和影响机制三个方面。

1）大事件营销空间效应的主要特征研究进展

盖茨（Getz，1997）认为对大事件影响的研究应该从其所承担的不同角色出发，从经济、社会和环境三个维度来展开分析，而大多数对城市大事件营销空间效应主要特征的研究都可归纳为物质和非物质空间效应两个方面。

（1）物质空间效应

大事件对城市物质环境（Physical Environment）的影响主要涉及与大事件直接或间接相关的城市建设活动（Indovina，1999）。

① 推动城市道路与基础设施建设

霍尔等认为为了支持大事件的举办，政府一般需要大规模地增加公共支出来投资建设城市的公共与基础设施，而通过巨额投入建设的体量巨大的场馆、交通等设施不仅在局部地区改善了城市建设面貌，而且对整个城市未来的空间发展、形象改变等都影响广泛且意义深远（Hall，1987；Essex et al.，2004；Malfas et al.，2004）。

赵燕菁（2002）提出大事件能够提供一个巨大的外部需求，可以超前、超标准地实现城市基础设施建设水平的飞跃，从而奠定城市未来发展的框架和物质基础。戴光全（2005）则以1999年昆明世园会为例，也认为大事件促进了昆明城市基础设施的超前建设，从而提升了昆明市的长期竞争力。

② 加快新区建设、迅速拉开城市发展框架

在市场经济条件下，城市政府还将事件植入与城市发展战略结合起来，并将其作为城市结构调整的重要促进机制（Essex et al.，1998；Eisinger，2000）。彭涛（2008）认为大事件场馆设施通过吸引直接关联产业，引起相似性的经济活动聚集，推动了城市新功能空间的形成和发展，许多大型场馆的建设地往往演化为一个新城，或者使地区原有城市功能得到强化，从而对城市空间的扩展和更新起到促进作用。姜永顺（Kang Yong-Soon）的研究也表明大事件场馆对新区建设有着重要的联系（Kang，2004）。郑曦等（2007）则以慕尼黑的成功经验为例，证明了大事件是城市发展与环境景观建设的助推力。刘斌等（2013）探讨了亚运会影响下的广州城市空间演化规律，揭示了大事件转化为影响城市发展长效动力的过程，并且认为大事件带动了广州市新区的拓展、空间结构的调整与优化，旧城更新也形成了旧城历史文化资源合理开发利用与保护的良性循环与互动。

③ 加速城市旧区改造与更新

姜宏彬（Kang，2004）主要研究了1988年首尔奥运会和2002年韩日世界杯对首尔城市更新的影响。埃塞克斯和乔克利（Essex et al.，2002）在对奥运会与主办城市发展的关系分析中,列举了与赛事相关并对城市空间产生重要影响的各种城市设施,认为这些设施的建设在城市更新中发挥了重要作用,促进了主办城市全面长期的发展。郭欣(2006)也认为上海世博会作为城市更新的触媒,对城市的物质更新、经济发展、产业更新以及社会更新都有着显著的推动作用。

还有一些学者更关注与大事件相关的综合性城市开发活动。比如,蒙克卢斯(Monclús,2003)把与奥运会相关的城市建设称作"奥林匹克都市主义"(Olympic Urbanism)活动,而奥运村就是这一城市建设方式的代表,它们由当初简单地为运动员提供住所逐渐发展成为具有后现代城市特征的标志性地区。最典型的例子是1992年巴塞罗那奥运村的建设,蒙克卢斯(Monclús,2003)认为巴塞罗那利用奥运村的建设发动了大规模的滨海地区改造,"将海岸还给人民",重新凸现了巴塞罗那滨海城市的特征。因此,现代奥运村的建设已经成为城市更新、城市形象提升和长远发展规划的战略举措,其对城市空间发展的进程发挥了重要的作用。

④ 影响城市土地利用、景观环境与空间肌理

大事件的举办往往伴随着以建立标志性景观和功能节点为目的的旗舰工程建设,这些工程项目产生了巨大的经济和环境效应(赵云伟,2001)。它们的建设改变了所在地区的景观特色和空间品质,并通过外部空间效应带动了周边地区的发展(Smyth,1994)。周琳等(2005)以上海国际F1赛车场的建设为例,详细分析和探讨了大事件带来的一系列土地利用问题。大事件活动在城市空间中外化出各种场所或设施,这些场所或设施为大事件活动提供载体,同时也往往成为城市标志性的有形遗产,在城市空间发展进程中留下深刻印记(彭涛,2008)。

同时,大事件对城市物质环境也存在着负面影响,如对城市传统景观和生态环境的破坏等(蓑茂寿太郎等,2003;Ruthheiser,2000)。彭涛(2008)以大型体育场馆为例分析了大事件对城市空间发展影响的负面效应,即围绕大事件的投资与工程建设,有可能在短时间内将城市空间发展的动力因素吸引和聚集到以场馆设施所在地为主的局部地区,从而加剧地区之间发展的不平衡。另外不可忽视的是,大事件营销也常常因为区域内城市的竞争而耗费巨资重复建设,并造成了对城市传统景观与空间肌理的破坏(Friedmann,2001)。

(2) 非物质空间效应

许多研究主要从经济、社会、政治与文化等非物质空间层面对大事件的空间效应进行分析。霍尔(Hall,1992)在其著作《标志性旅游事件:影响、管理和规划》(Hallmark Tourist Events: Impacts, Management and Planning)中分别从经济、社会、政治三个层面分析了大事件的影响。亚当·布朗和乔安妮·梅西(Brown et al.,2001)则指出大事件的相关研究大致可以归结为经济、社会、政治与环境四个层面。

① 经济空间效应

目前,关于大事件影响的研究大多集中在经济学领域,最早研究大事件经济空间效应的学者是伯恩斯和哈奇(Burns et al.,1986),他们开创了这一领域新的研究视角。

对于大事件的经济效益,大部分研究者表示出了肯定的态度。如巴德和马瑟森(Baade et al.,2003)利用都市区域内的就业数据研究了1984年洛杉矶奥运会的经济影响,他们的研究显示,在1984年奥运会期间,洛杉矶出现了5 000个来历不明的职位。如果所有这些来历不明的增量都归因于奥运会,这种就业拉动效应为洛杉矶经济转化成大约3亿美元的推动力。李泽敏等(2002)通过分析1988年首尔在奥运会前后的投资与经济增长关系后,认为奥运会期间的相关产业投资对韩国宏观经济产生了积极影响。一项来自电通(Dentsu)人文研究所的研究表明,日本在世界杯中获得248亿美元的经济贡献,而韩国则获得89亿美元,分别占到2002年日本和韩国GDP总量的0.6%和2.2%(Finer,2002)。还有很多学者深入研究了大事件对举办地旅游业的影响,如乔克利和埃塞克斯(Chalkley et al.,1999)认为大事件将吸引大量游客,通过这些游客的消费和创造就业机会为主办城市带来财富。陆枭麟等(2014)从辨析大事件与流动空间的关系出发,通过针对流的黏性(Sticky)分析,认为北京奥运会对大都市流空间构成要素产生了显著的影响,大事件对于各类要素具有强大的号召力与吸纳能力。

然而,也有一些学者通过事后的效果评估显示大事件的经济效益通常达不到预期。如马瑟森(Matheson,2002)通过对多个奥运会的经济影响进行分析,指出奥运会往往并不能带来预期的经济增长,甚至还可能给城市带来通货膨胀、成本上涨、经济泡沫等风险。一些学者还找到了大事件对旅游业产生负面影响的证据,如康和珀杜(Kang et al.,1994)通过对首尔奥运会长期的研究发现,大事件对于当地的旅游业并没有明显的推动作用。罗秋菊(2002)在承认大事件对旅游地正面影响的同时,也着重探讨了其负面效应,她认为大事件一方面会造成城市物价的上涨,并引起工资水平提高,加重城市的经济负担,从而导致城市经济在一段时期内的衰退;另一方面虽然大事件可以造成"峰聚现象",但亦会产生"反旅游"现象。此外,大事件的支持者们还往往容易夸大事件对地方经济的带动作用,而忽视其潜在干扰市民生活、物价上涨、环境污染等的消极效应(Lee,2001)。

② 社会、文化空间效应

约翰·艾伦等(2002)认为通过大事件的举办能够增强居民意识和社区认同感、创造就业机会。还有许多学者认为大事件给城市进行形象重塑和宣传提供了一个重要的平台和契机,能够极大改变城市的国际形象并加快其国际化进程。大事件强大的号召力可以在短时间内促进其发生地的口碑获得"爆发性"的提升(Getz,1997),因此,大事件可能是在国际平台上设计和传达地区形象的最佳时机(Guala,2003)。比如方丹青等(2017)认为,

"举办以文化活动为主题的大事件是一个文化导向城市再生的方案策略"。

一些学者认为大事件能够显著提升城市的就业率。布鲁内(Brunet, 1995)对巴塞罗那奥运会的研究发现,从1986年10月到1992年7月,巴塞罗那总的失业率从18.4%下降到了9.6%。但同时有一些学者把研究焦点放在这些就业岗位的质量以及持续时间上。舒密尔(Schimmel, 1995)认为大事件所创造的与服务有关的工作通常是短期的或者工资较低的。希勒(Hiller, 2000)在对南非开普敦2004年争办奥运会的分析中也认为奥运会所带来的大部分预期工作将是低收入以及短期的。米格莱斯和卡拉斯克(Miguélez et al., 1995)的研究也表明巴塞罗那奥运会实际上只创造了少量持久性的新就业岗位。王伟等(2014)以上海世博会为例,提出大事件对城市品牌的影响虽然是相对短期的过程,但是通过连续的事件波,可以持续增强城市品牌建设,将短期效用长期化。

另外一些学者认为大事件在推动城市空间结构重组的同时,也会导致社会和经济空间的极化(Swyngedouw et al., 2002),从而引起新的城市空间分异,导致市民"场所感"的缺失。贝蒂(Beaty, 1999)在对悉尼奥运会举办前的社会空间效应研究中,就利用大量数据指出奥运会的举办加大了对城市弱势群体利益的侵害,成为城市贫富差距加大、社会矛盾加剧的重要原因。

③ 政治空间效应

大事件的举办强化了政府的发展主导地位。伦佐·勒卡达内等人指出,大事件是城市政府实施增长型公共政策的载体,是地方政府进行地域营销的有力政治工具(Burbank et al., 2002;伦佐·勒卡达内等,2003;Deffner et al., 2005)。在大事件的组织工作中,地方政府扮演了至关重要的角色,其地位也因此得到强化,在资源调配和利益协调中掌握主动。同时,大事件也给掌握大量资本的地方企业精英提供了合作牟利的机会,伦斯基(Lenskyj, 2000)将这些政府和企业的合作行为称为"地方政治"。

大事件促进了城市管理体制的改革。一些学者认为,有固定举办时限的大事件引发了在短时间内聚集和协调各种力量的需要,并对常规的管理模式提出了挑战。而这有可能会立即显示出城市任何一种机能"运转不良"的问题所在,因大事件而临时产生的解决方法在事件后成为经验并可能制度化,从而促进城市管理的改进(彭涛,2006)。科克伦等(Cochrane et al., 1996)在对曼彻斯特20世纪八九十年代竞逐奥运会的分析中发现,以地方政府为中心的官僚政治被一种更加互动的领导方式所取代。1992年巴塞罗那奥运会的举办显示了综合性大都市区发展战略的重要性,并由此促进了巴塞罗那1999—2005年战略规划联合会中各决策制定者之间的通力合作。

大事件也有可能引发政治风险等问题。在1998年世界杯筹备期间,法国中央政府、巴黎和圣丹尼斯地方政府以及地方非政府组织以一种非正式的模式进行合作,但是这种模式在赛后并没有延续下去(Cochrane et al.,1996)。齐格弗里德和津巴利斯特(Siegfried et al.,2006)、伯班克等(Burbank et al.,2002)重点研究了城市大事件的政治效应,并指出城市大事件为地方政府与投资商的"增长联盟"(Growth Coalition)或"增长机器"(Growth Machine)的形成提供了载体和路径,并导致了城市民生支出缩减以及社会公众利益受损等负面效应(Swyngedouw et al.,2002)。

2) 大事件营销空间效应测度的研究方法进展

罗奇(Roche,2000)提出由于大事件营销类型多样、影响广泛,必须运用系统的思想对其空间效应进行研究。布朗和梅西(Brown et al.,2001)则认为由于从事大事件空间效应研究的学者背景不同,其研究过程中运用了不同的方法和技术,这在某种程度上丰富了大事件空间效应的研究内容和手段。

(1) 社会学调查——分析研究方法

伦斯基(Lenskyj,2000)运用社会调查和访谈等研究方法,对悉尼奥运会中的社团与政府冲突等负面影响进行了分析。里奇和史密斯(Ritchie et al.,1991)也运用了社会调查和统计分析方法研究了1988年卡尔加里冬奥会对城市形象的影响。而美国犹他州政府在2001年亦专门组织人员通过问卷调查对2002年盐湖城冬奥会的空间效应进行了研究(Ward et al.,2002)。

(2) 三维评价法

盖茨认为对大事件的评价包括三个阶段的内容,即事前评价(Formative Evaluation)、过程评价(Process Evaluation)和事后评价(Outcome or Summative Evaluation)。从影响所涉及的因素上看,大事件的影响包括经济影响、环境影响和社会与文化影响,其中社会与文化影响包括了当地居民的态度、文化遗产的丧失、传统的保护、舒适性的丧失或增加、公众行为和美感的改变(Getz,1997)(图 6-2);从影响的效果看,则包括积极影响和消极影响(约翰·艾伦等,2002)。

戴光全(2005)在《重大事件对城市发展及城市旅游的影响研究——以'99 昆明世界园艺博览会为例》中所引入的重大事件影响的时间、空间、特征三维研究框架,总结和归纳了大事件营销影响研究的一般路径,也颇具代表性(图 6-3)。

(3) 动态仿真模型法

动态仿真模型法的基本原理是在大事件举办后对大事件前后的空间效应进行对比,从而剥离大事件的影响。该方法的关键和难点是界定"正常"的状态,目前尚使用较少,而且主要用于对大事件经济效应的评估。如巴德和马瑟森(Baade et al.,2003)通过建立回归模型,对1984年和1996年洛杉矶及亚特兰大奥运会的就业影响进行动态评估。付磊(2002)引入了一个大事件影响评估的一般框架(图 6-4),他认为对大事件影响的把握首先应对主办地的发展背景进行深入了解,建立"基准(Baseline)状况",通

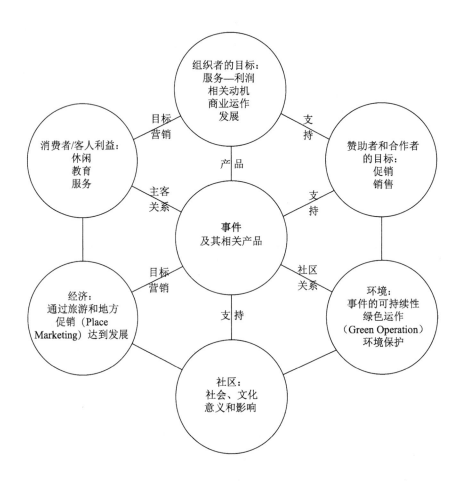

图 6-2　事件角色和影响的分析角度

过与不举办和举办大事件的情况进行比较,将大事件的影响从各种经济和社会活动的表现中抽取出来。景方(2003)则通过分析城市发展模型的特征,把元胞自动机、多智能体方法、复杂适应系统理论结合在一起,建立起可动态仿真的城市决策支持系统,并针对奥运经济城市发展问题进行人工实验。他以 2000 年为时间起点,对不含奥运因素和含有奥运因素的城市模型进行分析,仿真了在不同政策因素输入时大事件的影响特征。

3) 大事件营销空间效应的影响机制研究进展

琼斯(Jones,2001)对英国城市体育设施与城市发展的关系进行了研究,认为体育场馆的建设往往促进城市再开发的进行,公共投资与私人投资的共同参与是其中的重要原因,而政府、开发商、运动队和场馆的管理者都是背后的推动者。国内一些学者以世博会为例对大事件空间效应的机制进行了研究。如崔宁(2007)基于政府的视角,按照上海世博会工作的时间轴线,研究政府行为对于城市空间结构的影响,具体从区位选址、场地整备、交通需求、后续利用以及实施保障等角度,对大事件政府筹办行为与

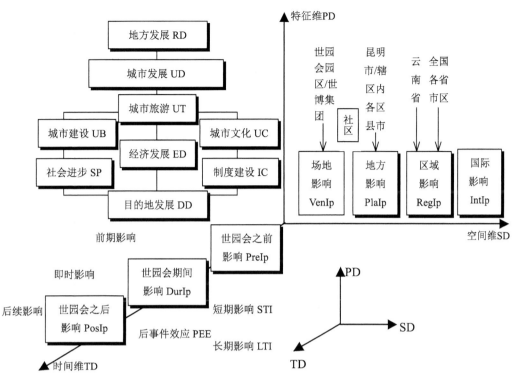

图 6-3 大事件影响三维研究框架图

城市空间结构相互作用的几项工作板块展开了较为完善的研究论证,从而深入研究了世博会对上海城市空间结构的影响。孙施文(2004)也着重探讨了世博会规划中功能定位、选址分析和城市公共空间整合等主要问题,提出世博会应当成为多元化的城市公共空间体系建构的关键性内容。吴志强等(2005)则通过分析历届世博会在城市中的选址位置、与自然景观要素的关系以及多次举办世博会城市的选址变迁,总结出世博会选址对于城市发展的具体影响。

易晓峰等(2006)从城市竞争力的角度系统地分析了大事件对城市发展的影响机制。张京祥等(2007a)则运用城市增长机器理论并以南京奥体新城为实证,着重剖析了大事件营销过程中各种利益格局的变迁。

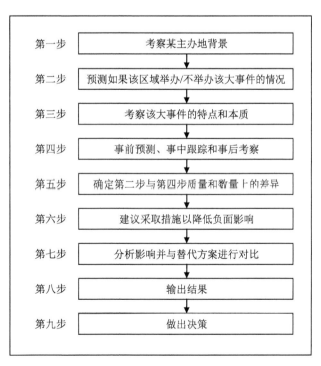

图 6-4 评价大事件影响的一般框架

在我国市场经济体制下,影响城市空间发展的力量则变得复杂和多元化,政府能支配的资源有限,其仅是城市建设的规划者和引导者,多数情况下大事件营销不得不借助于企业集团的财力,结成增长联盟来进行城市开发建设(张京祥等,2007b)。殷洁等(2015)通过对南京河西新城建设的实证研究,指出大事件起到了推动政体形成和维系政体稳定的作用,公共部门处于政体的主导地位,非正式治理机构可成为政体的核心,公共部门之间存在以利益为基础的合作伙伴关系;公众的力量可以介入城市政体的运作并引致政体变迁,并提出只有建立在公共部门、私人部门和公众三方联盟关系的基础上,以城市长期的发展战略为主要目标的发展型城市政体,才是构建公平高效的中国城市治理体系的必然选择。在这种情景下,当政府期望利用大事件的契机来推动城市空间发展时,政府决策与市场规律的结合显得异常重要,因此,对大事件的竞争和策划反映了一个政治过程,围绕大事件的各个利益主体的行动机制是需要进一步研究的问题(彭涛,2006)。大事件营销成为使空间产生价值,使其向场所转变的纽带,也是流动资本固化的手段与增长联盟博弈的平台,进而,在城市大事件的促动下,引发了城市的尺度重构与制度重构(陆枭麟等,2014)。

4)小结

从全球范围看,随着新经济和全球化的发展,有关大事件营销空间效应的理论研究在很大程度上对城市利用大事件营销来优化城市空间发展、增强城市竞争力以及提升城市的综合能级等方面提供了及时有效的理论资源,在一定程度上丰富了城市空间发展的战略思想。研究者们突破了学科界限,跟踪变化莫测的大事件营销实践,已经初步建立起大事件营销理论的概念体系和理论框架。此外,这种跨学科的研究,也对相关学科如城乡规划学、地理学、管理学、经济学以及社会学等的发展产生了积极的影响。

目前,国外特别是欧美发达地区积累了较多关于大事件营销的研究成果,主要是围绕与大事件营销相关的城市建设活动展开,从经济、社会和政治等层面分析大事件营销对城市空间发展的影响与机制。与国外研究相比,国内对大事件营销空间效应的研究相对薄弱:其宏观层面的研究较多集中在大事件对城市经济、文化、旅游和城市形象等方面的影响。微观层面的研究则较多偏重于大事件对城市物质空间实体如场馆、基础设施和环境等建设的具体影响,尤其是针对场馆本身的规模、规划设计、建筑设计和赛后利用等问题的探讨。而对于大事件空间效应产生的影响要素、内在原因和机制等涉及较少,对于大事件与城市空间发展的关系尚缺乏较为系统的理论研究,因而无法从整体上深入揭示大事件营销影响城市空间发展的过程与机理。从理论研究综述的角度来看,城市大事件营销的空间效应研究目前还存在以下不足:

(1)大事件营销空间效应的内在机制还难以准确把握

由于大事件营销的空间效应与城市增长模式的背景密切相关,其空间效应产生的原因与条件也较为复杂,对于大事件与城市空间发展之间的内在关系尚缺乏理论归纳,其背后的机制还需要进一步研究。同时,鉴于我国城市空间发展背景的特殊性,在借鉴国外相关研究成果的基础上,应更加注重社会背景差异特别是城市增长模式转型对我国城市大事件空间效应的影响。

(2) 大事件营销空间效应的规律研究不足,研究对象普遍单一

国内外很少有不受时空约束的大事件营销的空间效应研究,普遍都是某一类型的大事件对某一特定城市建设的影响,很少能用系统的方法选取国内外多个经典案例对不同类型的大事件及其空间效应进行全面的归纳,因而具有较强的片面性,且普遍缺乏科学准确的事后评价和实践总结。成果所涉及的研究对象一般主要针对发达国家,而缺乏对发展中国家大事件活动的对比阐释。

(3) 大事件营销空间效应的研究方法较为滞后,定量分析不足

现有相关研究对于城市大事件营销空间效应的定性描述较多,主要采取了社会调查与访谈法、文献资料法和观察法等研究方法,而普遍缺乏定量研究,比如通过剥离城市空间发展其他要素的影响准确测度大事件营销空间效应的统计方法,建立动态的大事件营销空间效应演示模型的计量方法,甚至制定大事件营销的空间效应评价指标体系等定量的研究方法都比较罕见。

总体而言,与国外研究相比,国内对大事件营销空间效应的理论研究基础相对薄弱。即使涉及城市空间层面,相关研究也大多偏重于大事件对城市物质空间实体的具体影响,缺少创新性的深入研究,对大事件营销的空间效应所产生的影响要素与内在机制亦难以准确把握。因此,亟须在该领域的研究内容、视角和方法等方面缩小差距,加强大事件营销与城市增长模式关系的研究,深入分析大事件营销的各种空间效应及其产生的过程和机制。特别是鉴于我国城市空间发展背景的特殊性,在借鉴国外大事件相关研究成果的基础上,更应注重我国与西方发达国家制度背景的差异尤其是体制转型的影响,关注我国城市空间发展机制的特殊性。这样,不仅能弥补我国大事件营销研究的不足,也对丰富和完善国际大事件营销的研究内容有着重要的理论和现实意义,从而为合理利用大事件营销优化我国城市的可持续发展奠定坚实的理论基础。

6.4 大事件营销的实践历程

尽管大事件营销类型多样,其在城市建设中的发展阶段仍具有一定的规律性,尤以世博会和奥运会的发展最具代表性。综合考虑大事件营销的实践历程,笔者将其划分为四个历史阶段:起步阶段、初级阶段、中级阶段和高级阶段。伴随着大事件营销实践从稚嫩到成熟的过程,每个阶段都有

着明显的时代特征,大事件营销开发建设的规模也相应经历了单体建筑、集中建筑群、多中心建筑群以及城市整体开发四个阶段,其对城市空间发展的重要性也与日俱增。在大事件的起步和初期阶段,由于生产力的局限,大事件往往更关注其营销性,即主要希望通过大事件的成功举办来吸引眼球,扩大城市乃至国家的影响力,目的比较单一,其举办的规模普遍较小,对城市空间发展的影响较弱;而到了大事件的中级和高级阶段,随着城市化的快速发展以及城市建设水平的提高,大事件已不仅仅满足于其营销功能,而是倾向于充分利用大事件的触媒作用,将大事件融入城市发展的实践和长远战略中来,目的逐渐趋于多元化,举办的规模也越来越大,对城市空间发展的冲击力也更加强劲。

6.4.1 起步阶段:单一场馆模式

大事件营销起源于19世纪中期的欧洲,以1851年伦敦"万国工业博览会"为标志,后广泛在欧美等发达资本主义国家进行。这个阶段是大事件的探索期,参加的国家和人数都比较有限,影响力很弱,建设开发以单体建筑为主,规模很小。因此,除了建设了一些像埃菲尔铁塔这样的标志性建筑物丰富了城市景观外,其对举办城市的空间影响比较微弱。

如1851年的伦敦"万国工业博览会"占地18 acre(1 acre≈4 046.856 m²),展期为164天,10个国家参展,参观者达到630万人次,以"水晶宫"为主要展览空间(图6-5)。1853年纽约世博会、1855年巴黎世博会和1862年伦敦世博会也都采用了单一建筑形式。早期世博会拘泥于普通展览会的组织惯例,场地和展馆均按照临时性质选址和建设,比如建在公园或者利用已有的公共建筑。即使新建的展览建筑如"水晶宫"和1929年巴塞罗那世博会密斯·凡·德·罗的经典作品"德国馆"也都难逃被拆除的命运,而并没有考虑世博会与城市发展的联系。因此,在起步阶段,像世博会这种大事件对于城市空间发展的影响力极为有限。而从1896年雅典奥运会开始,最初的奥运会设施规模也不大(图6-6),甚至从1900—1908年连续三届奥运会都是作为世博会的一部分举行的,其影响力更是有限。

图6-5 1851年伦敦"万国工业博览会""水晶宫"

图6-6 1896年雅典奥运会"大理石"会场

6.4.2 初级阶段：集中建筑群模式

从20世纪初开始，随着城市实力和营销需求的增强，大事件在逐渐发展的过程中，其相关建设的规模也在不断增大，城市开始围绕大事件的举办进行较大范围集中建筑群的规划和布局，其对城市空间的影响亦开始显现。

如1867年巴黎世博会首次出现了各国家展馆、餐饮服务中心和游乐场等辅助设施，其会场开创了以绿地广场和水池为核心，围绕主展厅和主题馆、独立国家展馆分散布局的规划结构，使世博会出现了正式的规划设计，并奠定了基本的规划布局模式。这种布局方式在20世纪的历次世博会中开始被反复使用，如1915年的旧金山巴拿马世博会和1935年的布鲁塞尔世博会（郑时玲等，2006）（图6-7）。但该阶段对于大事件场馆与城市公共空间体系的整合往往缺乏足够的重视，大事件结束后容易导致场馆设施的后续利用难题。例如1933年芝加哥世博会由于受当时社会思潮的影响，其场馆的规划平面和建筑形式采用了轴线对称的仿古典形式，用地规模过大，难以融入城市的整体公共空间格局，因而无法进一步推动城市空间的良性发展。

图6-7　1935年布鲁塞尔世博会主场馆

在此阶段，随着奥运会竞技项目的增多和参与人数的增加，其引发的投资和建设规模也不断有所突破。如1924年巴黎奥运会首次出现了大型的综合性体育中心——奥林匹克中心，1932年洛杉矶奥运会则首次建设了现代意义上的奥运村。奥林匹克中心与奥运村的出现使得奥运会建设面临的问题更为复杂，尤其是两者的选址和交通联系使奥运会建设开始涉及对城市空间总体发展的影响（赵大壮，1985）。而随后举办的1936年柏林奥运会开创了利用

图6-8　1936年柏林奥运会主场馆

奥运会进行城市空间重构的先河，纳粹政府以奥运会为契机修建了气势宏大的场馆设施和奥运村，并结合奥运会配套的基础设施建设对城市进行了大规模的更新改造，从而使得大事件开始成为城市空间发展的重要影响外力（图6-8）。

6.4.3　中级阶段：多中心组团模式

20世纪中叶以后伴随着城市的现代化进程，大事件与城市空间发展有了更加紧密的结合，大事件在规模与影响力与日俱增的同时，其选址布局直接与城市的发展战略相关。这一阶段的大事件基础配套设施建设受到重视，得以大规模、快速地建设，不仅为大事件举办提供了必要的支撑设施，也为城市的未来发展奠定了基础。

在此阶段，世博会规划就十分注重展区的再生利用问题，注重会场建设与城市发展战略和再开发规划的契合。如1958年布鲁塞尔世博会事先就明确了场馆设施的后续用途，世博会结束后有计划地留下一些主要的永久性展馆，如今该地区已经成为该市的一个主要国际性商贸会展中心。1962年西雅图世博会也是大事件后续利用的典型范例，其选址在西雅图市中心以北的一个衰败的城市改建区，目前该地区通过单轨铁路与市中心相连，已发展成为西雅图大型的综合性城区中心。在大事件的后续利用方面，1967年蒙特利尔世博会堪称该阶段的典范，其会场规划结合了城市内陆旧港区的再开发计划，整个展区分别利用了旧防洪堤、江心岛和人工岛，并整体设计了良好的水陆交通网络，从而为该地区的再开发奠定了良好的基础(许愁彦，2000)。

随着奥运会的国际影响、比赛规模的不断扩大，奥运会引发的巨大建设也不可忽略地被纳入城市的总体发展框架中，城市政府开始注重利用奥运会举办的契机，将其各项建设同城市的大规模扩张与土地开发相结合，以容纳快速增长的城市人口(廖含文等，2007)。在此阶段，多中心场馆及配套设施建设模式成为奥运建设的主要特征，如1960年罗马奥运会和1964年东京奥运会都以多中心为布局原则，建设了两个以上的奥林匹克中心。此外，这一阶段大事件设施的建设普遍开始关注城市的整体发展目标与战略，如1964年东京奥运会，不仅超前、超标准地加快了东京城市基础设施的各项建设，奠定了其成为全球城市的物质基础，而且还同期建设了一些同奥运会相关但更着眼于城市长远发展的大型配套设施项目，比如建成了给后来日本经济增长做出重要贡献的"新干线"，其建设就显然并不只是为了满足奥运会的需要，而是基于日本太平洋沿岸城市群区域一体化发展的角度进行考虑的(图6-9)。因此，在大事件发展的中级阶段，其相关建设已经同城市的改造更新和整体建设相结合，并对城市空间的整体发展产生了重要影响。

6.4.4　高级阶段：多元化发展模式

20世纪末，随着经济的全球化和城市的国际化发展，城市发展主体的

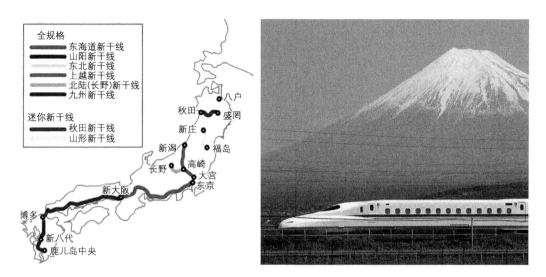

图 6-9 1964 年东京奥运会时期建成的"新干线"

构成和目标取向日趋多元化,城市建设也因此具有了多重取向特征,尤其是公平正义与可持续发展逐渐成为全球城市发展的主旋律。大事件营销也随着全球性的产业转移,开始在发展中国家兴起。因此,这一阶段的大事件营销更加注重多元化的发展模式以满足城市发展主体的多元化需求,而利用大事件营销促进城市空间的可持续发展成为该阶段大部分城市的基本准则。

这一阶段的世博会后续利用趋于综合化、多元化,强调主导功能带动下与城市空间发展的联系,注重与城市功能之间的互补和联动,以发挥世博会效应在时间和空间上的最大化,取得经济效益、社会效益和环境效益之间的最佳平衡点。如 1988 年布里斯班世博会在会场后续改造成公园为主的基础上,建设了国际贸易会议中心、旅游设施和博物馆等公共设施。1992 年塞维利亚世博会会场被开发为科技园区,并规划建设了大学和主题公园等(图 6-10)。而 1998 年里斯本世博会也是利用大事件促进城市持续发展的典型,会场位于城市东部滨水区,其总体规划与地区的后续利用规划是同步考虑的,规划明确了世博会配套的主要交通市政设施、公用设施都能为后续开发服务,并能显著改善地区的交通条件、基础设施和公共设施的服务水平。2000 年汉诺威世博会则提出了"不建造任何在世博会后无用的东西"的"汉诺威原则",为发挥大事件的催化作用推动城市空间的可持续发展树立了典范。汉诺威是德国重要的展会城市之一,具有规模相当、设施完备的国际会展中心。世博会展区总规模为 1.6 km^2,其中 0.9 km^2 是利用了原会展中心区的改造扩建,这种依托型规划方式在博览会历史上还属首次。其场馆规划充分体现了可持续发展的原则,强调动态和过程,以适应灵活变化要求,并使会场在世博会结束后成为汉诺威城市发展的重要组成部分(王路,2000)(图 6-11)。2010 年的上海世博会更是将大事件促进城市转型升级的作用提高到一个新的水平,其会场及配套设施建设对上海的城市空间发展重心形成了新的支撑,伴随着功能的增加,会场周边还有大量的地区将承接新的功能或转换原有的功能,而众多轨道交通和城市道路的建设都推动了世博园及其周边地区迅速发展成为上海城市中心体系中的一个新的枢纽(孙施文等,2006)。

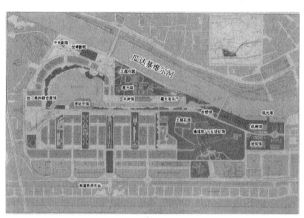

图 6-10　1992 年塞维利亚世博会规划图　　　图 6-11　2000 年汉诺威世博会规划图

6.4.5　小结

综上所述,笔者认为大事件营销实践同城市建设的发展历程是密切联系的。从起步阶段大事件的单体建筑设计就关注同城市的景观协调开始,到高级阶段大事件在多元化模式下服务于城市空间的可持续发展,大事件营销同城市空间发展的关系愈加紧密(表 6-5)。通过对大事件营销实践的发展历程回顾,笔者可以对其未来的发展趋势进行展望,即大事件营销将更加尊重城市的多元主体的共同利益,尽可能满足城市发展的多元化目标和多重需求,将更加关注大事件相关设施的后续利用,也更加重视融入城市的规划建设之中并促进城市的良性发展,从而对城市的未来发展产生更为深远的影响。

表 6-5　城市大事件营销的发展历程

时间	阶段	开发模式	营销策略	城市空间影响	代表案例
19 世纪中叶—20 世纪初	起步阶段	单一场馆模式	为增强关注度而进行的临时建设	以建筑单体建设为主,且可能被拆除,因此影响微弱	1851 年伦敦万国工业博览会、1893 年芝加哥世博会

续表 6-5

时间	阶段	开发模式	营销策略	城市空间影响	代表案例
20世纪初—20世纪中叶	初级阶段	集中建筑群模式	为办好事件而加大建设投入,以取得更好的营销效果	为了满足事件功能日趋复杂的要求而开始集中建筑群的规划建设,并影响城市的总体规划	1935年布鲁塞尔世博会、1936年柏林奥运会
20世纪中叶—20世纪末	中级阶段	多中心组团模式	不仅满足事件的举办要求,还要考虑事件的后续利用和城市未来发展的需求	多中心组团式的大事件设施建设契合了城市规模扩大的要求和趋势,从而促进了城市空间的扩张与更新	1967年蒙特利尔世博会、1964年东京奥运会
20世纪末至今	高级阶段	多元化发展模式	满足大事件营销主体的多元化目标,并符合城市良性持续发展的规律	多元化模式下的大事件涉及影响城市空间发展的多种要素,其不仅冲击城市空间的发展,而且影响其未来的可持续发展	2000年悉尼奥运会、2008年北京奥运会、2010年上海世博会

第6章参考文献

崔宁,2007.重大城市事件对城市空间结构的影响——以上海世博会为例[D].上海:同济大学:89-248.

戴光全,2005.重大事件对城市发展及城市旅游的影响研究——以'99昆明世界园艺博览会为例[M].北京:中国旅游出版社.

戴光全,保继刚,2004.西方事件及事件旅游研究的方法[J].桂林旅游高等专科学校学报,15(3):13-16,21.

范丽琴,2007.初探"城市重大事件"的概念和影响[J].科技信息(科学教研)(21):4-5.

方丹青,陈可石,陈楠,2017.以文化大事件为触媒的城市再生模式初探——"欧洲文化之都"的实践和启示[J].国际城市规划,32(2):101-107,120.

付磊,2002.奥运会影响研究:经济和旅游[D].北京:中国社会科学院.

郭欣,2006.大事件影响下的城市更新——以半淞园、董家渡街道社区为例[D].上海:同济大学.

何丹,2003a.城市规划中公众利益的政治经济分析[J].城市规划汇刊(2):62-65.

何丹,2003b.城市政体模型及其对中国城市发展研究的启示[J].城市规划,27(11):13-18.

江曼琦,2001.聚集效应与城市空间结构的形成与演变[J].天津社会科学(4):69-71.

景方,2003.城市发展模型的研究[D].哈尔滨:哈尔滨理工大学.

李凌月,2018.大事件与企业家城市空间重构——上海世博再认知[J].现代城市研究(12):76-83.

李泽敏,宜国良,2002.首尔奥运会对韩国经济的推动效果分析及其对中国的启示[J].外国经济与管理,24(1):35-39.

廖含文,大卫·艾萨克,2007.奥运会城市重构[J].城市建筑(11):12-14.

列斐伏尔,2003.空间·社会产物与使用价值[M]//包亚明.现代性与空间的生产.上海:上海教育出版社.

列斐伏尔,2006.《空间的生产》新版序言[M]//张一兵.社会批判理论纪事:第1辑.北京：中央编译出版社.

刘斌,何深静,2013.亚运影响下的广州城市空间结构优化与旧城历史文化保护[J].城乡规划(1):32-38.

陆枭麟,皇甫玥,2014.大事件诱导下的空间嬗变与治理尺度重构——以北京奥运会为例[C]//中国城市规划学会.城乡治理与规划改革——2014中国城市规划年会论文集.北京：中国建筑工业出版社：11.

伦佐·勒卡达内,卓健,2003.大事件——作为都市发展的新战略工具——从世博会对城市与社会的影响谈起[J].时代建筑(4):28-33.

罗秋菊,2002.事件旅游研究初探[J].江西社会科学(9):218-219.

马聪玲,2005.事件旅游：研究进展与中国实践[J].桂林旅游高等专科学校学报,16(1):75-79.

彭涛,2006.大型节事对城市发展的影响[J].规划师,22(7):5-8.

彭涛,2008.大型体育赛事对城市空间发展的影响研究——以广州为例[D].广州：中山大学.

孙施文,2004.世界博览会作为城市空间的解读[J].城市规划汇刊(5):20-24,95.

孙施文,王佳宁,2006.城市中的世博与世博中的城市[J].规划师,22(7):9-11.

蓑茂寿太郎,李玉红,2003.日本东京农业大学关于造园学的研究机构[J].中国园林,19(10):19-22.

陶松龄,陈蔚镇,2001.上海城市形态的演化与文化魅力的探究[J].城市规划,25(1):74-76.

王路,2000.人·自然·技术——汉诺威2000年世博会建筑综述[J].世界建筑(11):22-23.

王璐,2011.重大节事影响下的城市形态研究[M].北京：中国建筑工业出版社.

王伟,杨婷,罗磊,2014.大型城市事件对城市品牌影响效用的测度与挖掘——以上海世博会为例[J].城市发展研究,21(7):64-73.

王一波,章征涛,2017.大事件视角下城市更新的社会绩效评价——基于重庆主城更新后原住民的实证调查[J].城市发展研究,24(9):1-6.

韦恩·奥图,唐·洛干,1995.美国都市建筑——城市设计的触媒[M].王劭方,译.台北：创兴出版社有限公司.

吴志强,2008.重大事件：机遇和创新[J].城市规划,32(12):9-11,48.

吴志强,干靓,2005.世博会选址与城市空间发展[J].城市规划学刊(4):10-15.

许愁彦,2000.世界博览会150年历程回顾[J].世界建筑(11):19-21.

扬·盖尔,拉斯·吉姆松,2003.新城市空间[M].何人可,张卫,邱灿红,译.2版.北京：中国建筑工业出版社.

易晓峰,廖绮晶,2006.重大事件：提升城市竞争力的战略工具[J].规划师,22(7):12-15.

殷洁,罗小龙,2015.大事件背景下的城市政体变迁——南京市河西新城的实证研究[J].经济地理,35(5):38-44.

于涛,张京祥,2007.城市营销的发展历程、研究进展及思考[J].城市问题(9):96-101.

于涛,张京祥,罗小龙,2011.城市大事件营销的空间效应：研究进展及思考[J].城市发展研究,18(2):94-100.

袁瑞娟,2009.内需驱动型增长模式下的中国城市化发展研究[J].江苏商论(3):

137-139.

约翰·艾伦,等,2002.大型活动项目管理[M].王增东,译.北京:机械工业出版社.

张京祥,殷洁,罗震东,2007a.地域大事件营销效应的城市增长机器分析——以南京奥体新城为例[J].经济地理,27(3):452-457.

张京祥,于涛,2007b.对中国当前营销型城市增长策略的检讨[J].世界地理研究,16(4):82-88.

张目,2005.城市触媒理论浅议——以上海"新天地"项目为例[J].理论月刊(3):114-115.

赵大壮,1985.北京奥林匹克建设规划研究[D].北京:清华大学.

赵燕菁,2002.奥运会经济与北京空间结构调整[J].城市规划,26(8):29-37.

赵云伟,2001.城市形象营销与旗舰工程建设——以伦敦的千年工程项目为例[J].规划师,17(5):9-12.

郑时玲,陈易,2006.世博会规划设计研究[M].上海:同济大学出版社.

郑曦,孙晓春,2007.解析"城市事件"作为城市发展与环境景观建设的助推力:以德国城市慕尼黑为例[J].国际城市规划,22(5):91-96.

周琳,刘妙龙,2005.重大事件(项目)对土地利用的影响与思考———以上海国际F1赛车场建设为例[J].国土资源科技管理,22(2):26-30.

BAADE R A, MATHESON V A, 2003. Bidding for the Olympics: fool's gold[M]//BARROS C, IBRAHIM M, SZYMANSKI S. Transatlantic sport. London: Edward Elgar Publishing.

BEATY A, 1999. The homeless Olympics[R]//JAMES C, SOUTH J, BEESTON B, et al. Homelessness: the unfinished agenda. Sydney: University of Sydney.

BROWN A, MASSEY J, 2001. Literature review: the impact of major sporting events[R]. Manchester: Manchester Institute for Popular Culture, Manchester Metropolitan University.

BRUNET F, 1995. An economic analysis of the Barcelona '92 Olympic Games: resources, financing and impact[R]. Barcelona: Universitat Autonoma de Barcelona.

BURBANK M J, ANDRANOVICH G, HEYING C H, 2002. Mega-events, urban development and public policy[J]. The Review of Policy Research, 19(3): 179-202.

BURNS J P A, HATCH J H, et al, 1986. The Adelaide grand prix: the impact of a special event Adelaide[R]. Adelaide: The Centre for South Australian Economic Studies.

CASTELLS M, 2000. The rising of the network society[M]. Oxford: Blackwell.

CHALKLEY B, ESSEX S, 1999. Urban development through hosting international events: a history of the Olympic Games[J]. Planning Perspectives, 14(4): 369-394.

COCHRANE A, PECK J, TICKELl A, 1996. Manchester plays games: exploring the local politics of globalisation[J]. Urban Studies, 33(8): 1319-1336.

DEFFNER A M, LABRIANIDIS L, 2005. Planning culture and time in a mega-event: Thessaloniki as the European city of culture in 1997[J]. International Planning Studies, 10(3): 241-264.

DUNN M K, MCGURIK M P, 1999. Hallmark events[C]//Anon. Staging the Olympics: the event and its impacts. Sydney: Centre for Olympic Studies, UNSW.

EISINGER P, 2000. The politics of bread and circuses: building the city for the visitor class[J]. Urban Affairs Review, 35(3): 316-333.

ESSEX S, CHALKLEY B, 1998. Olympic Games: catalyst of urban change[J]. Leisure Studies, 17(3): 187-206.

ESSEX S, CHALKLEY B, 2002.The changing infrastructural implications of the winter Olympics, 1924-2002[Z]. [S.l.]: The Bollettino della Società Geografica Italiana.

ESSEX S, CHALKLEY B, 2004. Gaining world city status through staging the Olympic Games[J]. Geodate, 17(4): 7-11.

FINER J, 2002. The grand illusion[J]. Far Eastern Economic Review (7): 32-36.

FRIEDMANN J, 2001. World cities revisited: a comment[J]. Urban Studies (13): 2535-2536.

GETZ D, 1997. Event management and event tourism[M]. New York: Cognizant Communication Corporation.

GETZ D, 2000a. Defining the field of event management[J]. Event Management, 6(1): 1-3.

GETZ D, 2000b. Event, event management, event marketing[M]//JAFARI J. Encyclopedia of tourism. New York: Routledge.

GRAEME E, 2019. Mega-events placemaking, regeneration and city-regional development[M]. London: Routledge.

GRAHAM S, MARVIN S, 1995. More than ducts and wires: post fordism, cities and utility networks[M]//HEALEY P, CAMERON S, DAVOUDI S, et al. Managing cities: the new urban context. London: Wiley.

GUALA C, 2003. Rebuilding Turin's image: identity and social capital looking forward to 2006 Winter Olympics Games[R]. Montreal: 39th ISOCARP Congress.

HALL C M, 1987. The effects of hallmark events on cities[J]. Journal of Tourism Research, 26(2): 44-45.

HALL C M, 1989. The definition and analysis of hallmark tourist events[J]. GeoJournal, 19(3): 263-268.

HALL C M, 1992. Hallmark tourist events: impacts, management and planning[M]. London: Bellhaven Press.

HALL C M, 1997. Mega-events and their legacies[M]// MURPHY P. Quality Management in urban tourism. New York: John Wiley & Sons.

HARVEY D, 1989. From managerialism to entrepreneurialism: the transformation in urban governance in late capitalism[J]. Geografiska Annaler: Series B, Human Geography, 71(1): 3-17.

HILLER H, 2000. Mega-events, urban boosterism, and growth strategies: an analysis of the objectives and legitimations of the Cape Town 2004 Olympic Bid[J]. International Journal of Urban and Regional Research, 24(2): 439-458.

INDOVINA F, 1999. Os grandes eventos ea cidade occasional[Z]. Lisbon: Bizancio.

JONES C, 2001. Mega-events and host-region impacts: determining the true worth of the 1999 Rugby World Cup[J]. International Journal of Tourism Research, 3(3): 241-251.

KANG H B, 2004. Mega-events as urban transformer: the experience of Seoul[J]. Seoul Studies, 5(3): 1-15.

KANG S, PERDUE R, 1994. Long-term impact of a mega-event on international tourism to the host country: a conceptual model and the case of the 1988 Seoul Olympics[J]. The Journal of International Consumer Marketing, 6(3): 205-225.

LEE S, 2001. A review of economic impact study on sport events[J]. The Sport Journal, 4(2): 86-92.

LENSKYJ J H, 2000. Inside the Olympic industry: power, politics and activism[M]. Albany: State of New York University Press.

MACALOON J, 2004. East Asia and Olympic movement today: some thoughts on the occasion of the 25th anniversary of the Japanese Olympic academy[R]. Tokyo: Proceedings of the 25th Anniversary Session of the Japan Olympic Academy: 47-53.

MALFAS M, THEODORAKI E, HOULIHAN B, 2004. Impacts of the Olympic Games as mega-events[J]. Municipal Engineer, 157(3): 209-220.

MATHESON V A, 2002. Upon further review: an examination of sports event economic impact studies[J]. The Sports Journal, 5(1): 80-95.

Metropolis Commission, 2002. The impact of major events on the development of large cilites[Z]. [S.l.]: Metropolis Commission.

MIGUÉLEZ F, CARRASQUER P, 1995. The repercussion of the Olympic Games on labour[Z]// DE MORAGAS M, BOTELA M. The keys to success. Barcelona: Centre D'Estudis Olimpics i de L'Esport, Universitat Autonoma de Barcelona.

MOLOTCH H, 1976. The city as a growth machine[J]. American Journal of Sociology (82): 309-332.

MONCLÚS F J, 2003. The Barcelona model: and an original formula? From 'reconstruction' to strategic urban projects (1979-2004)[J]. Planning perspectives, 18(4): 399-421.

RITCHIE J R B, SMITH B H, 1991. The impact of a mega-event on host region awareness: a longitudinal study[J]. Journal of Travel Research, 30(1): 3-10.

RITCHIE J R, LYONS M, 1990. Olympulse VI: a post event assessment of resident reaction to the XV Olympic Winter Games [J]. Journal of Travel Research, 23(3): 14-23.

ROCHE M, 2000. Mega-events and modernity: Olympics and Expos in the growth of global culture[M]. London: Routledge.

RUTHHEISER D, 2000. Imagineering Atlanta[R]. New York: Verso.

SCHIMMEL K S, 1995. Growth politics, urban development, and sports stadium construction in the united states: a case study[M]//BALE J, MOEN O. The stadium and the city. Keele: Keele University Press.

SIEGFRIED J, ZIMBALIST A, 2006. The economic impact of sports facilities, teams and mega-events[J]. The Australian Economic Review, 39(4): 420-427.

SMYTH H, 1994. Marketing the city: the role of flagship developments in urban regeneration[M]. London: Taylor & Francis.

STONE C N, 1993. Urban regimes and the capacity to govern: a political economy approach[J]. Journal of Urban Affairs, 15(1): 1-28.

SWYNGEDOUW E, MOULAERT F, RODRIGUEZ A, 2002. Neoliberal urbanization in Europe: large - scale urban development projects and the new urban policy[J]. Antipode, 34(3): 542-577.

WARD L, GOCHNOUR N, ASHDOWN N, et al, 2002. Olympic Winter Games: economic, demographic and fiscal impacts[Z]. Salt Lake City: State of Utah.

ZHANG Jingxiang, WU Fulong, 2006. China's changing regional governance: administrative annexation and reorganization of local governments in the Yangtze River Delta[J]. Regional Studies (1): 3-21.

第 6 章图表来源

图 6-1、图 6-2 源自：GETZ D, 1997. Event management and event tourism[M]. New York: Cognizant Communication Corporation.

图 6-3 源自：戴光全, 2005. 重大事件对城市发展及城市旅游的影响研究——以'99昆明世界园艺博览会为例[M].北京：中国旅游出版社.

图 6-4 源自：PORTER M, 1998. Clusters and the new economics of competition[J]. Harvard Business Review (6): 77-90.

图 6-5 至图 6-9 源自：百度图片.

图 6-10、图 6-11 源自：上海市规划局, 2008. 2010 年上海世博会园区场馆布局及后续利用研究[Z].上海：上海市规划局.

表 6-1 源自：ROCHE M, 2000. Mega-events and modernity: Olympics and Expos in the growth of global culture[M]. London: Routledge.

表 6-2 源自：GETZ D, 1997. Event management and event tourism[M]. New York: Cognizant Communication Corporation.

表 6-3 至表 6-5 源自：笔者绘制.

7 大事件营销的实证逻辑框架

7.1 研究目标

7.1.1 理论目标

（1）从城市地理学、经济地理学等地理学科的角度，探讨大事件营销空间效应的主客体特征、影响要素和内在机制等理论问题；

（2）从城乡规划学等学科角度，探讨城市大事件营销对城市乃至区域空间发展的影响，建立适用于我国国情的城市大事件营销空间效应的评价框架。

7.1.2 实践目标

（1）确定大事件营销与城市增长模式的互动机制，客观评价其空间效应，使其能够在城市发展阶段适宜的时间、地点以正确的方式进行，从而将短期的大事件营销融入城市的长期发展之中；

（2）分析城市大事件引发的城市空间变化及其演变过程，阐释城市不同主体的博弈关系类型，探讨大事件营销与城市土地利用、空间发展的互动关系；

（3）以国内外大量实证城市为案例，分析城市大事件营销的空间效应特征与规律，总结经验和教训，为我国今后举办大事件的城市提供规划和管理借鉴，进而提出可持续的城市大事件营销策略和增长模式。

7.2 大事件营销与城市空间发展的内在联系

城市空间是研究城市社会经济的基本模型，它有着自身发展演变的客观规律，其发展动力深受政府、市场和社会等城市主体的影响。城市空间的演化过程是城市各主体在政治、经济和社会利益等方面奋力博弈过程的空间反映，其演化结果也受到了发展主体驱动下的各发展要素的直接或间接影响。大事件营销作为一种城市营销的主要方式，其主客体构成要素也具有城市营销的一般特点，即通过政府、市场和社会三种营销主体力量的驱动,作用于以场馆、基础设施、土地等有形资产和城市品牌、历史文化资源等无形资产为代表的客体而实现其营销的多重目标。因此,在大事件营销的主客体构成和城市空间发展的驱动主体、发展要素之间存在着一种相互作用或契合的平台,这也成为大事件营销与城市空间发展内在联系的理论分析基础。

7.2.1 大事件营销的空间效应内在机制

城市空间的发展演化是在政府、市场和社会三种主体驱动下的自然生长过程,而大事件营销在一个特定的时空关系中快速地将这三种主体的目标进行了统一,并形成了城市空间发展的突发动力。由于大事件营销具有营销性、巨量性和密集性等特性,它是城市某一发展阶段的中心议题也是区域、国家乃至全世界关注的焦点,能够在短期内集中大量的物质和人力资源,并为增强城市社会经济实力提供了重要契机。大事件营销对于城市空间日常发展的冲击无疑是巨大的,而至于这种冲击力对于城市空间而言是"助力"还是"阻力",判断的客观标准只有看大事件营销是否符合城市空间发展的客观规律,即是否采用了适宜的城市增长模式。

1) 城市空间发展的基本规律与驱动机制

城市是一个复杂的适应性、开放性系统,城市空间结构的变化是城市与外部环境的相互作用以及城市系统内各组成要素之间相互作用结果的外在表现(张晓平等,2003)。因此,从外部环境和内在要素两方面探索城市空间发展的客观规律和驱动机制,有助于加深对大事件营销空间效应机制的解析。

(1) 城市空间发展的基本规律

城市空间有其自身的发展规律,主要包括规模门槛律、区位择优律、不平衡发展律和自组织演化律(顾朝林等,2000;段进,2006)。

① 规模门槛律

规模门槛律(Scale Threshold)是指城市的经济、人口、空间规模的增长并不是线性平滑的态势,而是多表现为一种跨越门槛的过程,这种过程在城市空间结构上会产生直接的反映。比如跨越了某方面门槛后城市空间会出现大规模的爆发,或者在跨越门槛后出现空间结构和形态的转型,因而各种影响到城市规模变化的因素通过合理的引导和控制,均能够影响城市空间结构的演化方向和进度(段进,2006)。根据规模门槛律,在相对稳定的状态下,城市空间发展过程中将产生某些发展的临界瓶颈。比如自然资源、生态环境、人才条件、基础设施配套等都有可能成为城市进一步发展的障碍。城市只有突破临界瓶颈,才能实现其空间发展"质"的跨越,而大事件则为城市空间整体跨越规模门槛或临界瓶颈提供了重大机遇和巨大推力(图7-1)。

② 区位择优律

区位择优律是基于区位论(Location Theory)的基本原理提出的,该规律认为城市空间增长的要素具有紧密的关联性,在空间上突出表现为对城市空间区位的争夺与集聚(段进,2006)。城市规划是进行综合择优区位的唯一途径,大事件作为城市最为重要的影响因素之一,利用大事件营销的布局选址等干预作用是发挥区位择优正面效应的一种有效方式。

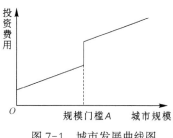

图7-1 城市发展曲线图

③ 不平衡发展律

不平衡发展律认为集中(Centralization)和分散(Dispersion)是城市空间不平衡发展的一种运动过程,城市的发生和发展就是在择优的区位所进行的空间集聚。城市规划应促进增长极和优势区的形成和发展,并根据不同时期的特点采取不同的策略(顾朝林等,2000)。大事件能够在较短时间内集聚城市大量的建设资源,并能引发周边地块的资本与建设跟进,从而快速造成了城市空间发展的不平衡,并可能借此改变或调整城市整体的空间结构和形态演变。

④ 自组织演化律

自组织演化律表明城市作为一种开放、复杂的巨系统,城市人口、物资、资金、信息、能量等流动要素通过分化和调整组织新秩序等,构成了城市系统的开放性、不平衡性、自组织性和涨落演进功能。而作为宏观干预的城市规划,可以视为一种与之相对应的他组织力,城市空间的形成和发展就是城市空间自组织与他组织共同作用的结果(段进,2006)。在此过程中,大事件营销通过调整系统中的物质与非物质影响要素直接和间接地影响着城市空间的发展演化,如果大事件与城市空间的自组织演化路径相符合则能优化城市空间的发展,反之则可能产生问题。

(2)城市空间发展的驱动机制

城市空间结构的形成和演变是城市空间在驱动主体层各种发展主体相互博弈关系的空间反映。根据提供城市空间发展驱动力的动力源不同,可以分为"政府力""市场力""社会力"。这三种驱动力通过相互影响,共同构成了城市空间发展的主体动力,并可能形成三种动力模型,即合力模型、覆盖模型和综合模型(张庭伟,2001)。因此,城市空间的发展演变主要是政府力、市场力和社会力三组力的合力结果。在城市所处的不同发展阶段和制度背景下,城市空间发展演化的动力也不相同,其过程始终受到城市相关的各组合力的影响。构成合力的各个分力的动态过程决定了合力的不稳定,而大事件营销由政府主导的特殊性也决定了政府是城市空间结构演化的主要角色,尤其是大事件作为城市发展战略的重要举措之一,其中起决定性作用的是政府力。

2）大事件营销与城市空间发展的互动机制

（1）大事件营销的主体为城市空间发展提供了突发驱动力

大事件营销的主体包括城市政府、企业、社会团体和市民，它们也分别代表了城市空间发展的三种主体，即政府、市场和社会（图7-2）。由于城市的制度背景不同，其增长模式也有很大的差别。根据城市发展的目标导向不同，主要分为以城市营销为目的营销型城市增长模式和以内生增长为目的的内生型城市增长模式。在两种城市增长模式条件下，城市大事件营销的三种主体之间进行着长期、复杂且动态的利益博弈过程，这种过程集中发生在大事件这一特定的时空关系中，使得各方进行的利益斗争尤为复杂和激烈，并且由于城市大事件营销的时限性和政府主导性，各方主体必须迅速统一认识形成具体的营销策略，以确保大事件的顺利举办。因此，此时的大事件营销主体成为影响城市空间发展的驱动主体，为城市空间的发展演化提供了巨大的驱动力量。其对城市空间发展尤其是城市次区域空间的影响是显著而直接的，瞬间打破了城市自然连续性发展的节奏，给城市空间发展带来了强大的冲击力和外部动力，从而不可避免地影响着城市空间的长远发展。

图7-2 大事件营销的主体构成要素

大事件能够引发非常规的内外部需求和经济预期，使得大规模的城市建设活动容易得到国家、地方政府及主办地社会民众的支持，从而为具有超前性的城市建设提供良机。因此，大事件往往能通过引发公共投资的增长而成为城市建设活动的触媒。这些建设活动涉及大型公共建筑、基础设施和环境整治等，将对城市聚集效应水平和分布变化产生直接作用，从而对城市土地利用和空间结构演化造成重要影响，并促成城市交通系统、公共空间等方面的变化。同时，通过经济联系与产业活动关联，围绕大事件的投资会引发更多的投资活动并形成城市空间持续发展的内在动力，从而对城市空间发展产生更加广泛而深远的影响。如1893年芝加哥世博会，不仅给城市贡献了一个由景观区、步行廊、参观大厅以及其他建筑和谐组合在一起的展览场所，更由此引发了著名的"城市美化运动"，从而对全世界的城市规划与建设产生了重要的影响。而在我国由计划经济向市场经济转型的过程中，城市空间发展机制发生了显著的变化，市场机制在塑造城市空间方面逐步发挥了主导作用。例如，城市土地使用制度、住房制度的市场化改革引发了一连串的空间反应；城市投资主体多元化，政府经济职能弱化，企业、市民作为市场力量在城市开发中发挥了日益重要的作用；房地产业、新兴服务业等对城市空间的重构进程产生了突出影响等。在此背景下，我国城市发展不仅表现为大规模的城市新区开发与建设、城市用地扩张等城市空间增长现象，而且城市内部更新、功能提升和空间结构调整等现象也日益涌现。

当然，大事件由政府主导的特殊性决定了政府参与大事件的角色定位，其对于大事件能否实现城市空间结构调整和功能提升起到至关重要的作用。政府在大事件期间必须顺利解决涉及战略决策、权益分配和矛盾协调等各种问题。大事件还是帮助政府实现执政目标的工具,在大事件筹划之初,政府拥有对城市事件的绝对控制权。通过项目策划、计划、资金和选址等方面的研究,政府可以预估大事件对城市所造成的影响,制定应对预案,甚至可以否决该项目。而大事件启动之后,随着资金和人力资源的投入,在大事件的发展之中新情况、新问题和新需求将不断出现,尤其是当社会力量参与之后,政府对大事件的控制力将被削弱,甚至也有可能反过来被大事件所控制,从而影响城市空间的可持续发展。

(2) 城市的空间发展也会影响大事件营销的空间效应和主体博弈

大事件营销的目的离不开城市的经济、社会、政治发展的根本目标。城市的空间发展到达一定阶段后,需要通过大事件的举办,提供一个巨大而稳定的城市增长需求,通过类似催化剂的作用来刺激城市的空间发展突破临界瓶颈,从而实现城市空间内涵提升或外延扩张的诉求。

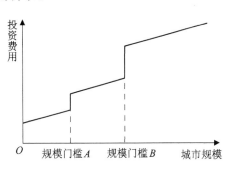

图7-3 城市发展的规模门槛与投资费用关系

城市空间发展的阶段需求为大事件营销提供了土壤,也为大事件营销的主体博弈提供了前提基础。尤其是大事件作为一种大规模的经济活动,其事件类型和规模选择必然受到城市经济基础的制约。门槛理论认为,城市空间发展的过程中将面临城市规模增长的阶段性极限,这便是城市发展的门槛。因此,城市空间发展上常常表现为一种非线性的阶段跨越,而且总是集中发生在一个较为短暂的时段,并通过特定的事件引发出来,当城市发展到一定阶段,尤其是城市经济水平发展达到较高的程度时,城市空间结构的亟须调整也就为大事件的举办提供了物质基础和前提条件(图7-3)。

城市空间发展的基础和阶段反过来也制约了大事件营销的策略选择和空间效应,其通过积极和消极的空间效应反馈到城市空间各发展主体的利益分配与决策博弈之中,反过来对城市大事件营销的决策起到重要影响,并进一步反馈到城市大事件营销今后的空间效应。如当大事件营销符合城市空间发展的基础、阶段及演变规律时,特别是将大事件作为城市发展的外部推动力整合到城市长期发展的战略之中时,大事件往往能够带动地区的全面综合开发,并引导、推动城市空间的有序发展,能够产生加快城市空间要素集聚、优化城市空间发展、创造新的区位优势以及促进城市均衡增长等诸多积极空间效应。而当大事件营销有违城市空间发展演变的客观规律时,特别是当大事件营销仅仅是围绕着地方政府某一短期具体目标而进行时,大事件营销对城市空间发展的推力往往会变为阻力,不仅会加重原有城市空间发展的压力,而且可能会成为城市难以摆脱的负担,从而对城市的空间发展带来诸如加剧城市空间景观的二元化、马赛克效应以及结构失衡等巨大的消极影响。这些消极影响势必会引起其他城市空间发展主体的不满和反抗,并通过协商、法律等途径同城市政府进行新一轮的博弈,从而对大事件营销的下一步决策和行动构成实质的影响。

7.2.2 大事件营销对城市空间发展的影响要素

城市空间的发展是由多种要素综合作用的结果,只不过不同的城市在不同时期各要素的作用强度不同,从而产生了不同的城市空间形态与城市空间增长模式(张振龙,2010)。在城市空间发展的过程中,以政府为主体提供的城市公共物品,其类型、规模和布局对于引导城市空间结构的演化方向起到关键性的作用。城市公共基础设施和公用事业服务越完善、质量越高的地区,其聚集效应就越大,对企业和市民的迁入就越有吸引力,从而使该地区土地的开发强度和利用效率提高;反之则不利于该地区的经济和用地规模的进一步增长。因此,城市公共物品为城市各发展要素的聚集提供了物质载体,并且成为城市局部地区空间集聚发展的重要基础要素。一般而言,随着大事件营销巨量公共资金的投入,其引发的大规模城市公共服务与基础设施建设将直接导致城市聚集效应分布的变化和水平的提高,从而引起城市空间结构的一系列"量与质"的变化。

1) 大事件营销的策略引致其空间效应的非物质影响要素

城市大事件营销的策略包含大事件营销过程中的运行策略和规划策略两大部分,其通过对大事件的运行和规划决策影响着大事件公共投入的性质和方向,也就是能通过城市公共物品的供给影响城市空间在水平和垂直两个维度上的集聚和扩散,从而产生积极或消极的各种空间效应。因此,大事件营销的决策体系也可以被视为大事件营销进行的神经中枢或指挥系统,其围绕着大事件的举办而产生的不同政策制度以及规划引导,成为城市大事件营销空间效应产生的非物质影响要素或者间接因素。

(1) 政策制度

作为城市大事件营销的主导者,地方政府在大事件营销的相关政策制度的制定中居于领导地位。其在大事件举办过程中通过行政手段对其进行必要的干预,以达到大事件营销的政治、经济和社会发展等多重目的。地方政府在同市场和社会两者的博弈中,形成了城市大事件营销在申办、投资、建设、管理和评估等多环节具体的政策制度。而在不同的体制背景和城市增长模式下,大事件营销的决策机制和目标倾向都有很大的差异,其对大事件营销的各项政策制度配套的影响也必然会影响大事件的空间效应。

从现实来看,在大事件的各项投资中,多由政府和市场主体共同参与,以政府为主、市场为辅或者以市场为主、政府为辅的合作模式已经成为大事件运作中的普遍趋势。在实施开发时,往往由政府成立专门的派出机构,对项目直接进行行政管理,同时成立相应的开发公司,采取"政企分离"

和"政企合一"两种模式进行大事件的市场化运作,以提高大事件的效率并减轻政府的财政负担。因此,大事件的举办过程中必然重视城市社会经济等效益的整体平衡,从而引发更大范围的城市开发建设。当然,对于大事件进行客观有效的评估将更有利于促进大事件同城市发展之间的协调关系。如为了促进奥林匹克运动的健康发展,2002年,国际奥委会正式启动了"奥运总体影响评估"(Olympic Games Global Impact,OGGI)项目,要求从希腊雅典奥运会开始,每个奥运会举办城市必须向国际奥委会提交奥运总体影响评估报告。北京因此而成为奥运会史上第一个完整执行奥运总体影响评估的举办城市,这也为今后城市大事件营销的监督和管理提供了依据。

(2) 规划引导

城市大事件营销的空间效应还与城市规划的引导紧密相关,如果大事件营销作为城市发展的外部推动力被整合到城市长期发展的战略之中,它的成功举办将能带动地区的综合开发,推动城市空间的有序发展:一方面,通过大事件营销可以引导城市土地利用与空间发展,改善和提升基础设施建设,创造新的区位优势,从而改善城市的空间结构;另一方面,政府对城市形象的改造加速了城市内部空间重构的过程,推动了城市环境景观品质的提升和公共空间的营造。

大事件营销对城市空间结构产生的影响主要体现为两种模式,即新区建设模式和旧区更新模式。其中新区建设模式是指城市跳出原有城市空间,结合大事件设施建设开辟城市新区,对城市空间结构进行整体重塑,并由此推动城市空间得以发展。例如,悉尼在离市中心区14 km的霍姆布什湾兴建了奥林匹克公园并使之发展成为城市新区;广岛在亚运会期间建设了西风新都新市区等。旧区更新模式是指城市以巩固和发展原有城市空间为主,依靠提高已有场馆、基础设施及服务设施的建设水平、服务能力等方式来满足大事件的需求。例如,1992年巴塞罗那奥运会就将旧区更新作为干预城市空间发展的主要战略,将80%的奥运会场馆集中于原有市区范围的四个赛区内场馆,绝大部分是在原有场馆基础上改造而成,奥运村、博物馆和酒店等服务设施的建设也主要与旧城更新结合进行。对于许多城市而言,通过大事件的相关建设来调整城市空间结构,往往同时具有这两种模式的特征。至于大事件的规划建设选择以其中哪一种模式为主,则主要是由城市的地理环境、发展阶段和经济基础等综合因素决定的,而且最后必须通过制定融入城市可持续发展战略的大事件规划来引导城市空间的健康发展。

基于城市大事件营销的新区建设和旧区更新两种模式,并根据大事件主体设施的空间区位,笔者将大事件的选址区位划分为四种类型,即城市中心区、城市中心边缘区、城市内郊区和城市外郊区(表7-1)。大事件主要场馆设施的选址与城市的城市化进程以及城市空间的发展阶段直接相关。当城市进入快速城市化发展阶段,大事件往往选址于空间更为广阔的城市郊区来建设新区或新城,从而突破城市空间发展的"临界瓶颈",拉开城市空间发展的框架,显著地改变城市空间发展的结构,并对城市未来的发展方向起到重要的引领作用;而当城市进入城市化发展的末期阶段,大事件选址则多选择在城市的中心区或中心边缘区,并以此为契机进行城市更新或旧区改造,从而极大提升城市空间尤其是旧城中心区的空间发展质量。

表7-1　基于空间区位划分的城市大事件营销类型

区位	城市中心区	城市中心边缘区	城市内郊区	城市外郊区
阶段	城市化末期阶段		城市化快速发展阶段	
模式	旧区更新模式		新区建设模式	
优劣	开发余地小,拆迁成本高,容易破坏传统风貌,改善基础设施和环境品质,抑制城市蔓延,社会效应较好		开发空间大,土地整理成本低,市场容易跟进,推动大交通体系建设,需要事件后期持续投入,空间效应明显	
背景	中心区面临着衰败现象,亟须通过更新改造实现复兴	在城市空间跳跃式发展到一定阶段后,才开始将城市过渡性片区填充起来	与城市中心区的发展差距过大,需要刺激内郊区的发展	大规模的用地投放,以促进城市空间向预定的方向拓展
目的	将人口和经济活动引向内城,重新赋予其新的活力	完善该地区基础设施建设,重整土地的利用方式	依托中心城区对城市内郊区土地进行适度的开发	完成由单中心向多中心的城市空间结构调整
特点	规模普遍较小,强化辐射型交通设施,导致中心功能再度集聚,但也可能对传统街区肌理造成破坏	一般规模适中,促进破碎地段更新,塑造公共职能空间,但可能导致用地的连片发展	规模相对较大、功能单一,可以形成新的增长核,但也可能导致对自然资源的侵占或城市蔓延	规模较大、功能综合的用地布局方式,通常采取TOD的方式,但可能造成城市开发向郊区的蔓延
案例	1984年洛杉矶奥运会、2001年瑞典马尔默欧洲住宅展览会、2008年萨拉戈萨世博会	1992年巴塞罗那奥运会、2001年广州九运会、2010年上海世博会、2008年北京奥运会	2005年南京十运会、2009年济南十一运会、2011年广交会、2012年伦敦奥运会	1992年塞维利亚世博会、1999年昆明世园会、2010年广州亚运会、2011年深圳大运会
图示	通过重大事件中心调整后的地租曲线；衰败街区导致的地租限制；原有的地租曲线由于中心受限,因而边缘较高	城市其他组团中心；城市过渡地段；过渡地段举行事件后的地租曲线；过渡地段未妥善利用的地租曲线	城市次级中心；事件塑造下多中心地租曲线；原有单中心地租曲线	城市地租曲线；城市外围的特殊空间区位；外围地区事件举办后的地租效应

2) 大事件营销的客体成为其空间效应的直接影响要素

大事件营销的客体包括两类:一类是城市有形资产,主要是指土地、公共基础设施等物质层面的城市产品；一类是城市无形资产，主要是指由城市文化、城市形象、城市品牌、居民素质、行政水平、服务质量、社会安全感以及城市创新氛围等无形要素构成的城市产品(图 7-4)。大事件带来的相关建设对城市空间产生了多方面的影响，尤其是通过大事件营销的客体如场馆设施、基础配套设施和土地开发建立起同城市空间发展要素之间的联系。因此，本书的大事件营销客体仅限于城市的有形资产，即对城市空间发展起直接影响作用的物质要素，包括场馆设施、基础配套设施和土地开发。

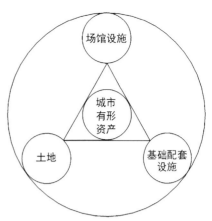

图 7-4 大事件营销的客体物质构成要素

(1) 场馆设施

场馆设施是举办大事件的主要物质载体，也是各项建设活动的核心。它不仅具有较大的外部性，而且能产生明显的集聚效应，促进商业等公共服务的发展，从而带来地区空间功能的集聚和区位价值的提高，使其所在地区成为城市空间发展新的优势增长点或增长极(陈元欣等，2007；黄海燕等，2007)。

随着大事件营销内容和规模的不断增加，大事件的场馆设施表现出类型多样化、功能复合化和规模大型化的特征。它们往往被作为旗舰工程进行建设，形成新的城市地标或景观，成为城市开发与更新的催化剂，从而提高和增加了场馆设施附近土地的开发价值与机会，带动周边地区开发，进而促进城市的空间不断发展。

(2) 基础配套设施

基础配套设施包括与大事件相关的公共服务与基础设施及环境改造等方面的建设。大事件使城市基础设施的超前建设获得支持，这种超前性表现在基础设施的建设标准、所涉及的区域范围以及建设速度等方面。其中尤以城市交通设施的建设最为突出，无论是城市对外交通系统还是城市内部交通系统，都往往在大事件举办过程中产生结构性飞跃，从而极大提高城市发展的能级和要素流动水平。

基础配套设施建设与城市发展之间存在许多联系。一般认为，城市已有基础设施条件、经济基础、投资主体和城市发展战略是决定大事件基础配套设施建设的主要因素(Indovina，1999；Essex et al.，2002；Metropolis Commission，2002)。首先，城市已有基础设施条件是城市功能水平的集中体现，是决定对城市基础设施是否进行新建或改造的前提；其次，许多举办城市从大事件一开始就有意识地进行大规模基础配套设施建设以提升城市功能；最后，基础配套设施属于公共建设的范畴，投资巨大，市场主体只会乐于追逐其溢出效应而不会过多参与，主要是由政府的公共投入支撑，因此，它还受到城市公共财政实力的制约(表 7-2)。

表 7-2 部分届次奥运会投资情况一览表

项目	蒙特利尔		洛杉矶		首尔		巴塞罗那	
	总额/百万美元	比重/%	总额/百万美元	比重/%	总额/百万美元	比重/%	总额/百万美元	比重/%
组织投资	411.857	13.00	450.394	86.20	478.204	15.20	1 361.156	14.50
场馆设施投资	2 413.006	76.00	72.042	13.80	989.649	31.40	1 099.699	11.70
基础配套投资	350.012	11.00	—	—	1 687.423	53.50	6 915.274	73.80
总投资	3 174.875	100.00	522.436	100.00	3 155.276	100.00	9 376.129	100.00

(3) 土地开发

大事件进行的大规模场馆设施与基础配套设施建设,不仅在产业发展上带动了城市的经济增长和转型,而且在其周边的土地价格增值方面效果亦非常明显。大事件通过提供大规模的公共产品在城市的局部地区形成了功能完善的功能载体,具有明显的溢出效应,尤其是对大事件场馆设施以及基础设施廊道周边的土地而言,开发价值与潜力巨大。

因此,城市政府往往会在大事件相关设施建设前提前进行土地储备等工作,并且按照规划进行有序的土地出让。一方面,平衡大事件的各项建设支出;另一方面,推动市场主体来围绕大事件进行新区的土地开发或者旧区的用地转型,并对其开发行为进行规范,从而使大事件在土地性质和开发强度等方面明显影响着城市局部地区的空间发展,并可能使其在大事件的后续发展中成为新区建设和旧区更新的持续促进力量。

7.3 大事件营销的空间效应特征的分析框架

借鉴地理学对"空间效应"的理解,笔者认为城市大事件营销的空间效应是指城市大事件营销在准备、运行和结束后,由大事件的(非)物质要素所引起的城市不同尺度的(非)物质空间的变化。因此,城市大事件营销的空间效应具有多维性特征(Matos,2006),具体涉及城市的经济、社会、政治和物质环境等多个层面(图 7-5)。因此,笔者提出如下思路,可从时间、空间和表征三个维度对大事件营销的空间效应进行研究。第一维度是时间维(TD),即按大事件的时间进程划分为:准备阶段,即大事件决定举办、处在筹办阶段而尚未正式举办的时期;运行阶段,即大事件正式举办时期;后续阶段,即大事件正式结束之后的时期。第二维度是空间维(SD),按大事件影响的不同空间尺度范围划分为局部地区、城市和区域、国家和国际。第三维度是表征维(PD):具体包括城市建设等物质空间效应和城市经济、社会、文化和政治等非物质空间效应。

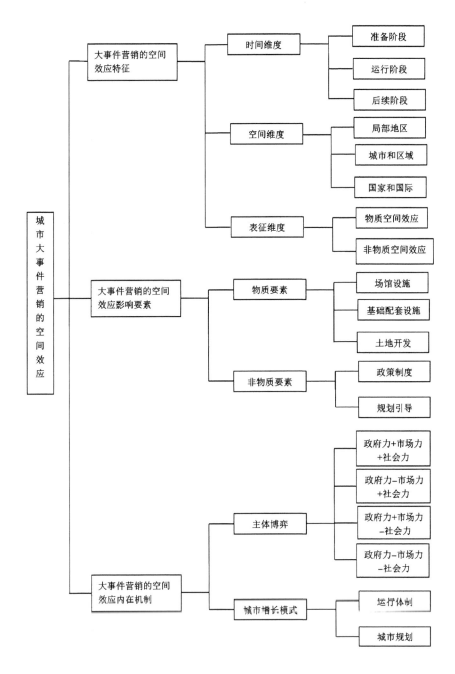

图 7-5 大事件营销的空间效应研究逻辑框架

7.3.1 时间维度

大事件营销的空间效应具有阶段性特征。根据斯帕罗（Sparrow et al.，1989）对大事件影响阶段的划分，从时间纬度来看，大事件的举办可分为三个阶段,即准备阶段、运行阶段和后续阶段。在不同的时间阶段,大事件对城市空间的影响特征不同,其效应随着时间的变化而动态改变。如在大事件准备阶段,大事件以场馆和基础配套设施的集中建设为主,对城市空间的影响多为实质性的有形影响,是影响城市空间发展的关键阶段;而在大事件运行阶段,虽然时间短暂却因其产生超规模的人流量和关注度,对城市流动空间及基础配套设施的影响非常显著;在大事件后续阶段,则主要以大事件设施的后续利用以及周边地块的再开发为主,对城市空间的影响多为无形影响。如根据国际奥委会的概念框架,北京奥运会的空间效应从时间上可以分为三个阶段,即准备阶段(2001年7月13日—2008年8月8日),从北京奥组委成立到奥运会开幕前夕;运行阶段(2008年8月8日—2008年9月20日),从奥运会开幕到残奥会闭幕;后续阶段(2008年9月20日至今),从残奥会闭幕后至今。

7.3.2 空间维度

对城市空间的研究应包括城市个体空间、区域空间乃至更大尺度的体系形态,它们彼此是不可分割的。在本书中对城市空间研究的尺度也并不局限于城市的内部空间,而是扩大到区域、国家乃至国际的空间范畴。按照大事件影响下的空间效应分布规律可以将其影响范围划分为三种尺度,即局部地区、城市和区域、国家和国际。三个层次分别对应的大事件空间效应符合距离衰减规律,即随着距举办地距离的增加,其空间影响程度逐渐减小。

(1) 局部地区

理论分析和国内外的经验表明,大事件可以引起城市局部地区空间要素、功能与形态的变化,如建筑的增加、道路与基础设施的完善、土地开发的多样化和地价的上涨等,进而反映到局部地区的发展上。大事件对于城市局部地区空间发展的影响主要表现为两种类型,即直接带动效应和间接催化效应。直接带动效应是指大事件作为局部地区开发建设的重点及核心,可以快速形成城市局部地区的核心区,并通过圈层效应直接带动周边土地的开发;而间接催化效应是指大事件可以在局部地区再开发的过程中,催化开发计划的实施,其作用体现为对局部地区整体开发的促进。

(2) 城市和区域

大事件引发的局部地区空间要素、形态与功能的变化必然会影响城市整体空间的演变,并且将随着城市空间发展的时空进程逐渐显现。从城市层面来看,大事件往往能够成为城市空间结构变化与调整的转折点,尤其是当城市进入快速城市化阶段、城市空间结构亟须调整时,大事件设施的选址、布局和建设往往能够起到关键性作用。这一方面源于大事件引发的投资与基础设施建设对城市空间发展的整体性作用,比如交通基础设施的建设,大事件的举办通常伴随着交通系统的改革,而城市交通系统的变化是城市空间发展演变的主要原因,每一次交通系统的变革都带来城市空间的显著变化(毛蒋兴等,2005)。由于城市土地的开发利用一般是沿交通走廊线性展开,各种公共服务设施也大都集中于交通干道两侧。因此,交通系统的建设势必引起人们各种生产、生活活动的重新区位选择,并直接表现在城市整体的土地开发上,进而引起土地价格、空间分布等土地利用特征和类型的变化,从而促使城市的整体空间格局发生改变。

随着大事件各项要求和标准的不断提高,其举办越来越依赖邻近城市或周边区域,影响辐射范围也逐渐扩展至以主办城市为中心的城市群。比如世博会基本上都集中在世界六大城市群中的城市举办(表7-3)。而世博会的成功举行也促进了城市群的进一步发展和壮大,像日本太平洋沿岸城市群就是在20世纪70年代日本成功举办大阪世博会之后而最终形成的(张学良,2006)。

表7-3 世界六大城市群与世博会举办地及举办时间

城市群名称	举办地	举办时间
美国东北部大西洋沿岸城市群	纽约	1939—1940年、1964—1965年
	费城	1876年
北美五大湖城市群	芝加哥	1893年
	蒙特利尔	1967年
欧洲西北部(巴黎)城市群	巴黎	1855年、1867年、1878年、1889年、1900年、1925年、1931年、1937年
	布鲁塞尔	1910年、1935年、1958年
	汉诺威	2000年
	阿姆斯特丹	1883年
英国以伦敦为核心的城市群	伦敦	1851年、1862年、1908年
日本太平洋沿岸城市群	大阪	1970年
	爱知	2005年
中国长三角城市群	上海	2010年

(3)国家和国际

随着大事件举办的标准不断提高,比如由于奥运会项目的增加等原因,有些项目会在城市周边区域甚至距离比较远的城市举行,像北京奥运会就在天津、秦皇岛、上海、沈阳、青岛和香港六个城市设立了分赛场,使奥运会对国家层面也产生了一定影响。而有些大事件如世界杯等通过不同国家城市跨境联合这一特殊的举办形式,使大事件的影响突破了国界而扩展到国际范围。如2002年韩日世界杯是首次由两个国家承办的世界杯,其举办不仅改善了日韩关系,还促进了两国多个城市间的经济、文化、旅游和交通等方面的联系,从而进一步强化了城市间的地域结构特性,并有利于促进更大范围城市群的形成(表7-4)(王璐,2011)。

表7-4 日韩世界杯的举办城市一览表

日本举办城市	韩国举办城市
大阪、神户、宫城、静冈、大分、横滨、仙台、茨城、札幌、新潟	水原、全州、大田、蔚山、光州、首尔、大邱、仁川、釜山、西归浦

7.3.3 表征维度

城市空间发展是一种复杂的经济文化现象和社会过程,是在特定的自然环境和一定的社会发展阶段中人类各种活动和自然因素相互作用的综合结果。它是由物质形态和非物质形态两部分组成,具体来说,主要包括城市各有形要素和无形要素的空间布置方式,既包含了城市内部结构,也反映了城市外部状态。因此,对于城市大事件营销的空间效应表征研究既应着眼于其城市外部状态,即分析其以城市建成空间为表征的物质空间效应,同时也应深入分析城市的内部结构,即对物质空间表皮下的非物质空间效应进行研究。从物质空间效应和非物质空间效应二者的关系来看,前者是后者的物化表现,而后者则是前者的本质属性,是决定因素,二者的良好结合能够对城市空间的可持续发展产生积极影响。

(1) 物质空间效应

无论何种规模、性质的城市都是由不同功能的物质实体空间组合而成,各种物质组成要素构成了不同功能的实体空间,其形态布局、组合特征及演变规律构成了城市空间发展的基本内容。同时,城市空间发展还是一种复杂的人类活动在历史发展过程中相互作用的显性化,是在特定的环境条件下人类活动和自然因素相互作用的综合反映。因此,研究城市空间发展不仅要研究城市物质形态空间的各种组成要素与特征变化,还要研究其内在的社会、经济与政治机制运行过程。大事件通过大规模的设施建设为城市带来了硬件上的快速积累,不仅包括了高水平的场馆设施、标志性的巨型建筑,还包括基础设施的提升、城市公共空间的整合等,其通过直接带动和间接催化作用,促进了城市经济、社会、政治和文化等多要素空间从局部地块到区域的整体发展演变,进而奠定了城市大事件营销的物质空间效应基础。

(2) 非物质空间效应

城市大事件营销本质上是一种社会活动,其通过大事件主体的营销策略作用于营销客体,即城市空间发展要素包括大事件场馆设施、基础配套设施和土地开发等,从而引发了城市局部地块乃至更大区域的经济、社会、政治和文化非物质空间要素的发展变化,进而对城市的空间发展产生了隐性的非物质空间效应,具体包括经济空间效应、社会空间效应、文化空间效应、政治空间效应以及生态空间效应等方面。

城市大事件营销的非物质空间效应主要是通过大事件所引发的城市经济、社会等要素流动的集聚变化而产生的。比如大事件可以通过对城市相关产业的拉动来影响城市的产业空间乃至整体经济空间的发展;大事件还可能会影响城市形象的提升、居住空间的分异等社会空间的发展;有些大事件的举办也可能造成城市文化遗产的破坏、传统文化的丧失等文化空间的变化;大事件营销的影响日益广泛,也可以提升和扩大城市政府的影响力和美誉度,从而改变政治空间的格局;而一些大事件如奥运会、世博会等对于节约能源、维护生态和保护环境等主题不遗余力地进行宣传,也会影响城市乃至全球的生态空间的发展演化。因此,大事件营销对于城市非物质空间的发展演化具有潜移默化的特点,其通过非物质空间效应的产生促进了城市物质空间的发展演变。

第7章参考文献

陈元欣,黄爱峰,王健,2007.综合性大型体育赛事场馆设施的外部性[J].上海体育学院学报,31(1):30-34,43.

段进,2006.城市空间发展论[M].2版.南京:江苏科学技术出版社.

顾朝林,甄峰,张京祥,2000.集聚与扩散——城市空间结构新论[M].南京:东南大学出版社.

黄海燕,张林,李南筑,2007.大型体育赛事的正外部性及其内在化途径[J].上海体育学院学报,31(1):23-29.

毛蒋兴,闫小培,2005.城市交通系统对土地利用的影响作用研究——以广州为例[J].地理科学,25(3):353-360.

王璐,2011.重大节事影响下的城市形态研究[M].北京:中国建筑工业出版社.

张庭伟,2001.1990年代中国城市空间结构的变化及其动力机制[J].城市规划,25(7):7-14.

张晓平,刘卫东,2003.开发区与我国城市空间结构演进及其动力机制[J].地理科学,23(2):142-149.

张学良,2006.世博会与区域经济发展的互动关系研究[J].世界经济研究(4):11-16.

张振龙,2010.城市空间增长研究——以南京都市区为例[D].南京:南京大学.

ESSEX S, CHALKLEY B, 2002. The changing infrastructural implications of the winter Olympics, 1924-2002[Z]. [S.l.]: The Bollettino della Società Geografica Italiana.

INDOVINA F, 1999. Os grandes eventos ea cidade occasional[Z]. Lisbon: Bizancio.

MATOS P, 2006. Hosting mega sports events: a brief assessment of their multidimensional impacts[R]. Copenhagen: The Copenhagen Conference on the Economic and

Social Impacts of Hosting Mega Sport Events.

Metropolis Commission, 2002. The impact of major events on the development of large cilites[Z].[S.l.]:Metropolis Commission.

SPARROW M G, SYME B, SHAW M F, et al, 1989. A tourism planning model of hallmark events,in the planning and evaluation of hallmark events[M]. Aldershot: Avebury.

第 7 章图表来源

图 7-1 源自:段进,2006.城市空间发展论[M].2 版.南京:江苏科学技术出版社.

图 7-2 源自:笔者绘制.

图 7-3 源自:彭涛,2008.大型体育赛事对城市空间发展的影响研究——以广州为例[D].广州:中山大学.

图 7-4、图 7-5 源自:笔者绘制.

表 7-1 源自:笔者绘制.

表 7-2 源自:BRUNET F, 1995. An economic analysis of the Barcelona '92 Olympic Games: resources, financing and impact[R]. Barcelona: Universitat Autonoma de Barcelona.

表 7-3 源自:张学良,2006.世博会与区域经济发展的互动关系研究[J].世界经济研究(4):11-16.

表 7-4 源自:央视网.

8 大事件营销的空间效应特征

8.1 大事件准备阶段的空间效应特征

大事件引发了非常规的内外部需求和经济预期,从而为具有超前性的城市建设提供了重要机遇。尤其是在大事件的准备阶段,大事件迅速启动的大型场馆设施、交通基础设施和土地开发等一系列工程建设活动,都会直接或间接地给城市空间发展带来显著的影响。

8.1.1 物质空间效应

1) 积极效应

(1) 启动或催化城市局部地区土地利用与开发,迅速改善其功能配置和景观品质

大事件相关的巨型设施建设往往具有一定的科技文化内涵,能够迅速、直接地产生新的城市景观节点,从而带动周边地区的开发,促使附近区域成为城市新的标志性景观区。如以"滨水空间+文化氛围+历史传承+世博记忆"为特色的上海世博会场馆设施建设,在黄浦江两岸增添了一处富有活力和生机的滨江岸线景观。它保留了若干处具有历史记忆的区域,通过城市空间体系的梳理,其成为世博会周边地区重要的城市公共活动节点,从而使城市记忆有效地与人的公共活动发生联系,强化了本地区的地域特征。这不仅创造了宜人的亲水空间和公共活动空间,还完善、缝合了黄浦江两岸的城市功能,弥补了该地区在公共活动设施配套方面的不足,推动了黄浦江两岸滨水区成为上海一条重要的城市景观轴线及生态走廊(图 8-1)。

因此,符合城市空间发展趋势的大事件,往往能够促进合理的地区功能塑造。通过对城市局部地区功能的改善,大事件能够激活周边地块的价值提升并产生连锁反应,从而对周边地区的发展形成显著的触媒作用。这一过程不仅以类似裂变的方式为周边地区带来大量的发展机遇,同时也能通过促进地区功能的完善和城市结构的整合,为城市的长期繁荣发展提供持续强大的推动力。

 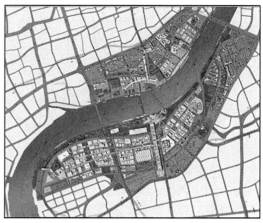

图 8-1　2010 年上海世博会景观规划示意图

（2）提速建设大规模、超标准的公共服务与基础配套设施，加快了城市空间的扩张

随着经济全球化的发展和科技生产力水平的提高，大事件对于举办城市的配套设施要求日益苛刻。以奥运会为例，根据《2016 年奥运会申办手册》，夏季奥林匹克运动会（简称夏奥会）的举办城市必须提供的设施包括：为 28 个大类的 300 多项比赛提供 40 个左右的正式比赛场馆和近百个配套训练场地；为超过 1.5 万名参赛人员提供多功能的奥运村；为至少 1.5 万名媒体记者提供信息和广播中心以及记者村；为世界各大体育组织和普通观众提供至少 4 万套旅馆住房。此外，还要保证城市在交通、能源、通信、后勤和娱乐设施上有足够的容量来满足多达 10 万名的奥运会观光客的需求。这对于任何一个城市的设施基础而言都是一个巨大的挑战。因此，为了满足大事件运行期间巨大的人流、物流和信息流等流动空间需求，多数举办大事件的城市都需要进行大规模的公共服务与基础设施建设或更新，包括城市道路交通系统、电力系统、给排水系统、通信系统以及各类公共服务设施等。在确保大事件顺利举办的同时，也超前完成了城市的公共服务与基础配套设施建设的任务，从而提升了城市未来发展的物质基础和能级。

例如，1992 年巴塞罗那奥运会引发了大规模的城市基础设施和环境建设。以 1989 年的数据为基数，1992 年巴塞罗那的道路长度增加了 15%，排污系统增加了 17%，绿地和海滨浴场面积增加了 78%，池塘和喷水池数量增加了 268%；新的道路网使城市机动车的日流量由 59 万辆增至 90 万辆，交通十分畅通；扩建了机场，使旅客流量由每年的 600 万人增加到 1 200 万人，新增设 31 km 的地下管线，绿化面积由 400 hm² 增至 750 hm²，还建设了 268 m 高的电视塔及大量的通信设施等（彭涛，2008）。而 2004 年雅典奥运会在交通设施方面也进行了大规模投资，超过 210 km

的城市环路和高速公路、25 km 的轻轨以及 2 条新的地铁线路建成或改造,投资 14 亿美元的新机场在 2001 年投入使用,每年客运量达到 1 600 万人次。据广州市社会科学院亚运会课题组测算,在 2005—2010 年的 5 年间,广州仅基础设施投资就达 2 000 亿元,其中约 1 100 亿元用于地铁建设,其余 900 亿元用于建设市政道路、城市主干道以及新白云国际机场改造等。此外,广州还投入 140 多亿元用于"扮新扮靓",从 2009 年开始广州以每天 1 亿元的投资速度进行河道整治,总共投入 486.15 亿元,确保了亚运会前城市水环境的根本好转。至 2010 年亚运会前,广州建成轨道交通 235 km,共有 8 条轨道交通线路,可承担年客运量约 10 亿人次。2009 年年末,广州地铁线路总里程数为 147 km,一共有 8 条线路;2015 年,地铁线路总里程数为 260 km,增加了 1 条线路;2019 年年末,地铁线路总里程数突破 500 km,共开通了 14 条线路。

2010 年上海世博会的举办更为典型,具体表现为:①轨道交通建设规模扩大。在国家加强宏观调控的背景下,国家发展和改革委员会连续批复了作为世博会配套基础设施工程的上海市总共 7 条地铁线的建设,其中直达世博会园区的共 5 条线路。②城市道路和公路干道密度提高。2007 年 3 月上海市政府决定在"十一五"计划之外,新增加 37 条城市交通作为世博会配套道路项目,2010 年中心城建成"二环十射"快速骨架网,在中心城范围内干道系统的苏州河桥梁全部建成,与江浙两省的联系通道、高速公路达到 10 处。③综合交通枢纽建设。建设完成现今世界规模最大的虹桥综合交通枢纽。④完善公共交通系统。上海以世博会配套项目的名义新建了 60 座公共交通枢纽,建成了覆盖中心城区的快速路交通信息采集、发布系统。因此,上海以世博会的举办为契机,在对原有城市总体规划进行调整的基础上,加速了公共服务与基础配套设施的建设,从而有力推动了上海城市空间的功能提升和优化发展(图 8-2)。

 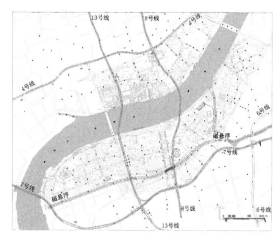

图 8-2　2010 年上海世博会主要道路与轨道交通建设示意图

（3）带动新区或新城建设，快速拓展城市功能布局和规模并拉开城市整体空间框架

随着城市化发展速度的加快，城市政府纷纷在城市外围建设新区或新城来满足城市空间拓展的迫切需求。由于新区发展基础薄弱，城市政府往往热衷于利用大事件的契机，有意识地引导市场力量进入待开发区域，从而促进了城市空间的向外拓展和城市化的地域推进过程。特别是大事件带来的交通系统升级提升了城市空间的可达性，给城市带来了更大的通勤范围，使得城市建成区的范围得以不断突破原有城市边界而延伸到更远的地方，这在一定程度上促进了城市规模的不断扩张和城市空间多中心结构的形成。

例如1980年的莫斯科奥运会，其各项建设是和城市9个分区的发展结合起来考虑的，这促进了城市多中心布局的形成，并成为莫斯科城市总体规划发展的一个重要阶段；1986年温哥华世博会在场馆设置时，加拿大国家馆与主会场分别在城市两端设置，这预示着政府对整个城市的再开发所制订的计划是全局性的；1999年昆明世园会使城市道路和市政设施从市区延伸到原本偏僻的城市北部，这一地区迅速成为昆明市发展最快的地区。

再如六运会对广州城市空间规模的影响是显著的，这种影响是由六运会所引发的城市建设活动引起的。六运会前后广州城市建成区规模的增长曲线反映了六运会所引发的城市建设活动与城市空间规模变化的联系，是六运会对城市空间发展影响的直接体现（图8-3）。通过将1982年和1991年的城市用地现状图进行对比，可以看到六运会前后广州城市空间发展最显著的态势是向东扩展。这与六运会促进了天河体育中心和周边地区开发以及交通基础设施的建设有重要的联系。六运会的举办带来的场馆和基础设施建设推动了天河地区的发展，现在天河地区已经发展成为成熟的广州城市中心区，其推动了广州城市功能从老城向外疏散的进程。

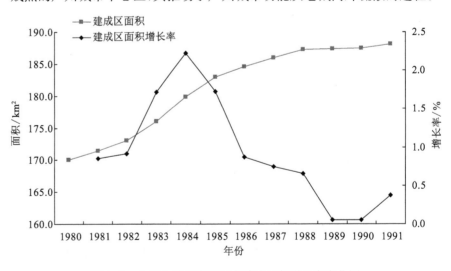

图8-3 六运会前后广州城市建成区年增长率变化图

而2000年番禺和花都撤市设区,广州随之制定了《广州城市发展总体战略规划》,并确定城市的主要发展方向为"南拓、北优、东进、西联"。其后的2001年九运会的主会场选址于黄村,这不仅在一定程度上促进了奥体新城的建设和发展,而且实现了广州城市空间结构形态的第二次"东进"。同一时期为广交会建设的琶洲国际会展中心,带动琶洲岛开发建设的同时,也促进了广州城市空间结构形态的"南拓"。两次大事件的选址建设,实际上都成为广州城市空间结构发展的新引擎,指引着广州新一轮的城市空间发展。2010年亚运会的成功申办又为广州城市整体空间结构的调整与完善提供了契机。为了利用亚运会构筑城市新功能区,亚运会设施建设采用了"多中心"的布局模式,为亚运会新建的11处场馆设施主要以远郊型为主,并以建设新区的方式向东、向南继续拓展城市空间,从而形成了"两心四城"的亚运会重点发展地区空间格局:"两心"是指"天河新城市中心"和"广州新城中心","四城"主要是指奥体新城、大学城、白云新城和花地新城。另外,借助举办亚运会的契机,还促进了"广佛都市圈"等珠三角区域中心城市圈的良性整合(图8-4、图8-5)。

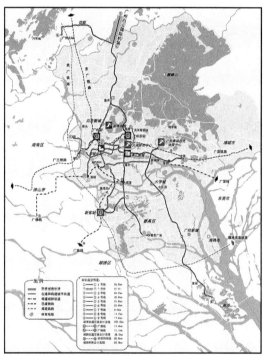

图8-4 2010年广州亚运会主要场馆和基础设施布局图

(4) 加快完成城市旧区改造与城市更新,修复城市肌理、改善城市内部功能布局

城市旧区的更新改造问题一直困扰着许多城市的发展,如果没有大的外力冲击,旧区改造是很难完成的。因此,很多城市有意识地抓住大事件

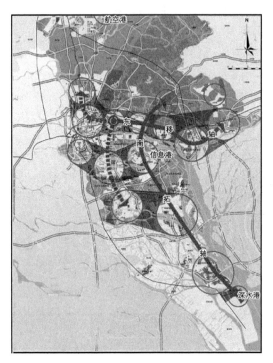 

图 8-5　2010 年广州亚运会"两心四城"规划图

的契机将相关资源汇聚在一起,来促进城市旧区的更新改造或再开发,从而为地区的再发展注入新的活力。大事件与城市旧区改造结合有两种不同的方式,即复兴衰落地区或延续地区发展,其实质都是通过大事件促进城市旧区的重构与更新,既有利于对原有城市空间格局进行梳理和调整,将人口和经济活动引向内城以促进城市衰落地区的复兴;同时,也赋予了城市新的文化内涵和空间特征,提高了城市建设密度,并由此来抑制城市郊区化和无序蔓延。

  处于旧城区的大事件建设可以通过场地及周边地区的土地利用调整来推动城市更新进程,促使城市局部地区的景观面貌得到迅速改善。例如,可以通过"退二进三"实现老城区的工业企业不断向郊外工业园区迁移,旧城区工业和居住混杂的状况因此得以改善,或者通过大事件对老城内破败的居住区进行大规模改造以迅速改善城市的面貌。此外,为了提升城市形象和开发城市历史文化资源,地方政府往往结合大事件的举办对旧城区、老建筑进行景观改造,增加绿地广场、步行街、滨水休闲区等城市再开发项目,修复城市空间发展的肌理,这对于改善城市面貌、提升市民生活质量都起到了积极作用。如举办奥运会成为推动北京旧城改造的良好契机,奥运会准备阶段北京市规划委员会公布了《北京市"十一五"期间历史文化名城保护规划》。改造的内容包括调整交通模式,提倡地铁与公共交通,将人口迁出以降低旧城人口压力,限制大型商业、办公等产业,鼓励适合旧城保护的文化产业等。改造完成后的旧城将继续保留富有中国传统文化的建筑景观,并在旧城功能上进行调整,旧城区将严格控制破坏旧城区风貌的产业及建设发展,保持旧城街道胡同里巷格局,使之成为北京的传统文化核心(图8-6)。

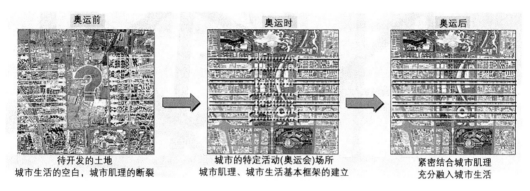

图8-6 北京奥运公园修复城市肌理示意图

例如,广州为了迎接九运会进行了大规模的环境整治活动,从拆除违章建筑、修建城市轨道、增加城市绿化等方面改善市容市貌。1998—2001年,广州对老八区违章建筑的整治力度明显加大,共拆除违章建筑13 560宗,建筑面积总计2 155 530 m²(表8-1)。同时,广州的轨道交通建设也如火如荼,地铁2号线的土建工程进展顺利,地铁3号线在2001年年底已经进行试运行通车。在城市绿化方面,广州市政府提出"三年新增600 hm² 城市公共绿地"的目标,增补城市公园绿地供市民休闲娱乐,在改善旧城区景观面貌的同时提高了城市公共服务设施的供给能力。

表8-1 1998—2001年广州老八区清拆违章建筑统计一览表

行政区	清拆违章建筑数量/宗	清拆违章建筑面积/m²
越秀区	1 213	42 358.0
东山区	2 310	91 385.5
海珠区	1 591	63 642.2
荔湾区	736	18 841.3
芳村区	32	41 597.0
天河区	2 239	635 859.0
白云区	3 599	718 847.0
黄埔区	1 840	543 000.0
合计	13 560	2 155 530.0

再如上海借助世博会的举办完成了上海自新中国成立以来最大的单个拆迁项目,其会场选址在黄浦江两岸的江南造船厂、浦东钢铁厂等污染

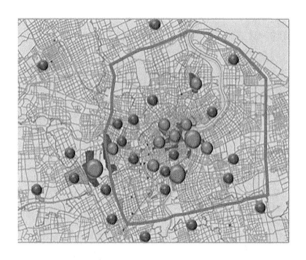

图 8-7　上海商务中心区规划图

较严重的工厂区,是上海市中心最主要的污染源。上海世博会场馆设施的建设不仅促进了黄浦江两岸的功能转型升级,还从修复城市肌理的角度,将其同场地周边的上海老城厢历史风貌区、外滩及陆家嘴金融贸易区整合在一起,从而共同勾画出了上海城市空间的发展轨迹,也为世博会增添了丰富的文化内涵。另外,上海世博会的举办还促进了城市内部空间功能的优化布局。比如江南造船厂、浦东钢铁厂按照上海产业规划搬迁到上海的长兴等工业集聚区,不仅实现了自身产能的提高,也促进了上海产业布局的优化(图8-7、图 8-8)。

(5)容易达成各方共识推进建设速度,并通过获取国家特殊政策与外部发展资源加快空间发展

大事件由于具有改善城市形象、提升城市美誉度并能吸引外部资本的重要作用,因此,为其进行必要的设施建设也容易得到国家、地方政府以及主办地市民的支持。因此,大事件往往成为城市政府开展超常规模建设的"借口",并总能得到上级政府乃至国家的政策支持,甚至可以获得国家的直接投资。因此,大事件的举办不仅给予了城市政府突破国家宏观控制政策的机会,而且还可以利用大事件的巨大影响力吸引外来投资,从而积聚大量城

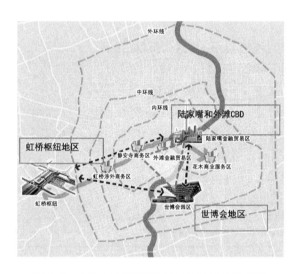

图 8-8　上海"3+X"现代服务业发展的新格局

市空间跨越发展所急需的外部资源。

大事件也为建设过程中的各利益主体矛盾协调提供了谈判平台,给大家设置了一个必须坚守的时间节点。在此前提之下,较容易使各方在利益分配上达成一致,从而使大事件的各项建设能够如期完成。例如 2010 年上海世博会,由于选址所在的江南造船厂和浦东钢铁厂属于央企,其搬迁牵涉的影响面和阻力极大。而世博会的举办为上海城市中心的更新改造树立了明确的时间节点,因而极大地推动了城市旧区改造搬迁的整体推进速度。世博会的拆迁安置基地 10 km² 的建设用地指标也享受到了国家的特殊政策,从而大大加快了上海市的城市空间发展进程(崔宁,2007)。

2) 消极效应

(1) 大事件营销具有明确的时间节点，导致重压之下土地低价出让且利用效率低下

由于大事件具有较高的投资和回报风险性，仅靠政府的公共投入会极大增加政府的财政负担和经济压力。因此，城市政府往往采用 SOD、BOT 等市场运作模式，通过引入市场力量跟进开发大事件设施周边土地，来获得土地出让金等财政收入以平衡大事件建设的巨额公共投入。但是，如果政府出于短期的政治目的，可能会在违背市场规律的情况下进行大事件设施的选址和建设等工作。在大事件的开发过程中，市场的反应可能并不活跃，从而会给城市政府以巨大的资金和时间压力。在这种市场观望背景下，城市政府往往为了推动大事件有条不紊地按计划进行，选择牺牲城市的长远发展利益，可能会低价出让土地或者违背原有城市规划随意改变土地利用的性质和开发强度，从而导致城市空间发展的不可持续问题（图8-9）。

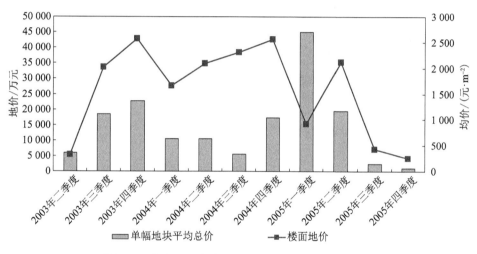

图 8-9　南京十运会前河西地区土地出让价格示意图

(2) 大事件营销具有偶然性和突发性，导致对城市空间发展与城市规划的冲击很大

大事件是否举办及其类型均很难提前进行准确预测，它是对城市十分重要但又无法确定的突发动力，而城市空间发展却有自身的客观规律可循，其总体规划也具有不可随意更改的法律效力。因此，大事件的申办成功往往会"牵一发而动全身"，给城市的空间发展造成巨大的冲击和矛盾，进而影响城市规划特别是总体规划的调整。大事件的时间紧迫性和城市总体规划调整的周期性矛盾，使得大事件的建设往往可以"特事特办"，并直接受到城市政府的强力干预。因此，这很有可能造成大事件的相关建设违背城市空间发展的长远战略，并导致城市无序蔓延、生态环境污染和历史文化资源破坏等问题。

8.1.2 非物质空间效应

1) 积极效应

大事件的各项建设和投资基本都是在准备阶段进行的,在该阶段大事件相关投入的规模最为巨大,对城市的经济、社会、文化等空间发展要素的影响也最为明显,因此大事件在城市的经济空间、社会空间等方面均产生了深刻的影响。

(1) 促进城市经济的升级转型,形成城市的优势产业链空间集聚

大事件带来的巨额投资往往形成城市经济增长的"乘数效应",并拉动城市经济总量的大幅提升(表8-2,图8-10)。虽然大事件的类型和举办周期不同,但都能对主要相关产业产生明显的影响:一方面,通过大事件的机遇扩大了政府财政投入,直接拉动经济增长;另一方面,通过大事件提供的巨大需求和溢出效应,对城市的建筑业、旅游业、会展业和房地产业的发展和空间集聚产生重要影响,不仅能够在短期内提升行业竞争力,而且还能够提供大量的就业机会。

表8-2 北京奥运会总体投资项目

赛事组织费用	奥运会的组织	包括开幕式、表演、招待会的礼仪,比赛用品及工作人员服装支出,文化宣传,售票计划,奥运村日用设备等
	技术服务和接待	包括通信网络、交通运输、水电能源、来宾住宿、室内交通、饮食服务等
	行政管理	包括人员培训、工作补贴以及其他有关的管理
场馆和赛事服务配套设施建设		体育场馆建筑、改造和配套设备费,奥运村建筑费,新闻中心建设和部分设备费用
城市基础设施建设与环境改造		机场扩建费,道路、交通、停车场新建及扩充费,供变电系统增容费,供水网络改造费,电信、传真、电视上下行电路等增容费,旅馆、饭店等服务设施建设费,环境与旧城改造费

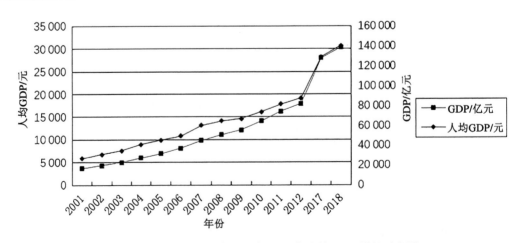

图8-10 2001—2018年北京市GDP与人均GDP增长示意图

大事件对房地产业的促进作用就比较突出,主要表现为两个方面:一是大事件能拉动主办城市房地产价格和短期出租需求的上涨;二是大事件能促进主办城市城市更新步伐,形成新的房地产热点区域。例如,广交会对广州琶洲周边的楼市板块,如海珠区东部、天河区珠江新城、番禺区华南板块具有辐射带动作用,并直接促进附近酒店和写字楼的大量兴建,显现了广交会对房地产业的巨大影响力(王璐,2011)。而在1992年巴塞罗那奥运会举办前三年,巴塞罗那奥运村周边地区的住宅开发量增加了23%,使这一地区在城市更新的过程中快速发展为环境优美的城市社区,形成城市经济新的增长点。

再如1999年昆明世园会,在其影响下的昆明城市空间的演化特征表现为在大事件准备阶段城市空间投资形成高峰期,物质空间重构相对提前,与西部城市平均水平相比,昆明的城市空间投资表现出明显的超前性,而这种超前性构成了世园会影响期内昆明物质空间演化的基本特征,其引导昆明城市空间进入轴向生长期,东北、西南片区得到快速增长(表8-3,图8-11至图8-13)。

表8-3　昆明与西部地区城市房地产开发投资累计比重演变情况

年份	西部	西部省会	省内城市	昆明
1996	0.05	0.06	0.04	0.06
1997	0.11	0.13	0.09	0.13
1998	0.18	0.20	0.18	0.25
1999	0.28	0.29	0.30	0.41
2000	0.39	0.42	0.41	0.55
2001	0.55	0.58	0.54	0.70
2002	0.74	0.77	0.71	0.85
2003	1.00	1.00	1.00	1.00

另外,大事件还能够完善城市的综合服务功能,营造各类国际性经济实体进驻的软环境,从而促进城市的转型升级和国际化发展。如1992年塞维利亚世博会通过大规模的公共投资,提升了塞维利亚和安达卢西亚区域的交通和市政基础设施水平,增加了就业岗位。世博会后75%以上的建筑被保留下来,形成以科研机构、文化交流中心和大学等机构为主体的科技园,从而使城市的功能结构布局更加合理。

(2)推进制度改革与创新,大幅提升城市的管理、规划和建设水平

大事件通过提高城市政府的协调组织能力、塑造更加开放的环境等来营造城市制度环境。大事件受世界瞩目的重要性使其对城市规划和建设

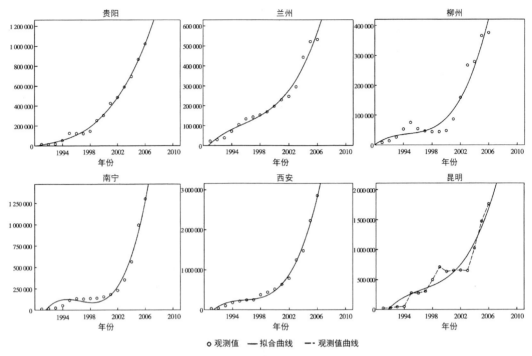

图 8-11　昆明与西部大城市基础设施投资强度分布比较图

注：纵轴数据单位为万元。

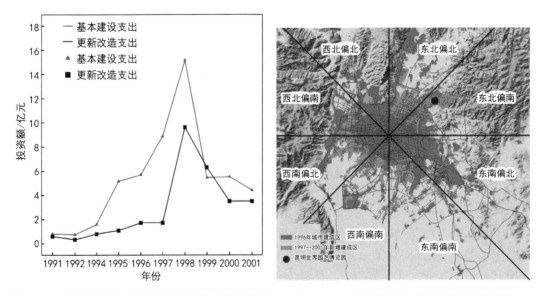

图 8-12　昆明城市基本建设和更新改造投资演变图　　图 8-13　1996 年/2001 年昆明空间扩展图

等都提出了更高的要求，也对城市的管理和运行机制产生了深刻的影响。大事件在管理主体上强化了"以人为本"的理念，促进了政府对城市各种主体的整合，推动了城市管理的社会化。一方面，在市场经济和民主政治的背景下，政府在组织大事件方面需要多方面的支持，特别是需要上级政府和企业的支持;另一方面,通过大事件组织还可以强化各级政府之间的协作。当然,在争取上级政府和企业支持的同时,也需要发动本地居民的力量,使公众参与作为一种新的管理模式开始进入城市的管理过程中,以保证一些公共政策的推行和公共预算的通过。比如奥运会的举办在一定程度上推动了北京城市管理制度的改革和创新,如奥运会的赛事运行、志愿者的组织与管理、奥运城市的运行实践与信息化建设等,都对北京城市的管理理念、管理模式和管理手段的创新起到了重要的推动作用(图 8-14)。

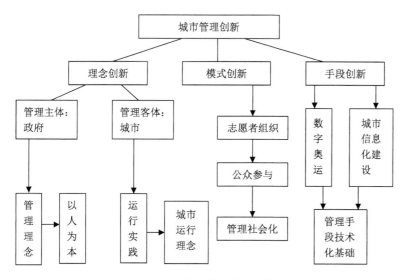

图 8-14 奥运会推动城市管理创新示意图

因此,通过大事件带来的城市治理方式的临时变化,很可能因为大事件的成功举办而获得广泛认同,一些短期性、试验性的特殊政策和制度安排很有可能固定下来,从而可以实现城市发展制度的改革。而为了应对大事件带来的短暂且巨大的冲击,城市规划的设计和管理模式都亟须改进,必须改变过去静态的规划模式和习惯,而应以动态的规划手段来适应大事件带来的突发动力。这在大事件相关设施的建设领域更是如此,特别是大事件的国际化水准往往是城市政府所渴望的,"超越以往任何 届""办一次最好的"的潜在目标在地方政府主要官员的脑海中总是不断浮现,这也为城市的规划与管理提出了争创国际一流的目标和压力。因此,通过大事件可以促进相关规划和建设在项目招投标、设计理念、表达手段、参与团队和项目经验等方面达到国际化先进水准。

(3) 树立保护环境的可持续发展理念,维护城市生态空间的健康发展

从 1992 年里约热内卢联合国环境与发展大会开始,可持续发展的理念就不断通过大事件这种全球平台向外宣传。如 1994 年"环境"被采纳为奥林匹克精神的"第三支柱",悉尼在筹备奥运会期间,就突出了保护生态环境的主题,对霍姆布什地区(主会场及奥运村所在地)的开发建设十分注

意保持生态。将东侧 40 hm² 的垃圾堆放场、沼泽地改造成绿地,并将原有分散的垃圾场通过填埋固化和培土改造成绿地,营造一个良好的生态环境。在环保技术上也采用了高科技和当代技术,从而很好地在全球范围内树立了保护环境、节约能源的榜样。

北京在奥运会申办成功以后,也开始进行大规模的城市环境整治,全力以赴筹办绿色奥运。在 2008 年的前 5 年关停、搬迁了 150 多家北京老厂,其中尤以首钢的搬迁影响最大,首钢工业区搬迁调整后成为城市西部综合服务中心和后工业文化创意产业区,承载起行政办公商务区、工业文化遗产保护、工业主题游览、休闲旅游等特色服务功能,并结合石景山区打造"首都文化娱乐休闲区"(CRD),重点发展现代服务业(王章攀,2009)。因此,大事件对城市空间功能的置换作用十分明显,不仅改善了城市的环境和形象,也为城市的产业升级和结构转换带来了难得的机遇(表 8-4)。

表 8-4 北京市民关于奥运会对城市环境影响的感受

分类	2007 年		2004 年		2007 年比 2004 年
	人数/人	百分比/%	人数/人	百分比/%	百分比增加/%
空气质量					
有很大改善	259	12.8	180	8.0	4.8
有较大改善	1 447	71.5	1 643	72.5	−1.0
没有变化	263	13.0	386	17.0	−4.0
变得更差	54	2.7	56	2.5	0.2
合计	2 023	100.0	2 265	100.0	—
交通状况					
有很大改善	229	11.3	76	3.4	7.9
有较大改善	1 227	60.3	852	37.6	22.7
没有变化	362	17.8	806	35.6	−17.8
变得更差	216	10.6	531	23.4	−12.8
合计	2 034	100.0	2 265	100.0	—
道路设施					
有很大改善	353	17.4	187	8.3	9.1
有较大改善	1 527	75.4	1 525	67.3	8.1
没有变化	107	5.3	438	19.3	−14.0
变得更差	39	1.9	115	5.1	−3.2
合计	2 026	100.0	2 265	100.0	—

续表 8-4

分类	2007年		2004年		2007年比2004年
	人数/人	百分比/%	人数/人	百分比/%	百分比增加/%
城市卫生					
有很大改善	306	15.0	144	6.3	8.7
有较大改善	1 549	76.2	1 553	68.6	7.6
没有变化	144	7.1	501	22.1	−15.0
变得更差	35	1.7	67	3.0	−1.3
合计	2 034	100.0	2 265	100.0	—
服务态度					
有很大改善	182	9.0	77	3.4	5.6
有较大改善	1 611	79.2	1 200	53.0	26.2
没有变化	225	11.0	936	41.3	−30.3
变得更差	16	0.8	52	2.3	−1.5
合计	2 034	100.0	2 265	100.0	—
市民素质					
有很大改善	179	8.8	74	3.3	5.5
有较大改善	1 566	77.1	1 181	52.1	25.0
没有变化	262	12.9	944	41.7	−28.8
变得更差	25	1.2	66	2.9	−1.7
合计	2 032	100.0	2 265	100.0	—

2) 消极效应

（1）大事件营销具有资源有限性，导致城市之间进行重复建设与恶性竞争

大事件在全球范围都是一种稀缺的资源，因此为了争夺大事件的举办权也引起了越来越激烈的城市竞争，导致现在除了大事件的运行过程很受瞩目外，大事件扣人心弦的申办过程也很受媒体的关注。作为城市的主导者，有些城市政府将大事件视为解决城市发展问题的灵丹妙药，为了确保大事件的申办成功不惜牺牲城市的长远利益：一方面，不计代价超前进行城市的各项公共设施和交通基础设施等标志性工程建设，为申办打下基础；另一方面，不惜擅自改变城市规划，以大事件的成功举办为城市发展的核心目标，制定更受评委推崇而不是本地居民欢迎的申办方案，从而在导致城市之间重复建设和恶性竞争的同时，也损害了城市其他主体的利益。另外，从经济收益来看，目前大事件还缺少有效的、稳定的投资回报模式，有时会产生"负收益"。最突出的例子是1976年的蒙特利尔奥运会，其总

投资为15.96亿美元,但最后却给这个城市带来了高达9.9亿美元的负债,被后人称作奥运会的"蒙特利尔陷阱"。而在2008年北京奥运会中,周干峙、吴良镛等专家们一致认为,部分奥运工程存在严重的"崇洋奢华"现象,"片面营造视觉冲击",极大地提高了工程造价。其中尤以"鸟巢"为甚,其初期预算为38.9亿元,用钢量高达13.6万t,建筑的稳定性和安全性也难以保证,实属不必要的巨大浪费和冒险。而且北京奥运会多项工程的设计方案可行性论证审查放在了方案选定之后,这完全违背了科学理论的基本建筑原则。因此,从城市可持续发展的角度来说,大事件准备阶段的集中建设,既要考虑大事件举办的需求,也要考虑城市的容量,否则将会给城市未来发展带来沉重的负担。

(2) 推动城市社会空间重构,加速城市绅士化和社会空间分异进程

大事件对城市社会空间具有重塑作用,可能引起大规模的人口迁移,瞬间破坏原有的社会肌理。每一次大事件都将催生新的"受益群体"和"受损群体"。"受益群体"多为积极参与大事件的组织机构和投资团体,资讯灵通的城市投资者和少部分居住、就业、通勤等与大事件相关的"城市精英"。"受损群体"则多为生活或工作空间与大事件建设空间相重叠而被迫迁居的"弱势群体"。

同时,大事件的举办也有可能加剧城市贫困问题。如1976年蒙特利尔奥运会虽然将主赛场蒙特利尔奥林匹克公园建成了漂亮的体育公园,但此后该地区土地价格和房屋租金出现了大幅度的提高,周边地区原本由大量移民占据的社区逐渐被中产阶级居住区所取代,从而快速完成了绅士化进程。因此,大事件对城市社会结构的影响巨大,其可能会导致城市贫困问题的加剧,并加速城市社会阶层的分化和居住空间的分异进程。

(3) 导致城市文脉的断裂、城市特色的丧失等问题

有些城市利用大事件的机遇对城市进行盲目的大规模改造,期望以一个国际化的城市形象吸引更多的外部资金和技术支持。而忽视了城市自身的文化传统和城市特色,破坏了城市原有的景观风貌和人文气息,其被人们广泛认可的地域特征也不复存在,这样不仅难以达到提升城市形象的效果,而且破坏了城市既有的内生发展资源。

(4) 大事件可能被政府利用作为违规项目的挡箭牌,从而影响城市公共利益

尽管大事件可以在一定程度上突破国家有关政策和制度的瓶颈,来获得更为宽松的发展环境,但是由于缺乏特定制度的约束,在大事件的具体实践过程中容易存在较大的制度阴影区,即主办者在大事件的运作中可能存在一定的"暗箱操作"过程,进而影响到城市的公共利益。尤其是在一些项目以大事件为名规避日常较为严格的环境影响评价、规划审批以及法律规范等,从而可能影响社会公众的利益。另外,在大事件的相关建设中,城市政府往往以大事件的成功举办为第一要务,更乐于追逐其政治目标,而

忽略了维护城市公共利益的首要职责。尤其是城市政府对局部地区的公共投入加大,往往是与城市大部分地区的公共投入减少相伴的,这可能会进一步导致城市内部设施配套水平的空间差异加大,从而影响城市的整体发展。

8.2 大事件运行阶段的空间效应特征

在大事件运行阶段,城市主要的相关配套设施建设基本结束,大事件迅速转入流动要素的空间管理和公共服务中来,相对于准备阶段的硬环境建设,这一阶段主要为软环境建设,其空间效应也多体现出了这一阶段的主要特点。

8.2.1 物质空间效应

1)积极效应
(1)吸引大量流动要素、提升城市的流动空间服务建设水平

大事件运行阶段吸引了全世界大量流动要素的集中涌入,这对城市流动空间的承载力提出了较高的要求。城市通过对流动要素的承接与转换,抓住大事件短暂的运行期不断通过城市信息化的软硬条件建设扩大城市的影响力。如2001年九运会除了以广州为中心赛区,还包括广州以外的14个赛区,赛区之间距离有的接近1 000 km,为了保证各个赛区之间的运作与管理,在15个赛区建立了由1 000 MB/s的高速宽带光纤传输网组成的"信息高速公路"。

首都国际机场的扩建也是为了满足大事件带来的流动空间增长需求,北京借助奥运会将其扩建为与世界联系的重要航空枢纽。北京市政府为了积极应对2008年北京奥运会,在首都国际机场新增了1条跑道,将航站楼也扩容到60万 m^2(包括新建T3航站楼,改建1号航站楼)。其结果使得首都国际机场的年旅客吞吐量增加了37%,达到4 800万人次,年货邮量也增加了68%,达到130万 t的水平。截至2008年,首都国际机场一共拥有120个客机停机坪位数,6个货机停机坪位数及71个其他停机坪位数。

(2)形成大事件的城市合作机制、推进城市联盟的形成与城市群的联动发展

随着大事件规模的日益壮大,其举办早已不再局限在一个城市,而是广泛依托周边区域,加强城市之间多方位的联系,以分担大事件举办的压力,共享大事件带来的机遇。这也使得大事件的影响辐射范围扩大到以举办城市为中心的城市群,并促进了城市协作与联盟的形成(图8-15)。如每年两届的广交会不仅极大地带动了广州城市的空间发展,而且随着广交会经济效应渗透至东莞、佛山、中山等珠三角城市,也使其出现了明显的空间集聚与扩散效应,并且在区域层面形成了以大事件为纽带的城市联盟。

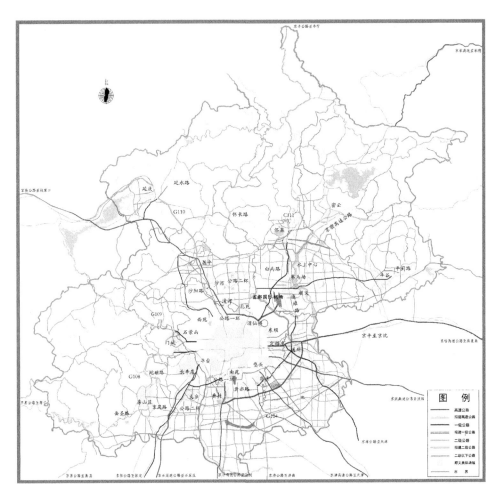

图 8-15 奥运行动规划——公路网建设规划图

2010年上海世博会的举办对于以上海为中心的长三角城市群整体发展而言也是一个重要机遇。其对长三角城市群的空间形态演变产生了重要影响：①世博会的产业发展要素溢出。世博会带动了上海周边城市的旅游休闲、建筑、房地产以及酒店业的发展。比如上海世博会超过7 000万人次的参观者，成为世博会期间长三角其他城市旅游部门竞相争夺的资源。②世博会的区域城市间深层次合作。长三角区域城市间一直有着产业协同发展的传统，世博会的举办加深了长三角城市的传统合作关系，并开拓了在科技创新、先进制造等新领域进行合作的机制。③区域城市功能协调发展布局。世博会促进了长三角区域城市功能格局的重构，强化了区域城市之间的职能分工，从而推动了长三角区域一体化的发展进程（费定等，2006）。

2）消极效应

（1）外来流动性要素剧增，给城市带来了居住、交通、市政和环保等方面的巨大压力

在大事件运行阶段，大量涌入的外部流动性要素将对城市的各项配套

设施带来极大冲击。比如上海世博会在 184 天的时间里,吸引了 240 多个国家参展,共迎来 7 308.44 万人参观,巨大的人流对上海世博会场地周边的交通、市政和环保产生了很重的负荷。特别是考虑大事件后续利用等因素,组织者往往以与大事件的基本要求持平或者略低一些的设施建设标准来应对,很容易造成对流动要素规模和密度的估计不足,从而造成大事件运行时期被动增加的临时建筑、垃圾污水等对城市生态环境和景观肌理的破坏。

(2) 大事件的临时管制措施,可能会带来城市空间发展的短暂休克

大事件营销是展示城市形象、提高城市美誉度的绝佳机会。因此,城市政府往往热衷于在大事件准备阶段,加快各项设施的工程建设进度,缩短工期,不惜对城市空间进行天翻地覆的改造以及对市民正常生活的干扰,来进行大规模的大事件相关场馆、交通、市政设施以及环境景观工程的各项建设,甚至往往还会因为时间紧、任务重造成有关工程质量问题。而在大事件运行期间,城市政府可能会临时进行建设工程的全面管制,暂停在市区范围内的各项建设,以维护大事件营销期间的城市环境形象。比如 2009 年上海发布了《上海市人民代表大会常务委员会关于本市促进和保障世博会筹备和举办工作的决定》,分三个区域对在建工程实施停止施工作业。这三个区域分别为停止建设工程施工作业区域、停止实施桩基施工、基坑开挖区域和停止道路施工作业区域,还包括外环线以内(含外环线)停止公路、城市道路建设工程施工以及其他掘路施工作业。另外,上海还有 12 条高速公路、10 条干线公路、市内的快速路系统和 50 余条主要道路也都在管制范围内,基本涵盖了上海市区,从而导致上海在半年多的时间里城市的各项建设基本陷于停顿。

8.2.2 非物质空间效应

1) 积极效应

(1) 带动旅游等服务性产业的发展、促进城市第三产业空间的合理布局

大事件运行阶段带来的经济影响是以不同强度、非均衡地在城市空间上分布的,其把有限的资源集中到发展潜力大、经济效益明显的少数朝阳产业,强化了城市增长极的能级。并且可以通过各种流动空间将大事件带来的发展能量辐射到区域其他城市,从而形成了大事件带动下的区域产业联动发展的新格局。

在大事件运行阶段,主办城市和国家各种服务性部门的工作量激增。大事件的举办增强了人们在该地进行商业活动的意识、增大了投资潜力,从而也直接促进了海外客源市场的增长,在一定程度上加快了城市旅游、文化和娱乐等服务类行业的发展,暂时缓解了城市失业人口的压力。如在 2010 年上海世博会期间,参观人数达到 7 308.44 万人次,给上海带来直接

的旅游收入超过 800 亿元,世博会期间本市入境游客达到 480 万人,同比增长 49.5%。英国统计局显示 2011 年第二季度,英国经济增长率下降至 0.1%,失业人口达 265 万人,创 16 年新高。在 2012 年伦敦奥运会举办的 7 天时间内,奥运会给伦敦带来 7.5 亿英镑的消费总额,其中海外游客贡献 7.09 亿英镑,与没有举办奥运会同期相比,拉动经济增长 18.5%。维萨(VISA)报告指出,截至 2015 年,英国经济将会从奥运会的消费刺激和间接效应中获得 52 亿英镑的持续效益,这意味着,2013—2015 年,英国经济年平均增长 3.5%。2014 年巴西世界杯给巴西带来 30.3 亿美元的收入,给巴西 50 万人带来就业机会。同样,世博会等大事件对酒店业的整体经济效益提升也很明显(表 8-5)。

表 8-5　2010 年世博会期间上海酒店入住率与 2009 年同期比较

项目	单位	去年同期	世博会期间	同期增长率
市均入住率	%	57.2	79.8	22.6
星级酒店入住率	%	51.5	78.3	26.8
其他酒店入住率	%	58.7	80.2	21.5

(2) 提升城市的人文素质和全球知名度,加快城市乃至国家的国际化进程

大事件为全球提供了一个多元文化交流的平台,媒体的大量宣传可以在很大程度上将其参与者或组织者的实力、创新精神乃至成就展示给全世界。这往往会有助于提高市民素质,提升城市的文明程度,培育新时代的城市精神,从而不断提高城市的知名度和美誉度,树立城市乃至国家的良好形象。而拥有良好形象的城市,不仅能够促进旅游业、商业和房地产业的发展,同时还能不断吸纳稀缺的流动资源,促进城市经济的全面发展。通过大事件的举办可以增强市民的信心,增加公众对政府的信任,从而增强城市的发展合力。大事件还可以引入世界城市管理和运行的严格标准和惯例,比如完善的城市功能、宜居的生活环境以及良好的公共服务等国际规范,从而有助于推动城市同世界城市接轨,促进国际化大都市特征的形成。因此,大事件可以在较短的时间内缩短举办城市与世界城市之间的距离,从而加速城市乃至国家的国际化进程。

(3) 提高城市文化品位、培养市民的归属感和社区精神

文化是城市之魂,更是世界城市形成的重要条件,大事件本身作为一种富有历史、文化内涵的社会活动,其对于城市而言具有重要的文化价值。对于城市进一步密切国内外文化交流与合作,促进文化的传承、发展,具有积极而深远的影响。大事件有利于将举办城市的风土人情、传统文化、城市历史以及现代成就等形象宣传要素向世界进行全方位的展示,因而可以

使其文化影响力得以迅速向全世界扩展。另外,一些主题深刻的大事件也为市民提供了一个宣传自我和取得外界认同的机会,从而有利于培养市民对地方的认同感和社区精神。

因此,大事件在举办过程中,热衷于通过包括设施布局在内的各种手段对外营销城市的历史文化等无形资产。如巴塞罗那为了凸显海滨城市特色,修建了奥林匹克港,吸引了大量游客参观。悉尼尽管历史不长,但也很注重对城市特色的塑造。通过修建奥运会设施,悉尼改造了达令港,使该历史街区成为著名的酒吧和餐厅区。悉尼的游泳馆建在城市的中心港口,看台面对城市最佳景观——海港大桥与悉尼歌剧院,也充分展现了城市特色和文化(易晓峰等,2006)。

(4) 输出政治意图、影响城市乃至世界的政治空间格局

大事件的举办不仅宣传了国家形象,在意识形态方面向世界进行政治意图输出,还可以作为政治宣传平台宣示领土主权,进而影响世界的政治空间格局。某些世博会的举办就存在着宣示主权的政治目的,如1975年日本冲绳世博会,冲绳在19世纪末被日本吞并之前是独立的封建国家"琉球",原是清朝政府的藩属国,"二战"之后被美国军事托管,20世纪60年代美国竟然将其交给日本。日本在此时举办冲绳世博会其潜在政治野心就是向世界公开宣告冲绳是日本领土。另外,1901年美国通过"泛美国际世博会"正式取得了夏威夷的主权,也是一种大事件的政治化行为。

2) 消极效应

(1) 对城市产业的拉动效应并不稳定,且容易造成巨大的经济泡沫

在大事件运行阶段,并不一定能够促进游客的大量增加,比如由于价格暴涨、服务质量下降等原因,导致大事件举办对非参与国的入境旅游者具有一定的"挤出"效应。尤其以观光娱乐为目的的旅游者,对价格的敏感性、时间的相对随意性都导致其容易成为被挤出的群体(马聪玲,2005)(表8-6)。而大事件带来的周边地区房地产投资潮更容易形成投资泡沫,其对城市空间的健康发展危害更大。

表8-6 2014年南京青奥会期间主要旅游指标与2013年比较

指标	2013年	2014年	增长率/%
旅游收入/亿元	1 360.3	1 520.8	11.8
国内旅游收入/亿元	1 317.2	1 470.0	11.6
接待入境旅游人数/万人	51.8	56.6	9.3
出境旅游人数/万人	54.3	67.3	24.0

(2) 恐怖主义事件可能对城市的形象造成恶劣影响

随着全球恐怖主义的蔓延,大事件因为具有巨大的影响力而成为恐怖

袭击的温床。因此,尽管大事件举办城市都无一例外地加强安保的投入和宣传等,但是在大事件的举办过程中,恐怖袭击事件带来的不安全因素也会影响到城市形象。例如,1972年的德国慕尼黑奥运会是当时奥运史上规模最大、耗资最多的盛会,主办这届奥运会的西德政府希望借助此次大事件来重振西德文明国家的形象,但是由于安全防卫工作的疏漏,奥运会期间发生了9名以色列运动员被恐怖分子杀害的严重政治恐怖事件,史称"慕尼黑惨案"。这不仅没有达到改善慕尼黑乃至西德国家形象的根本目的,反而使慕尼黑长期被此次恐怖主义袭击的阴云所笼罩,其国际形象被严重恶化。

8.3 大事件后续阶段的空间效应特征

大事件的后续阶段主要涉及相关设施的后续利用及周边地区的后续开发。其中设施的后续利用涉及大事件结束后其能否顺利进行功能转换并充分有效地为市民服务,从而发挥更长远的空间效应;而周边地区的后续开发,关键在于大事件结束后该区域能否继续加大投入并完善相关设施的建设,以及能否充分利用大事件的外部影响力,积极拓展后续开发的范围和路径。

8.3.1 物质空间效应

1)积极效应
(1)为城市奠定后续发展的物质基础,催熟城市新区或新城功能的形成

大事件在决策初期往往被看成实现城市发展目标的契机和抓手而被融入城市的发展战略与空间规划中。以城市规划为前提和依据进行的大事件选址和相关建设,往往能够符合城市空间发展的态势。在大事件结束之后,其留下的公共服务和基础配套设施将成为新城后续发展的关键支撑,城市政府如果能够按照规划继续完善城市发展的各项要素,将给予市场充分的信心,使短暂的大事件对城市空间的发展起到长远的催化作用,这尤其体现在大事件带动的新区建设能否成为城市空间新的功能中心等方面。

例如广交会展馆位于广州旧城的海珠广场及流花湖地区,正是广交会的大量设施建设及其对城市经济、社会、政治等产生的重要影响,使海珠广场及流花湖地区的城市中心地位在新中国成立之后不断得以凸显和强化;1987年的六运会、2001年的九运会和2010年广州亚运会的举办与城市新区建设结合,使广州城市空间结构得到了必要的调整和发展,也促进了广州城市新空间格局的拓展(王璐,2011)(表8-7)。

表 8-7 广州城市发展与重大节事

重大节事名称	举办年份	建设投资	城市建设
广交会	1957—2001 年	—	形成流花湖地段格局
	2001—2007 年	100 亿元(琶洲国际会展中心总投资)	带动琶洲地区开发
六运会	1987 年	3.1 亿元(体育中心)	建成天河核心区
九运会	2001 年	16.7 亿元(奥体中心);城市建设总投资约为 420 亿元	建成黄村奥体新城以及大量的城市基础设施建设
广州亚运会	2010 年	40 亿元(场馆及亚运村);城市建设总投资为 1 000 亿元	城市整体空间结构形态调整

再如 2000 年悉尼奥运会,其主会场选址在距悉尼城市中心以西 14 km 的霍姆布什湾。20 世纪 90 年代是悉尼准备奥运会的 10 年,也是启动和加速霍姆布什湾再开发计划实施的 10 年。虽然悉尼为奥运会修建的奥林匹克公园占地只有 150 hm²,但形成了占地达 760 hm² 的霍姆布什湾地区的核心区,在奥运会正式举办前的 3 年时间里,奥林匹克公园周边房地产价格年增幅高达 30% 以上。大量集中的体育设施、展览中心和新火车站,不仅在奥运会时发挥重要作用,还在奥运会之后转化为该地区社区发展的基础设施。紧邻奥林匹克公园建设的奥运村,也在赛后成功转化为新型住宅区。显然,奥林匹克公园对带动周边地区的产业发展和住宅开发起到了积极作用。因此,融入城市发展战略的大事件对于城市空间的可持续发展来说至关重要。一方面,通过大事件直接带来的大规模开发启动新区建设;另一方面,使新区在大事件结束后的后续发展中继续起到核心区的带动作用,并为地区的后续发展继续提供动力。

另外,2005 年南京十运会也是利用大事件带动新城发展成熟的典型。2005 年南京市在城市空间结构"一疏散、三集中"的战略背景下,利用全运会的契机带动了河西新城区的发展。但由于河西新城区的初期基础较弱,主要以住宅建设拉动空间增长,成为名副其实的卧城(图 8-16)。从十运会前后住房建设统计数据来看,整个河西新城的用地增长

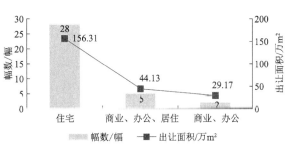

图 8-16 2000—2005 年南京河西各类型用地累计出让情况示意图

呈现出明显地自老城向奥体中心延伸的态势,而且轨迹基本与为十运会修建的地铁 1 号线走向相同。在十运会结束后,随着南京将河西作为主城区进行重点规划建设后,河西新城的公共服务和基础设施得以继续完善,已有万达广场、联通总部等商业企业入驻,新城也开始向综合型的城市空间转变(图 8-17、图 8-18)。

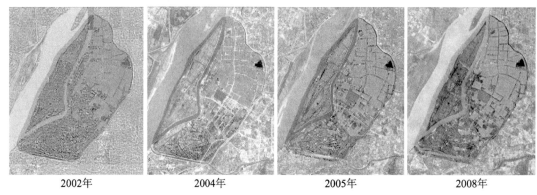

图 8-17 南京河西新城用地拓展示意图

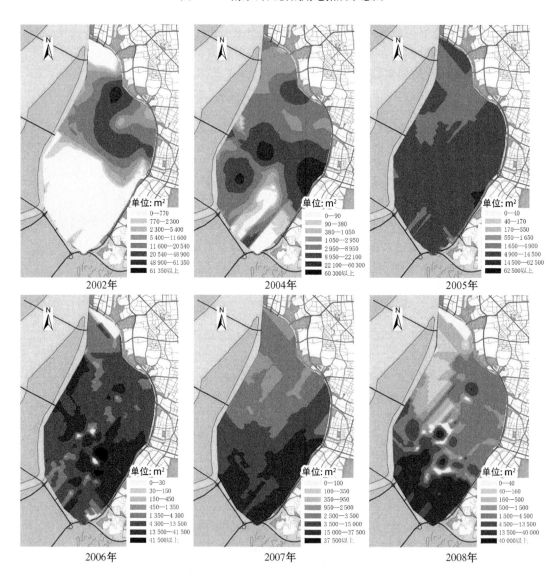

图 8-18 南京河西新城北部、中部地区新房销售面积分布示意图

(2) 振兴城市衰落地区，为城市旧区后续发展注入持久的城市活力

大事件能够振兴城市衰落地区或延续原有地区的发展动力，从而促进该地区的长远发展。即使大事件结束之后，大事件的相关建设对城市局部空间的开发仍然具有重要的促进作用。如1983年布里斯班获得1988年世博会举办权后，政府决定将文化中心区与海洋博物馆之间废弃的滨水带作为世博会的选址。实际上这也正是完善1977年开发计划的契机。通过世博会的设施建设极大地促进了这一滨水地区的改造，并为其后续发展提供了良好的基础。1989年布里斯班世博会结束后，政府决定将该地区进一步改造为公众滨水公园，即"南岸公园"，建成占地16 hm²的城市绿洲和文体用地，并将周边27 hm²的用地开发为商业居住混合用地。开发计划于1990年提出，在世博会原有环境的基础上，加建配套服务设施改造成公众滨水公园并于1992年建成开放。此后，世博会场地的后续开发带动了布里斯班河沿岸地区的改造，带动了整个南岸地区的发展。1988年的布里斯班世博会作为整个地区复兴计划中的一部分，促进了地区环境的整治和基础设施的建设，并给地区留下了深刻的场所记忆（王璐，2011）。

(3) 连续举办的大事件有助于城市空间发展的延续性，形成城市空间结构重要的轴线和节点

在同一城市的相近地区连续举办或者间隔时间不长地举办大事件，可以很好地实现该地区空间发展的连续性，甚至会引导城市发展的主要方向，形成城市发展的主要轴线和空间。如从1867年开始，巴黎连续举办了五届世博会，场地选址基本都围绕着市区的战神广场和塞纳河，在同一区域反复举办世博会将该地区的城市功能固化下来，并反作用于城市整体的空间格局。1867年巴黎世博会时该场地还是市区的一块空地，新的城市功能区在会后诞生；1878年世博会后的展馆建筑已经成为城市空间深化的主要元素，带动了塞纳河两岸的城市发展；1889年世博会的标志是埃菲尔铁塔，塞纳河左岸发展出一条连续的会展空间，平行于塞纳河岸的场地布局调整了城市与河道的空间关系；1900年世博会时巴黎建成了首条地铁，塞纳河轴线从左岸发展为右岸，东部展区的轴线延伸到了香榭丽舍大街的克莱蒙梭广场，与巴黎的城市轴线空间连成一个整体，基本奠定了巴黎西部第七区的城市格局；1937年世博会在上届世博会的轴线基础上，又增加了第三层次的轴线，即亚历山大三世大道。历次世博会场馆的建设对巴黎市中心区城市空间的完善及交通市政设施的健全都起到了积极作用。至此，以埃菲尔铁塔为主中心的城市中心基本形成，并逐渐发展成为巴黎最重要的行政办公区和高尚住宅区，后被划定为巴黎城内具有重要历史文化价值的两个国家级历史保护区之一（王璐，2011）。因此，巴黎世博会通过将重要的会展活动的举办与城市区域发展联动，带动了整个城市沿塞纳河和城市空间轴线发展的新的城市格局。

(4) 形成区域基础设施共建和城市合作长效机制,推动区域空间一体化进程

为应对大事件运行阶段产生的大量交通量需求而建设的区域基础设施,以及形成的城市合作机制并不会因为事件结束而失去,相反,可能会因为大事件的催化作用在后续阶段加速区域空间一体化的进程。其中大事件相关的区域交通设施功能设置和建设,将直接影响大事件的辐射范围和程度。例如 2010 年世博会为上海及周边地区带来了高度密集的人流、物流、资金流和信息流,不仅给上海带来强劲的经济增长动力,也通过旅游、会展等一系列经济活动推动了长三角区域经济一体化和高速增长,使上海融入长三角区域经济的整体格局之中;不仅强化了其中心城市地位,也促使长三角真正成为经济繁荣的世界第六大城市圈。因此,2010 年上海世博会对长三角城市群的形态及结构产生了诸多影响和效应,而实现和决定影响范围的关键支撑体系就在于其发达的区域基础设施网络。如上海的"莘奉金""沪青平""A30"三条高速公路的建设,使上海通往江浙两省的快速通道增至 7 条,沪宁高速公路和沪杭高速公路也都进行了扩容和升级。另外,港口、机场、电力、通信和天然气领域也都开始成为区域经济整合的物质基础。上海通过与长三角周边城市的区域基础设施整合和迅速升级,强化了长三角城市群的聚集效应,并进一步扩大了世博会对区域空间一体化的影响力。

2) 消极效应

(1) 场馆等大事件设施的后续利用困难,可能成为城市难以承受的负担

从长远发展的角度审视,大事件相关设施的后续使用才是其规划要考虑的重中之重,因此这些设施在大事件后能否充分有效地为城市居民服务,成为评价其建设成功与否的标准。如果大事件没有很好地结合城市的发展方向或阶段规律来进行科学的规划,没有充分考虑当地居民的实际需求,则很有可能在大事件的巨大需求结束后,造成大量场馆或基础设施的闲置浪费和低效利用。如有些场馆可能由于规模过大、功能单一或可达性差,没有得到相应的城市活动支持,赛后利用率较低,空间效益无法得到充分体现。也有些场馆可能由于选址、开发方式或时机失当,场馆地区难以与城市其他开发热点区域竞争,没有获得足够的发展资源,长期发展不起来。或者场馆地区土地开发形成大事件前的急速增长而在大事件结束后很长一段时间内处于低速增长或零增长状态,从而造成城市空间利用的低效。例如曾被前国际奥委会主席萨马兰奇给予高度评价的 2000 年悉尼奥运会,在赛后出现了大量的场馆闲置,经营效益欠佳。2004 年雅典奥运会建设的两个超级棒球场和一个能够容纳 1.5 万人的跆拳道场馆,耗资 2.3 亿欧元,赛后马上冷冷清清,因为希腊人不喜欢棒球,对跆拳道更是陌生;在希腊北部的沃罗斯为奥运会比赛新建了一座能容纳 2.2 万人的足球场,

但这里的居民却只有 8.5 万人,日常的足球比赛最多仅能够吸引 2 000 名观众,场馆利用效率极为低下。奥运会后一年,雅典仅仅为维护这些场馆而花费的资金就高达 1 亿多欧元(金汕,2006)。

再如上海 F1 赛车分站赛上海嘉定区的国际赛车场建设虽然提高了嘉定区周边的基础建设和商业地位,但是高昂的门票却使得观众寥寥无几。而且 F1 赛车赛事在上海的时间只有一个星期,其他时间赛道的利用则成为一个大问题。赛事本身的运营成本就很高,每年还需要不断增加赛道维护费用,这使主办方背负了沉重的经济包袱(杨乐平等,2008)。另外,广州天河体育中心的后续利用也颇具代表性,据天河体育中心有关部门的数据统计,建成后 10 年内,在天河体育中心举行的市级以上比赛和活动仅有 300 多场次。虽然体育中心的后续利用以举办体育比赛为主,但从每年举办赛事的场次来看,其所举办的大型体育比赛不多,在全年中只占很少的时间。由于体育中心的建设主要考虑体育竞赛,缺乏全民健身及体育产业开发配套功能,也未考虑多种经营的可能性,功能比较单一,为六运会后的维护保养留下隐患。体育中心本身的利用率相当低,各类体育比赛和演出活动难以维系场馆的正常经营,作为城市中心区的核心地段,其黄金地段的土地价值始终难以充分体现(图 8-19)。

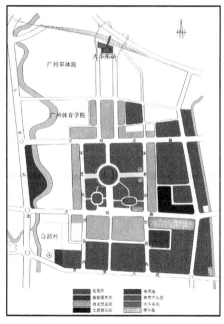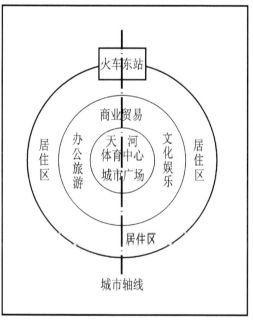

图 8-19　天河地区土地利用规划图

(2) 大事件的设施建设滞后于城市发展,可能形成城市空间发展的巨大障碍

如果大事件相关建设的规划和发展策略对后续发展估计不足,则会造成大事件的规划滞后于城市发展并导致大事件的建设可能阻碍城市空间

的进一步发展。如 20 世纪 90 年代末,举办六运会的天河体育中心地段已经发展成新的城市中心地段。然而,在新中心的成长过程中,发展瓶颈仍然明显。规划结构的局限性、道路规划的严重滞后、公共空间的缺失等,都给体育中心地段的发展带来难以克服的城市问题:①功能单一的圈层规划结构。天河区 20 年的发展遵循圈层规划结构,但同时缺乏有效的控制和引导,造成各圈层功能单一,圈层之间的交通压力过大,并且缺乏足够的城市公共空间和良好的生态环境。②严重滞后的道路交通系统规划。由于对六运会之后天河地区的发展规模、潜在的交通压力缺乏必要的评估和预测,造成道路交通系统规划的严重滞后。③缺失活力的公共空间。天河地区规划中缺乏公共空间体系的建构,导致在天河区的发展过程中,开发建设过于集中,普遍忽视城市公众的利益,并且在城市发展过程中难以弥补(王璐,2011)。

(3)导致城市规模盲目扩张,容易形成"衰败"的新区或卧城

由于大事件设施及其周边土地开发规划过于超前,那么大事件结束后,就有可能留下一片毫无生机的新区或卧城。例如 2001 年九运会的举办使广州城市空间进一步向东部拓展,广州以此为契机进行了包括基础设施、体育场馆的大规模建设以及少量的房地产开发。但是由于位置偏远,而且九运会主场馆奥林匹克中心处在城市快速路和主干道的交叉分割之中,不利于其功能的辐射,同时,其所处的黄村地区定位也是广州总体规划中控制开发强度、不宜开展大规模建设的区域。因此,黄村地区在九运会之后的发展相对缓慢,至今仍未能形成较为成熟的城市新区(图 8-20)。

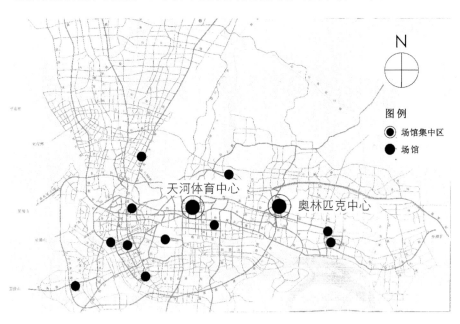

图 8-20 九运会场馆设施布局示意图

再如1988年首尔奥运会,首尔旧城区主要在汉江以北,而奥运会的大量体育设施都设置在汉江以南,在新城的后续发展过程中,由于城市职能与产业结构难以协调,新城除了居住功能之外,其他城市功能未能得以发展,使得新城最终发展成为以居住功能为主的卧城,造成了新旧城之间每天数百万的交通量,城市交通拥堵问题日益严重。

8.3.2 非物质空间效应

1) 积极效应

(1) 通过大事件的乘数效应,持续推动城市经济的增长

大事件的重大投资和建设在大事件结束后仍能促进城市经济的增长,并有着一定的时间规律和特征。如以奥运会为例,现代奥运会对主办城市的经济影响具有两个最基本的规律:奥运会投资能够给主办城市带来长期的经济影响,影响的时限约为12年;奥运会投资的"乘数效应"具有明显的后发性特征(林显鹏等,2006),像全运会也具有类似的特征(表8-8)。

表8-8 六运会前后广州全社会固定资产投资与GDP增长情况

阶段	年份	全社会固定资产投资/亿元	累计增长量/亿元	平均年增长率/%	GDP/亿元	累计增长量/亿元	平均年增长率/%
六运会前发展期	1978	7.26	15.63	25.58	43.09	7.37	14.84
	1979	7.43			48.75		
	1980	9.96			57.55		
	1981	13.63			63.41		
	1982	21.01			72.15		
	1983	22.89			79.67		
六运会准备阶段	1984	29.92	35.52	26.38	97.74	23.88	17.28
	1985	43.62			124.36		
	1986	52.48			139.55		
	1987	58.41			173.21		
六运会后续阶段	1988	90.22	45.33	15.40	240.08	67.50	14.93
	1989	93.33			287.87		
	1990	90.59			319.60		
	1991	103.74			386.67		

世博会的举办同样能够促进举办城市的经济增长。如1985年筑波世博会对日本GDP的经济贡献额为6 670亿日元,占当年日本GDP的

0.2%,不仅促进了该市的经济发展,而且在世博会结束后带动了日本全国范围的经济持续增长(克劳德·赛尔旺等,2003)(表8-9)。

表8-9 1985年筑波世博会对日本经济发展产生的乘数效应

地域	1980—1987年乘数效应	1988—1995年乘数效应
茨城县	0.7	0.8
日本除茨城县以外的地区	1.8	3.5

(2)大事件直接推动了城市第三产业的国际化、规模化和市场化

大事件直接拉动的基本都是像旅游、房地产、商业、会展和文化等第三产业,通过大事件的营销功能,一方面推动了城市经济主要是第三产业的国际化;另一方面也更加容易形成城市第三产业新的增长极核,并带动城市第三产业的集群化、规模化和市场化。如奥运会可以极大推动市民参与体育运动的积极性。在主办了奥运会后的数年里,巴塞罗那市民对于体育活动的参与度大为提高。在奥运会之后的很短时间内,巴塞罗那城市体育中心就增加了46 000个新用户。此外,1994年超过30万名市民参加了体育活动,这些活动涉及运动会、大众马拉松、自行车赛以及滚轮溜冰赛等(Truno,1995),这都极大带动了巴塞罗那城市体育休闲产业的发展。

2)消极效应

(1)可能导致资金链断裂,形成城市难以消化的财政包袱

大事件巨额投资产生巨大收益的同时也意味着很大的风险,因此其必须与城市发展趋势相符合,同时力争取得市场的良性响应和跟进,城市空间结构的演化趋势才可能向良性方向发展。如果没有在事前将大事件的各项规划融入城市发展的实际中来,则很容易形成巨大的城市经济负担,从而影响城市的进一步发展。特别是以彰显政绩为主要目的的大事件,其经济影响容易被高估,这导致了那些并不能给地方经济和就业带来预期效应的大事件仍然得以举办,成为"赔本赚吆喝"的大事件。

例如2004年雅典奥运会的总支出超过130亿欧元,是继1980年莫斯科奥运会后支出最多的一届。根据欧盟的统计,雅典奥运会超支24亿美元,造成政府持续负债。2005年希腊经济增长下降到9年来的最低点,为3.3%。因政府未能顾及赛后场馆详细利用计划的制订,致使赛后绝大部分场馆没能进入正常的运营轨道。除主会场和足球场还时常举行一些体育比赛和文艺活动外,绝大多数场馆基本处于尘封之中,既没有开始商业化运作,也没有开始社会化利用,后续利用欠佳。在维护成本方面,每年奥运会场馆的维护费为1.31亿欧元,折旧费8 500万欧元,运营费9 800万欧元,合计超过3亿欧元,使得希腊政府陷入严重的预算赤字,2004年高达6.6%,与欧盟规定的3%的最高标准相比超出了一倍多。因此,大事件的举办更应关注事件给城市经济发展能否带来持续的动力,避免大事件的短

期性而导致出现经济震动和泡沫现象,从而失去原有的发展平衡状态,对城市长远的整体经济造成负面影响。

(2) 先发展地区形成马太效应,加剧城市社会空间分异与破碎化

过度强化城市的大事件设施建设,虽然促进了城市局部地区空间的快速发展,但也可能会损害城市其他地区和人群的发展机会,导致先发展地区与后发展地区的差距日益加大,形成城市空间发展的马太效应,并引起城市空间发展的失衡。而大事件结束后有可能继续加剧城市居民的贫困问题,并加速社会空间在居住、就业、投资和文化等方面分异的速度,引发城市原有社会肌理的迅速消失与新社会网络的缓慢重构,促使城市社会空间破碎化。

大事件营销催化了城市内部物质空间的重构,尤其是其启动的旧城改造加速了城市内部社会空间的马赛克化,使旧城区发生了功能置换与空间演替,在城市中形成了一个个孤立的岛状区域,促使城市空间呈现二元化景观,并增加了城市空间整合的难度。以2005年南京十运会为例,原本是以城中村为主要肌理的河西中南部地区,在2001年确立为十运会的举办地点后,在短短4年内快速建成以高档社区为主体的奥体新城区,成为南京快速城市化的典型案例。

而通过对广州六运会的主会场天河体育中心周边的林和社区的调查访谈加深了大事件对城市社区更新的内涵理解:大事件对社区更新效应的作用力与空间距离成反比例关系,同时在城市肌理与具体建筑、空间面貌上出现了多元状态的交织。大事件对周边社区的影响效应是持续的、渐进的,在大事件举办之后,事件对周边社区产生多元化更新影响,为整合周边地区的空间和社会、文化资源,实现复兴与更新提供了可能。大事件提升了社区物质空间的品质、强化了社区经济、创造了新的增长点,同时也推动了多元化社区的形成。由于大事件营销效应存在距离的衰减,且对社区的改造很难达到同步同时进行,原住人口的大量外迁导致社区社会结构发生改变,在一定程度上造成了社会空间的"绅士化"现象乃至产生较为严重的社区空间分异(图8-21)。

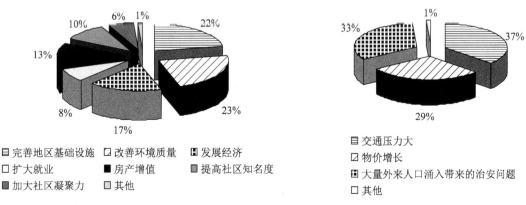

图8-21　广州天河体育中心对林和社区的影响调查

第8章参考文献

崔宁,2007.重大城市事件对城市空间结构的影响——以上海世博会为例[D].上海:同济大学.

费定,熊锦云,2006.作为重要事件的世博会与上海城市发展的阶段跨越[J].规划师,22(7):16-18.

金汕,2006.重视后奥运体育场馆的利用[J].北京社会科学(4):86-91.

克劳德·赛尔旺,竹田一平,2003.国际级博览会影响研究[M].魏家雨,等译.上海:上海科学技术文献出版社.

林显鹏,虞重干,2006.现代奥运会对主办城市经济发展的影响及其规律研究[J].上海体育学院学报,30(2):1-7.

马聪玲,2005.事件旅游:研究进展与中国实践[J].桂林旅游高等专科学校学报,16(1):75-79.

彭涛,2008.大型体育赛事对城市空间发展的影响研究——以广州为例[D].广州:中山大学.

王璐,2011.重大节事影响下的城市形态研究[M].北京:中国建筑工业出版社.

王章攀,2009.奥运对北京城市发展的影响研究——经济升级、空间重构与管理创新[D].北京:中国人民大学.

杨乐平,张京祥,2008.重大事件项目对城市发展的影响[J].城市问题(2):11-15,34.

易晓峰,廖绮晶,2006.重大事件:提升城市竞争力的战略工具[J].规划师,22(7):12-15.

TRUNO E,1995. Barcelona: city of sport[Z]//DE MORAGAS M, BOTELLA M. The keys to success. Barcelona: Universitat Autonoma de Barcelona.

第8章图表来源

图8-1、图8-2源自:上海市城市规划设计研究院,2007.中国2010年上海世博会规划区控制性详细规划(第三版)[Z].上海:上海市城市规划设计研究院.

图8-3源自:彭涛,2008.大型体育赛事对城市空间发展的影响研究——以广州为例[D].广州:中山大学.

图8-4、图8-5源自:广州市城市规划勘测设计研究院,2010.面向2010年亚运会的广州城市规划建设纲要[Z].广州:广州市城市规划勘测设计研究院.

图8-6源自:石晓冬,李楠,2013.大事件影响城市——后奥运北京城市发展及赛后利用[J].世界建筑(8):34-37,128.

图8-7、图8-8源自:笔者根据顾军,2010.世博效应和上海城市发展[R].上海:中国城市规划学会青年工作委员会年会改绘.

图8-9源自:2003—2008年南京市建设年报.

图8-10源自:笔者根据中华人民共和国国家统计局网站资料绘制.

图8-11至图8-13源自:陈浩,张京祥,宋伟轩,2010.空间植入:大事件对城市社会空间演化的影响研究——以昆明为例[J].城市发展研究,17(2):110-116.

图8-14源自:笔者根据王章攀,2009.奥运对北京城市发展的影响研究——经济升级、空间重构与管理创新[D].北京:中国人民大学改绘.

图8-15源自:北京市城市规划设计研究院,2007.2008年北京奥运行动规划的实施[Z].北京:北京市城市规划设计研究院.

图 8-16 至图 8-18 源自：南京网尚房地产研究机构网站.
图 8-19 源自：广州市城市规划勘测设计研究院,2007.广州市天河区整体规划(2007—2020 年)[Z].广州：广州市城市规划勘测设计研究院.
图 8-20 源自：彭涛,2008.大型体育赛事对城市空间发展的影响研究——以广州为例[D].广州：中山大学.
图 8-21 源自：杨乐平,张京祥,2008.重大事件项目对城市发展的影响[J].城市问题(2)：11-15,34.
表 8-1 源自：广州市规划局,2001.关于"三年一中变"工作情况总结的报告[Z].广州：广州市规划局.
表 8-2 源自：刘淇,2003.北京奥运经济研究[M].北京：北京出版社.
表 8-3 源自：1997—2004 年昆明统计年鉴.
表 8-4 源自：2004 年度、2007 年度《奥运总体影响(OGI)调查》,中国人民大学.
表 8-5 源自：上海世博旅游接待组办公室.
表 8-6 源自：2015 年南京统计年鉴.
表 8-7 源自：王璐,2011.重大节事影响下的城市形态研究[M].北京：中国建筑工业出版社.
表 8-8 源自：2006 年广州统计年鉴.
表 8-9 源自：克劳德·赛尔旺,竹田一平,2003.国际级博览会影响研究[M].魏家雨,等译.上海：上海科学技术文献出版社.

9 大事件营销的空间效应影响要素与内在机制

大事件营销给城市空间发展带来了巨大的影响,但是同样类型的大事件如奥运会、世博会和全运会等对于不同的城市,或者同一个城市不同的发展阶段,其带来的空间效应都有着明显的差别,有积极的,也有消极的,有显性的,也有隐性的。到底是什么因素影响了大事件营销的空间效应?笔者认为对其原因的剖析离不开对大事件营销的特性以及城市空间发展自身规律的分析。城市大事件营销具有营销性、巨量性和密集性的特点,其营销的物质客体如场馆设施、基础配套设施和土地无一例外都受到这三个特性的影响,即这些大事件的相关建设都是具有一定的营销主题、规模巨大且工期短暂,它们同时也构成了城市空间演化的发展要素。因此,大事件营销的客体与城市空间发展的要素层之间具有一致的联系,大事件所引发的场馆设施、基础配套设施建设以及土地开发等快速且规模巨大的城市开发行为,成为引起城市空间发展演变的物质影响要素或直接原因。而这些物质影响要素自身的规划和建设又是受到了城市大事件营销主体所制定的相关政策制度和规划策略所决定的。因此,本书将大事件的相关政策制度和规划引导视为影响城市空间发展的非物质影响要素或间接原因。

9.1 物质影响要素

大事件营销的空间效应物质影响要素主要有场馆设施、基础配套设施和土地开发。对于很多城市而言,虽然场馆设施的规模宏大,但是相关的基础配套设施以及土地开发建设投入更大,这些设施的规划、设计、布局、组合以及建设模式都会直接对城市的经济、社会、文化和政治等空间产生积极或消极影响。

9.1.1 场馆设施

1)布局模式

场馆设施通过改变所在地区的"聚集效应",不仅可以直接改变城市局部地区的景观环境,而且其影响会扩散到相邻土地或更远区域,从而引起城市产业、居住的集聚和空间的增长。场馆设施不同的布局模式也会对城市空间发展产生迥异的影响,不同类型的大事件和城市其所采取的场馆布局模式可能不同,主要受到城市空间发展客观条件和大事件营销策略主观因素两方面的制约,具体可归纳为以下三种布局模式(图9-1):

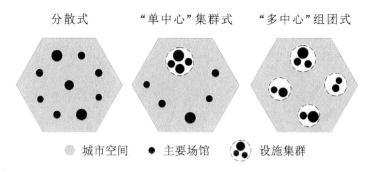

图 9-1 大型赛事场馆布局模式示意图

(1) 分散式

分散式的布局模式主要是指由于城市的社会、经济乃至政治等原因,大事件场馆设施均匀地点状分布于城市内部,并未建设明确的大事件主场馆,场馆之间的距离较远。如1924年巴黎奥运会、1948年伦敦奥运会和1984年洛杉矶奥运会,其场馆设施布局都采用了分散式模式,且基本都是经济原因造成的。

例如1924年巴黎奥运会建设了多个高水平的体育场馆,分布于市区外围多个地点,原因是巴黎中心市区内没有用地适宜建设集中的大规模体育场馆设施。1932年洛杉矶奥运会出于资金有限和经济萧条的背景,组委会选择了租用现有体育设施的策略,除游泳和赛艇比赛以外,其他场馆设施都通过已有的场馆稍做改造来满足奥运会赛事的需求,由于这些场馆分布于全市各个不同地区,使该届奥运会的场馆设施也呈现出整体分散的特点。同样的情况再次出现在1984年洛杉矶奥运会和1996年亚特兰大奥运会,基于利用已有设施的策略,洛杉矶和亚特兰大都选择了分散在城市各地乃至校园内的体育场馆,使两届奥运会的场馆设施都呈现为整体分散的格局。

分散式的布局模式有利于充分利用既有城市场馆设施,以场馆更新为主,新增场馆建设较少。这不仅能够减少大事件场馆设施的资金投入,而且使其更容易在大事件结束后融入城市整体空间的发展格局,从而降低了后续利用的难度。当然,分散式布局模式对城市空间发展只能起到局部调整的作用,难以发挥大事件设施的"聚集效应",即形成具有影响力的城市中心。设施后续发展的可利用空间较小,包括扩建用地、扩建规模等都会受到限制(王璐,2011)。此外,在分散式布局模式下,场馆之间的交通联系难以组织,尤其在大事件运行阶段,必须采取临时交通管制措施才能确保大事件的顺利举办,像1984年洛杉矶奥运会和1996年亚特兰大奥运会就由于场馆过于分散,都出现了交通组织混乱的问题。

(2)"单中心"集群式

"单中心"集群式的布局模式是指将大部分的大事件场馆设施进行集中建设,形成大规模的主场地,其他设施则分散分布在城市各个地区。如1928年阿姆斯特丹奥运会、1972年慕尼黑奥运会、1988年首尔奥运会、2000年悉尼奥运会以及绝大部分世博会等大事件都是"单中心"集群式的典型代表。

特别是1928年阿姆斯特丹奥运会第一次出现了现代综合型体育中心设施,包含了奥林匹克体育场和展览馆、游泳池、网球场以及训练场地等众多设施;而为了筹备1986年亚运会和1988年奥运会,首尔在汉江南岸集中建设了国家奥林匹克中心和运动员村,集中了大部分的比赛设施,其余场馆则分散建设于江北市区和江南新区各地(图9-2);2000年悉尼奥运会选择了距离城市中心14 km的霍姆布什湾修建悉尼奥林匹克公园,以体育中心和公园相结合的形式集中建设了大部分的场馆设施,包括主体育场、超级圆顶体育馆、悉尼国际水上运动中心、网球中心、曲棍球中心、棒球场等,其余的部分场馆则分散于市域40 km的范围内(图9-3)。

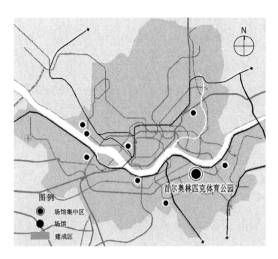

图9-2　1988年首尔奥运会场馆设施布局图

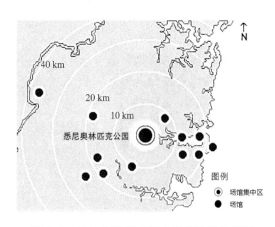

图9-3　2000年悉尼奥运会场馆设施布局图

"单中心"集群式的布局模式实现了资源整合,能够充分满足大事件运行的各个环节要求,大事件结束后还能为城市留下高品质的公共活动空间,因此对所在地区的带动作用较大,可以显著地影响城市空间的发展演变,而其影响效应又与大事件主要场馆在城市中的空间区位选址有很大关系,本书第7章按照其所处的城市中心区、城市中心边缘区、城市内郊区和城市外郊区四种区位选址类型进行了详细归纳,在此不再赘述。然而,"单中心"集群式模式带来的巨量投入、交通瓶颈和后续利用这三个方面的问题却是难以避免的。"单中心"集群式模式短期内巨大的资金投入将给城市带来巨大的经济压力,在大事件举办期间也容易加重城市局部地区的交通拥堵等问题,而且由于该模式布局在城市中的某一局部地区,巨大的建设尺度和较高的通勤成本均不利于社区居民的就近使用,从而给场馆设施的后续利用带来诸多问题。

(3)"多中心"组团式

对集中式布局效率的追求以及对场馆后续利用的注重催生了场馆设施的"多中心"组团式布局。这一布局以场馆设施相对集中地在多个地点布置,并相对均衡地分布于多个城市组团为特征。如1980年莫斯科奥运会、1992年巴塞罗那奥运会、2004年雅典奥运会、2008年北京奥运会和2010年广州亚运会,都是"多中心"组团式布局的典范(图9-4、图9-5)。

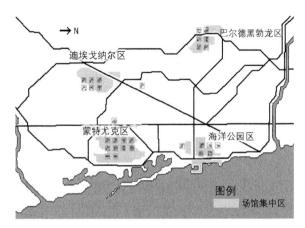

图9-4 1992年巴塞罗那奥运会场馆设施布局图

1960年罗马奥运会首次出现两个奥林匹克中心,开创了大事件场馆设施布局"多中心"组团式的先河。1980莫斯科奥运会时值城市总体规划确定城市结构逐步向多中心结构转变,因此设施的布局大致形成六个中心,这些中心与城市规划分区基本对应,这种分散的多中心布局不仅使体育设施的分布更为合理,而且为奥运会后城市居民的日常使用创造了条件(马国馨,2007)。1992年巴塞罗那奥运会进行了"因地制宜"的规划与布局,将"多中心"组团式的布局模式发展至更大的城市区域范围,为奥运会进行了42个比赛场馆和76个训练场馆的规划,其原则是占地面积小的比赛项目尽可能安排在市区以及附近,而把占地面积大的项目安排到巴塞罗那以外的城市或卫星城(高毅存,2003)。

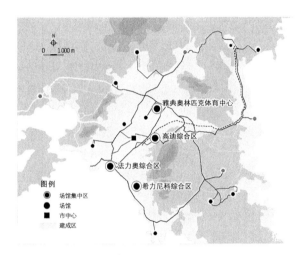

图9-5 2004年雅典奥运会场馆设施布局图

越来越多的城市在大事件场馆设施的布局中倾向于选择"多中心"组团式的布局模式。其既具有"分散式"布局模式场馆后续利用方便、交通压力小等优点,也能通过相对集中的场馆设施群建设,打造类似"单中心"集群式的标志性建筑群,形成具有一定城市记忆的新公共空间场所,并对城市空间结构由单中心向多中心演化起到显著的促进作用,从而能更好地促进城市布局的优化,当然这也对城市的大事件基础设施建设提出了更高的要求。"多中心"组团式的场馆布局模式基于不同的区位选址也会对城市空间产生不同的效应,可以视为"单中心"集群模式的不同空间组合,空间效应更加复杂,具体可以参考第7章的论述。

大事件场馆设施的三种布局模式有着各自的优缺点,随着大事件特别是奥运会规模的进一步扩大和城市可持续观念的引导,城市更多地通过

"多中心"组团式的布局规划进行场馆设施建设。这种模式既能实现场馆设施的资源整合，又能在一定程度上缓解"单中心"集群式布局模式带来的集中压力，在后续利用、带动地区发展上比"单中心"集群式布局也更具有优势。当然，大事件场馆设施具体的布局方式要和城市的特定条件、发展目标和增长模式相结合，才能因地制宜地制定出符合城市整体发展要求的大事件场馆设施布局规划。

2）后续功能转换

场馆设施在大事件结束后能否顺利进行功能转换，促进设施的后续利用是前期建设的重要依据，也是大事件后能否发挥积极作用的关键。从后续利用的差异来看，大事件设施大致可分为两类，即场馆设施和服务设施。

场馆设施由于功能相对固定，一般在后续利用中对其用途很难进行较大改变。比如大型展馆设施相对兼容，在会展后通常可以举办各种类型的商业展览活动，设施功能具有延续性且利用率较高。而大型体育设施由于功能过于单一且体量巨大，除了举办大型的公益活动、体育比赛和文艺演出等，很难用作其他用途，其日常维护费用高昂，常常成为大事件场馆设施后续利用失败的典型。因此，对于具有标志意义的大事件场馆设施而言，应当注重在建筑设计和详细规划层面，以利于提高其后续利用率为原则，对其微观空间的功能布局进行细分，场馆外部空间规划也应当强调与周边地块的关联与协调，并加强同基础配套设施的衔接，从而促进场馆设施在后续阶段的高效利用。

服务设施的后续利用相对更容易，一般都是大事件结束后将其作为社区级或城市级公共服务设施体系的重要组成部分。大事件运行期间的酒店、餐厅、住宅和办公等设施，可在大事件结束后经过简单改造实现再利用。而有些城市的"反向思维"做法更具有借鉴意义，即以事件后的功能为建设标准，而在大事件运行期间进行功能转换，暂时作为大事件服务的设施，大事件结束后则可以很自然地进行原有设计功能的使用。这种方式可能并不能完全满足大事件举办的要求，略低于相关标准，但却可以更顺畅地让大事件设施得到后续利用，并减少对其后续改造和利用上的巨大浪费。比如奥运会的配套设施奥运村作为一种规模最大的服务设施，其对城市空间的发展影响程度甚至不亚于场馆设施，因此其功能转换最受关注，赛后一般可转化成以居住功能为主的住宅商业区。例如2004年雅典奥运会建设的奥运村，赛后作为经济适用型住房提供给当地低收入人群，另外奥运村赛后被迁入希腊劳动部、希腊地理研究院等科研单位以及供相邻空军基地使用，整个奥运村的赛后利用工作显得相当成熟（姜良志，2004）（表9-1）。因此，在大事件的营销策略中，应该以大事件结束后城市整体对大事件建设的客观要求进行超前规划，才能促使其在事件后顺利融入整个城市的功能板块之中。

表 9-1 雅典奥运村赛后利用的基本情况

赛时功能区	赛后功能	说明
运动员宿舍	政府福利房	出租给低收入人群
住宿服务中心 1	社区小学	—
住宿服务中心 2	社区小学	—
体育休闲区	社区体育设施	—
综合诊所	公立医院	—
物流运行区	希腊劳动部办公大楼	—
技术、安保控制中心	希腊劳动部办公大楼	—
运动员制证中心	希腊劳动部办公大楼	—
主出入口	社区中心	—
国际区(临建)	待定	该区域原计划作为一个大型商场来招标,但未能成功,现全部为临建
餐厅(临建)	待定	
交通场站	待定	
行政大楼及信息中心	希腊地理研究院	—
德克里尔区(包括训练区、交通场站、超编官员楼)	归还给空军基地	—

早期世博会结束后,因为事先并没有拟订相应的后续功能安排,很多展馆建筑在会后闲置,甚至还需要继续投资维护。缺乏合理的功能支撑和运营环境是造成建筑处置困难的原因,往往只能拆除重新建设其他建筑。洛杉矶奥运会之后,历届奥运会场馆的后续利用给世博会提供了很多好的借鉴案例。如巴塞罗那奥运会主赛区的圣保罗朱地体育馆,该馆设计了多种功能,除可满足大多数比赛项目的要求外,还可进行大型演出、展览、宴会、游泳及冰上运动。由于该馆的多功能性,每年大约可举行 93 次活动,平均每四天一次,是一个真正意义上的多功能、赛后运营良好的体育馆(易晓峰等,2006)。悉尼的奥林匹克公园则考虑到赛后周边社区、大学及澳大利业专业体育委员会的利用(图 9-6)。汉诺威世博会展馆的后续利用开始市场化运作,允许独立国家馆出卖和转让,允许适当调整展馆的后续功能,但大部分展馆在会前仍然没有确定后续功能,在实际操作过程中功能转换困难,在完全通过市场化运作而没有政策引导的情况下,展馆后续处置情况并不尽如人意。

3) 公共空间整合

大事件的主要设施建设往往能够给城市营造出具有一定文化内涵和旅游价值的新公共空间,甚至可能发展成为城市新的公共活动中心。特别是大事件带动的新城建设,其中心的形成往往依赖于大事件的后续效应,

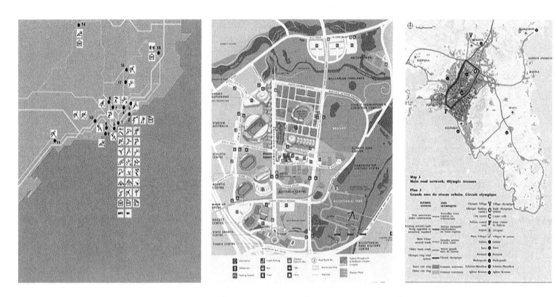

图 9-6 巴塞罗那、悉尼、雅典奥运会规划图示意

以实现从单一的体育、展览和居住等功能向旅游、休闲、商业和制造等综合型城市的方向发展,而要实现这一目标,需要良好的公共空间体系为其架构基础。

大事件能为城市创造新的公共空间,具有空间整合、完善城市公共空间体系的重要作用。因此,大事件结束后,其巨大的投入、精心的设计和经典的故事,具有强大的辐射效应,不仅能够吸引城市的各种要素迅速聚集,而且还能进一步通过城市公共空间的体系扩展升级,带来城市空间格局的重构。例如1972年德国慕尼黑奥运会,不仅以选址的独特眼光和规划的整体观念使奥林匹克公园建设最终复兴了城市中的一片废墟,而且还为城市创造了尺度宜人的公共空间,成为奥林匹克中心与城市空间紧密结合的成功范例(戎安等,2004)。而2008年北京奥运会主会场奥林匹克公园选址在城市中轴线北部地区,交通方便,周围城市建设区已基本形成,人口较为密集,基础配套设施也较为完善,在大事件结束后形成了集体育竞赛、文化娱乐、会议展览和休闲购物为一体的新的城市公共活动中心。因而,大事件设施建设形成的公共空间应该在完善城市空间肌理的理念下,融入城市的整体空间格局中,使其大尺度的场馆设施通过巧妙的城市设计、建筑设计以及景观设计同城市的道路、建筑和景观相互协调,并且强化自身的主题和功能特色,在同城市其他板块建立便捷联系的同时,实现对城市整体公共空间体系的重塑和城市新功能的延伸。

9.1.2 基础配套设施

大事件促使城市的基础设施获得超前超标准建设,其中城市交通设施的建设尤为突出,其往往都在大事件建设的过程中产生量与质的飞跃,从而在满足大事件交通需求的基础上,可以在大事件结束后刺激城市进一步的空间发展。而由于基础配套设施具有效应滞后性,其对城市发展的促进作用需要在大事件结束后相当长一段时间内方能逐步显现。因此,必须要用长远的眼光进行大事件的基础设施配套建设。

1) 空间效应的基础

大事件营销的空间效应基础就在于大事件期间进行的大规模城市基础配套设施建设,其中不仅包括与大事件举办直接相关的场馆设施建设,还包括与其间接相关的城市交通、旅游和市政基础配套设施的建设。在很多城市的大事件相关建设中,基础设施建设的费用都超过了场馆设施的投入,当然有些基础配套设施并不仅是因为大事件而建,许多城市只是借助大事件的机遇来为城市的长远发展提前进行了基础配套设施建设。而城市处于不同的发展时期其空间发展的需求也会不同,利用大事件进行基础配套设施建设,需要根据城市的长远发展目标和战略规划来确定。例如1984年洛杉矶奥运会和1996年亚特兰大奥运会由于经济方面的原因,场馆设施采用了分散式布局,没有对城市的基础设施进行较大规模的提档升级,从而并未对城市的空间发展带来太大的影响。

在城市规模不断增长的情况下,基础配套设施的布局往往决定了城市人口的布局。因此,基础配套设施的建设作为城市空间发展的重要条件,其城市空间效应实现的主要手段就是交通设施与城市空间发展的契合。交通等基础配套设施的迅速升级,为大事件周边地区的长远发展提供了重要保障,更为城市的空间发展提供了新的结构选择。大事件的交通设施建设应以城市整体发展框架为前提,发展大运量的城市公共交通,加大轨道交通在客运交通中的比重,使轨道交通网成为长距离快速交通的骨干,这对于城市空间的快速拓展、人口外迁都能起到较大的作用。并且通过城市高速路、快速路的建设为该地区的交通方式提供多种选择,从而快速形成一定规模的新城,并重新构筑城市空间的新格局。因此,大事件基础配套设施的建设评价标准也不仅是看其能否更好地为大事件服务,而是应更加关注其能否帮助实现城市空间长远发展的根本目的。

2) 效应滞后性

大事件所带来的天文数字般的巨大基础设施投资,能否在其后续利用过程中发挥应有的效益是大多数城市苦恼的问题,其问题的关键在于基础配套设施具有效应滞后性。基础配套设施建设规模的合理性及其与城市发展的协调程度,一般在大事件结束之后很长时间才能显现出来。因此,其规划建设必须着眼于城市空间的长远发展需求。

例如2010年上海世博会结束后大部分场馆设施将被拆除,其会展场地将由上海世博土地控股有限公司进行土地的二次开发等市场化运作,以缓解世博会期间土地"闲置"给政府造成的巨大的负债压力。而世博会的基础配套设施由于是着眼于该地区的长远发展需求建设的，基本上全部得以保留，并迅速转化为城市综合基础配套设施系统的重要组成部分（张伟立，2006）。因此，大事件的基础配套设施建设必须在对城市未来整体空间格局发展的科学预测基础上，考虑基础设施的效应滞后性，用超前和发展的眼光进行相应的规划和建设，才能使大事件带来的基础设施超前、高标准建设能同城市空间发展的未来相契合。

3）交通设施的完善

大事件带来的交通设施建设对城市空间的影响最为显著。比如大事件推动了城市地铁、市郊地铁和城市轻轨等城市轨道交通的建设，将带来人流在量和质上的巨大变化，大大提高其沿线的通达性，改变其沿线的区位条件，从而影响城市土地利用与产业布局，进而影响城市空间结构演化。轨道交通大运量、速度快的特点使它能够把人流引向特定的地点，并且在某个点上集中大量的人流，这种特性决定了轨道交通对于城市空间布局的影响集中于与人流密切相关的居住空间、商业空间的变化。因此，轨道交通作为大事件的必要基础配套设施，其后续利用将继续影响城市空间的长期增长（张振龙，2010）。

公共交通优先对于城市的未来交通组织来说是唯一的发展出路，尤其是正处于快速城市化进程中的我国城市。城市规模的日益扩大，加速了居民的职住分离，人们的交通需求不断加大，通勤时间和成本成为人们居住选择的重要因素，更应强化公共交通优先的理念。当然对城市的地铁、轻轨等公共交通设施的建设必须同城市的总体规划和发展方向相结合，同城市中的人口规模和密度分布趋势相一致，避免因为大事件进行盲目的建设而造成投资的巨大浪费。基础设施的效应滞后性也是一把双刃剑，基于过高的交通需求预测而进行的超标准大事件交通设施建设有可能成为城市发展的长期负担。因此，必须从城市发展系统分析的角度，在对城市未来发展规模和方向进行长远规划的基础上，进行准确的交通需求预测并制定科学的大事件交通设施建设的相关标准。

大事件交通基础设施的建设与城市空间的发展密切相关。大事件带来的交通设施条件的改善改变了城市空间的可达性。如大事件建设推动的快速路建设今后将成为城市组团发展的重要交通设施，它不仅能较好地把城市中的各多中心便捷地联系起来，同时也可以引导城市的功能扩散发展。大事件所带来的城市内部快速路网系统的完善对城市增长最直接的影响就是带动沿线产业的开发，比如处于密集城区的快速路建设，有利于带动旧城改造，主城与新城间快速路的发展则直接推动城市空间增长。而高速公路等城市外部交通设施的建设，使时空成本不断降低，交通联系日益密切，城市间的整体联系不断强化，从而有助于加强城市间的客运联系，加强城市空间的相互作用，使中心城市在区域城市网络的枢纽地位进一步加强，并促进以中心城市为核心的都市区和都市圈逐渐形成。大事件影响下的不同交通方式对城市空间发展的影响是不同的,城市空间的显性发展一般发生在城市主城的外围,所以与城市主城外围空间联系紧密的大事件轨道交通、高速公路和快速路对城市空间发展的影响最为显著(图9-7、图9-8)。

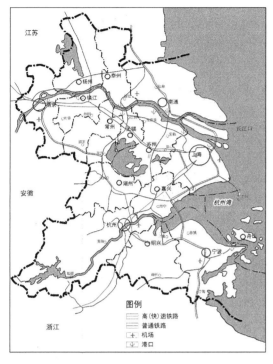

图 9-7　长三角区域铁路系统规划图

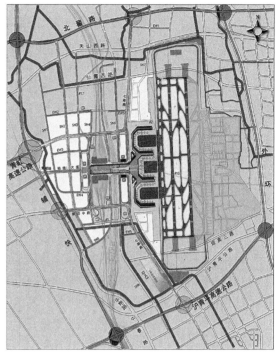

图 9-8　上海市虹桥综合交通枢纽规划图

因此,进行大事件建设时,应该倡导多种交通方式共同构成的混合交通体系建设。尤其应树立公共交通优先的发展理念,建立以公共交通换乘枢纽为核心,以轨道交通和地面公共快车线路为骨干,以组团级公共普通线路为基础配合良好的完整系统(陆化普等,2006),从而保证以交通设施为主体的基础配套设施在大事件结束后能够继续高效地服务于城市的空间发展。

9.1.3　土地开发

大事件营销的空间效应不仅通过场馆设施和基础配套设施建设对城市空间产生"点"和"线"的影响,而且还会通过对设施周边的土地利用方式和景观环境的改变对城市整体的土地开发产生"面"的影响,尤其体现在对周边土地的"溢出效应"和"圈层效应"等方面。

1) 溢出效应

溢出效应(Spillover Effect),是指一个组织在进行某项活动时,不仅会产生活动所预期的效果,而且会对组织之外的人或社会产生影响,分为经济溢出效应和技术溢出效应。大事件所带来的土地溢出效应明显趋向于前者,即通过大事件的举办以及各项设施的建设,为大事件周边地区不同利益群体的土地增值提供了助推力。

土地增值规律的具体表现形式为波浪式增值率,其原因有经济周期的影响、市场调节的滞后性等。大事件引发的土地增值是由于事件的偶然性、突发性和特殊性造成对土地需求的猛增,从而使地价溢出(周诚,1994)。大事件的举办将吸引整个城市乃至更大范围内的巨额资金流向其周边地区,资金的投入在短期内能够带动地价的飞速上涨。与城市正常发展过程中由于经济发展而逐步实现的土地增值不同,在同一时间周期内,这类土地增值的幅度比后者大得多,大事件带来的各方面利好是主要驱动力之一。而土地非正常的迅速增值,将在持续一段时期之后减缓下来,甚至停滞或下跌,造成土地价格的剧烈波动,而波动的周期与大事件的时间维度息息相关,也与城市化进程有关(王璐,2011)。例如 2010 年确定青奥会在南京举办之后,河西新城的建设开始拉开序幕,河西的地价也开始飙升。2011 年,河西南部第一盘——"海峡城"地块正式挂牌出让,楼面地价为 4 725 元/m^2。2013 年 3 月,河西南部地价飙至 10 721 元/m^2,同年 4 月,楼面地价为 11 124 元/m^2,同年 10 月,又涨到了 13 419 元/m^2。

大事件带来的不仅是设施建设、景观优化等有形影响,而且会带来周边地块的形象改变、开发信心增强等无形影响,在快速提升周边土地价格的同时,也快速改变着周边土地的利用方式。而由于大事件本身的特殊性,它所引起的土地利用转换以及相应的动迁征地一般具有突发性、紧迫性、强力性以及资金充裕性等特点。因此,大事件的发生往往能从根本上改变和调整一个地区甚至是一个城市的土地利用状况(周琳等,2005)。如在 2005 年南京十运会确定举办前,南京河西地区尚有大面积的农田,而在 2003 年十运会主场馆奥体中心选址在河西之后,奥体中心周边地块的出让数量急剧上升,至 2005 年奥体中心周边地区出让土地 20 幅,实际出让土地面积超过 159 hm^2,成为河西土地开发的主体。至 2007 年,该地区已很难见到成片分布的农田,并形成了以居住、文化、体育、商业、商务和旅游休闲等功能为主的现代化新城区。其中住宅用地 1 467 hm^2、公共绿地 1 650 hm^2、道路用地 1 072 hm^2,分别占河西总建设用地面积的 26.3%、30% 和 19%(图 9-9)。另外,在大事件的影响下城市土地价格往往呈现超常增长的特征,适当的超常增值可以刺激城市建设快速发展,但如果超出理性范围则会产生经济泡沫,造成城市空间的非良性发展。这涉及土地拆迁机制、储备机制和转换模式等一系列相关制度体系的完善。

2) 圈层效应

大事件带动周边地块的开发,主要依靠产业间的关联性作用来实现。首先通过前向联系拉动其上游产业——建筑业、制造业等的发展,并通过后向联系推动其下游产业——商业、餐饮住宿服务业、旅游业、房地产业等

图 9-9　2002 年、2004 年、2007 年南京河西地区卫星影像图

的发展,然后通过单向循环联系和多向循环联系,以经济网络的形式推动全体产业的发展(唐东方等,2001)。在这种背景下,大事件设施周边的土地开发往往表现出一定的分布规律,具体表现为以大事件主要场馆设施或者基础配套设施重要节点所在的地块为中心,不同类型的产业门类根据同大事件设施主要功能的联系程度不同,由内向外、由强渐弱形成具有明显圈层结构的产业空间布局模式,称之为"圈层效应"。

比如以大型展览馆为中心的地块,其地块开发性质通常与会展业紧密相关,从会展、商贸等展览核心功能由内向外逐渐过渡为产品设计、广告策划、文化娱乐以及居住等功能,其产业关联度也由强渐弱,从而形成明显的"圈层效应"(图 9-10)。而大型体育赛事设施的"圈层效应"相对复杂,其受到体育场馆的建筑体量、多功能性设计等诸多方面的制约。其中以体育场馆尤其是主场馆为核心的地块发展的"圈层效应"明显,核心功能一般以体育比赛、大型演出为主。相邻地块的开发则普遍以体育休闲、文化娱乐和餐饮零售等次核心功能为主。外围地块的衍生功能开发则视城市的

图 9-10　"圈层效应"示意图

开发思路而具有多种可能性,比如结合居住功能的开发,通常能够发展为综合性城市社区,结合生产功能的开发,则可能发展成为先进制造业集聚

区,而结合旅游休闲功能的开发,也有可能会形成城市的旅游度假区。因此,大型体育赛事设施的"圈层效应"更多地还受到城市土地利用总体规划的重要影响(表9-2)。

表9-2 北京奥林匹克公园赛后土地使用性质与建筑面积分类表

土地使用性质	项目名称	建筑面积/万 m²		比例/%
		单体	合计	
体育	体育场	25.80	42.70	16
	体育馆	8.90		
	游泳馆	8.00		
会议	—	13.00	13.00	5
文化	科技馆	12.00	35.00	13
	城建展馆	5.00		
	青少年宫	8.00		
	预留发展用地	10.00		
居住	奥运村	36.00	58.05	21
	公寓	16.50		
	预留发展用地	5.55		
办公	—	38.50	51.45	19
	预留发展用地	12.95		
酒店	—	22.00	29.40	10
	预留发展用地	7.40		
商业与娱乐	—	27.50	36.75	13
	预留发展用地	9.25		
其他	—	5.50	7.35	3
	预留发展用地	1.85		
合计			273.70	100

因此,城市大事件设施建设时应立足城市的总体规划和长远战略,减少对城市正常土地开发秩序的影响。从城市整体空间发展的角度统筹安排大事件设施周边地区的土地出让指标,控制其土地开发强度和开发时序,完善大事件土地储备制度,在大事件带来的土地价格急剧上涨的情况下,保证土地市场的健康运转。另外,对大事件设施周边的土地开发项目的产业类型和开发强度等指标都必须进行严格控制,从而保证该大事件设施周边地区空间的高品质发展。

9.2 非物质影响要素

大事件通过场馆设施、基础配套设施以及土地开发等物质影响要素，对城市空间产生了直接而显著的影响。这些设施的不同建设类型也导致了对城市空间演化的直接影响。那么是什么因素直接造成了这些物质影响要素发挥了积极或是消极的空间效应？是城市发展的自然资源条件、经济基础、空间发展阶段等客观原因，还是这些设施的不同运行方式、操作体制、配套政策、规划选址、方案设计、建设手段和经营理念等主观原因？客观原因固然重要，但在大事件营销中，客观原因还是通过主观选择发挥作用，像政策制定、规划方案等主观原因才是最重要的因素。因此，笔者认为大事件营销的空间效应非物质影响要素主要有政策制度和规划引导，它们通过对场馆设施等物质影响要素的直接影响而间接影响城市的空间发展。而基于对大事件营销的空间效应特征研究，笔者发现造成其积极效应和消极效应的原因很多，但基本可以归结到影响要素是否具有可持续的特征上来，尤其是非物质影响要素能否从城市可持续发展的角度正面影响物质要素的可持续性，这对于大事件营销的空间效应而言具有重要影响。

9.2.1 政策制度

为了应对大事件带来的重大机遇和挑战，大事件营销的主体通过制定相关政策制度，建立激励与约束机制影响和改变各行为主体的利益分配格局，并且强化对大事件营销全过程的控制和引导。由于不同城市的管理体制、增长模式以及发展阶段各不相同，其产生的大事件营销相关政策制度也有很大差异，具体可分为可持续型和不可持续型两种类型的政策制度，并集中体现在大事件的运行模式、土地制度和后续发展三个方面。

1) 运行模式

大事件的运行模式包含了大事件选择、申办、融资、组织和管理等环节，不同的城市发展阶段、制度背景，大事件的运行模式也不相同。符合城市发展阶段特点、有益于城市可持续发展的运行模式能够给城市的空间发展带来积极的影响，反之则不然。

大事件的空间效应受事件本身属性的限制，其类型、规模和影响力等都是其影响效果产生的先决条件，所需投入的资源不同，其吸引力也不一样，对城市产生的影响必然有所差异。因此，大事件营销的运行模式应在充分考虑城市发展阶段的基础上，选择可持续的运行模式（图9-11，图9-12）。比如1984年洛杉矶奥运会就充分尊重了当时的民意和经济状况，采取纯市场化的运行模式，以既有设施的利用为主，不仅达到了营销的目的，而且实现了首次盈利。当然，可持续的运行模式并不只是满足于当前的发展状况,而是更多地着眼于城市的未来。具体表现为:善于利用大事件的契机,达成各方共识的同时推进城市各项建设的速度,并争取特殊政策与外部发展资源来促进城市空间的可持续发展。另外,可持续的运作模式不仅通过大事件的举办树立保护生态环境的可持续发展理念,维护城市生态空间的健康发展,而且能极大提升城市的人文素质和全球知名度,加快城市乃至国家的国际化进程。而出于短期目标和狭隘利益形成的运行模式,则可能会带来一系列负面效应。比如城市之间进行重复建设与恶性竞争,侵占公共空间,影响公众利益,甚至为了政治目的,采取政府包办大事件的运行模式,不计成本地投入,形成巨大的经济泡沫,影响城市的稳定发展。比如1980年莫斯科奥运会是奥运会第一次在社会主义国家举行,苏联政府出于政治目的,为奥运会投入近80亿美元的巨额资金,以达到巩固和宣传社会主义阵营的目的。由于其不可持续的运行体制导致奥运会后城市乃至国家发展背负了沉重的经济包袱,甚至加速了国家的解体。

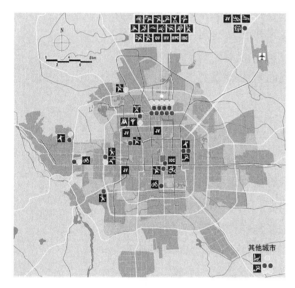

图 9-11 北京奥运会赛时场馆分布图

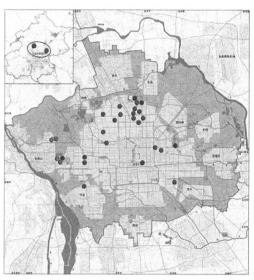

图 9-12 北京奥运会赛后场馆利用图

2) 土地制度

大事件营销因具有投资巨大、周期较短等显著特点,成为一种重要的土地资源直接调控手段。通过对土地利用类型和开发强度的改变,其在调整城市土地效益和地租曲线的基础上,深刻地影响着城市空间结构的演化。对城市尤其是设施周边的土地开发具有"溢出效应""圈层效应",能够在提升周边土地价格的同时,迅速改变城市的物质景观面貌。

因此,建立土地储备与大事件投融资相结合的制度,更有利于充分发挥大事件的公益性。在可持续的大事件土地制度中,城市政府在大事件举办前甚至申办前,应尽早制定大事件相关设施、土地利用的规划和预案,将土地的超常增值控制在一定范围内。并基于公平正义的考虑,利用大事件带来的土地价格升值，对被拆迁居民进行合理的补偿，给他们进行就业培训，购买养老、失业保险等，甚至在大事件结束后，将奥运村等改造为经济适用房、廉租房，以解决弱势群体的可持续发展问题，从而增强当地居民的归属感和社区精神，尽量避免城市社会空间的分异与破碎化。同时，对土地的审批划拨进行严格管理，控制土地的出让速度和面积，避免土地开发利用的低效和无序，注重土地政策的覆盖率，以免先发展地区形成马太效应。

3）后续发展

对于后续发展的考虑应在大事件举办前做好准备，可持续发展是其基本准则，不仅可以节约投资，还能够提高大事件新建设施的利用率。比如1984 年洛杉矶奥运会的场馆因地制宜地分散在城市不同的区域，而且都在持续使用之中，使整个项目的投入与维护成本大大降低。奥运村是学校宿舍，赛后又将其归还给学校，使其后续的功能转化投入显著减少。另外，从可持续发展的角度对大事件设施的事后利用进行改造，也能有效地促进其发挥后续效应。如由于长期的封闭式管理，六运会建设的天河体育中心即使进行了多种经营的改造也一直未能形成充满活力的城市中心区，直到1995 年将体育中心改为免费开放的模式，才受到了市民广泛的欢迎。这一举措不仅大大提高了羽毛球馆、游泳馆，以及中心内部草坪、广场的利用率，而且有效减少了大尺度街区给城市带来的种种负面影响，市民愿意从中心内部穿过和停留，体育中心的可及性和场所感得以极大的改善，从而使其作为城市公共空间的体育中心功能真正发挥出来（王璐等，2006）。

另外，可持续的后续发展模式还能进一步在大事件的催化下，促进城市经济的升级转型，形成城市的优势产业链空间集聚，通过学习积累大事件的制度改革经验，大幅提高城市的管理、规划和建设的水平，并且形成区域基础设施和协商机制建设的长效机制，推进城市联盟的形成与城市群的联动发展，从而推动区域空间一体化进程。

9.2.2 规划引导

城市规划是政府进行土地开发的重要决策依据，是对城市空间发展最直接的引导和调控。大事件的各项设施建设都是在城市规划的引导下进行的，尤其是大事件设施的选址、布局、设计和周边土地的开发规划都可对大事件的空间效应产生积极或消极的影响。因此，根据相关规划是否符合城市的长远发展要求，也可分为可持续型规划和不可持续型规划。其主要作用于大事件的场馆设施、基础配套设施和土地开发三个物质影响要素，规划的层次也涉及局部地区详细规划、城市总体规划和区域规划。

1）详细规划

大事件的设施建设往往聚焦到城市的局部地区，对城市微观尺度的空间影响最为显著。比如场馆设施作为大事件的主要物质载体,也是各项建设活动的核心,其不仅具有较大的外部性,还能产生明显的集聚效应,从而引起城市局部地区空间要素、功能与形态的变化,并与其触发的一系列空间过程相关联反映到城市整体空间发展上。因此,对城市局部地区进行科学的详细规划直接影响城市的微观景观环境、历史文化保护以及场馆设施的后续利用。另外,可持续的详细规划不仅可以有助于启动或催化局部地区的土地利用与开发,迅速改善其功能配置和环境景观品质,还能有效地保护城市的历史文脉。比如上海世博会的详细规划不仅有助于形成极富创意的现代城市风貌,改善黄浦江两岸的景观环境,而且专门对江南造船厂的历史遗留建筑进行了保护规划,使其融入城市的后续发展之中,从而传承了城市的历史文脉,保护了城市特色。当然大事件相关的详细规划不仅讲究"美观",还需要"经济实用"和"后续利用",以免大事件设施成为城市难以承受的负担(图9-13、图9-14)。

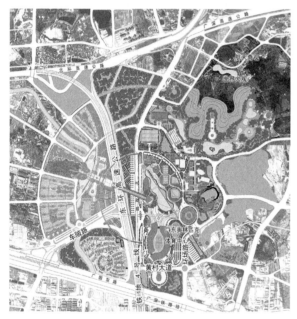
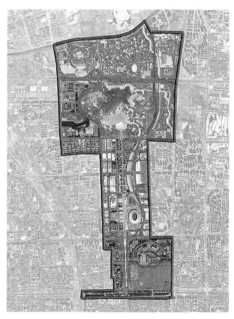

图9-13 广州奥林匹克体育中心详细规划　　图9-14 北京奥林匹克中心详细规划

例如,1998年里斯本世博会的后续利用就导致了一些问题。由于整个建设项目只考虑到了园区内部,而没有和周边的城市土地开发与建设很好地进行统筹考虑,为服务这一区域而快速修建的交通设施,尤其是道路,实际上造成了这一区域与周边环境的分隔;规划中大量的市级或国家级的设施高度集中在世博会的区域里,对社会服务设施考虑太少,没有考虑到未来住在这一区域里的居民的实际生活需求;没有从城市的整体需求来考虑园区的后续利用,在园区大量建造新的居住和办公建筑的时候,没有考虑到市中心区已有的大量空置办公用房和亟须改造的旧居民区;没有与其他一些与世博会有着同规模的项目进行很好的配合,而是各自为政(朱勍等,2006)。

2) 城市总体规划

大事件设施建设的详细规划需要在总体层面上融入城市的发展战略和土地利用规划,其在法定层面受到城市总体规划的有效引导。特别是大事件场馆设施的选址、布局模式、周边土地开发以及基础配套设施的规划都对大事件的空间效应产生非常重要的影响。因此,大事件带来的重要机遇对城市发展是"契机"还是"危机",城市总体规划具有关键性作用,而关键点就在于其能否利用可持续发展的理念,将大事件的各项建设纳入城市长远发展的一个部分或一个步骤中来。比如在城市化加速发展阶段,大事件设施更宜采取"单中心"集群式的布局模式,布局于城市具有发展潜力的郊区,不仅要做好大事件的相关用地规划,还要对城市发展的整体结构框架进行调整,以应对大事件带来的机遇和挑战。应从新城乃至城市发展的角度,对全局性的基础设施布局以及土地开发进行优化调整,不仅要使城市空间得到拓展,还要通过制定城市发展战略、调控引导市场力量、促进经济要素聚集并引导城市的职能适当转移,以避免城市"摊大饼"式的无序蔓延扩张。这样既可以保护城市外围的绿色空间,又可以使市政公用设施的建设和运营更加经济,从而能够实现城市空间结构向着多中心的方向发展。而当城市化发展进入末期时,大事件设施建设更宜采取"多中心"组团式或分散式的布局模式,布局于城市的中心区,把大事件作为振兴城市衰落地区、复兴老城的契机,通过改善城市内部功能布局,修复城市肌理,为城市旧区注入持久的活力。

随着城市规模的不断扩大,城市所举办的大事件等级越来越高。因此,城市不能仅仅着眼于一次大事件的举办,而要把其视作连续的、偶尔性事件,注重大事件在城市总体规划中的提前考虑,以从容应对和决策大事件的申办工作。比如,可持续的城市总体规划往往注重大事件选址的延续性,通过重叠性选址和延续性选址实现城市发展的轴线和结构塑造。如广州市20多年来通过连续举办六运会、九运会和亚运会,形成了北起燕岭公园,南至海心沙岛全长12 km的城市新中轴线,从而彻底改变了广州传统的城市空间形态,拉开了城市向东、向南的空间发展框架,有效疏解了老城区过于密集的城市功能,并且为广州城市的未来发展提供了新的功能空间。

3) 区域规划

大事件尤其是规格较高的大事件类型如奥运会、世界杯等不只是举办城市的重大机遇,同时也为区域一体发展提供了契机。在大事件准备阶段,通过其产业溢出效应可以增强区域城市之间的产业分工与联系。而在大事件运行阶段,大事件由于受到极高的关注,带来了巨大的流动要素规模,一方面要求举办城市完善外部交通体系,另一方面也为区域其他城市共享大事件带来的外部资源提供了机会。并且这种区域合作很可能在大事件结束后形成协作传统或长效机制，从而实现区域长期的一体化发展。因此，大事件准备阶段之前的区域规划也应该以超前的眼光，将大事件的契机转化为区域中心城市实力增强、区域整体实力跻身世界一流的重大机遇，尤其是应做好区域的交通等硬件配套设施以及城市联盟等软件机制的建设，从而推动区域的可持续发展。

如 1992 年巴塞罗那奥运会修建城市外部交通网络，北至法国，南至西班牙南部城市，极大加强了其与欧洲城市的联系，从而为其融入欧洲一体化发展奠定了物质基础。另外，大事件的选址也要考虑区域的长远发展。如 2008 年奥运会的举办为北京城市空间结构的调整带来了契机。奥林匹克公园依据 2004 年北京城市总体规划提出的"两轴、两带、多中心"的格局选址于中轴线的北端，其优势是充分利用了原有亚运会场馆和配套设施，能进一步促进北城的建设与发展，并且其处于北京有着深远历史文化含义的历史文化轴线的正北端，使申办方案容易取得成功。最后方案放弃了东南四环（东南四环和京津塘快速交叉处的垡头等地），虽然确保了奥运会申办的成功，但也使得北京失去了一次有效缩小南北差距、均衡发展的机遇，同时也失去了一次推动京津冀区域一体化发展的良机（图 9-15、图 9-16）。

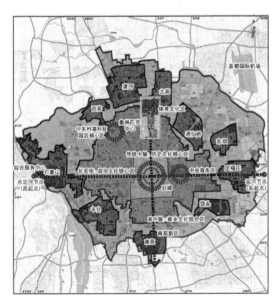
图 9-15　2008 年北京奥运会奥林匹克公园区位图

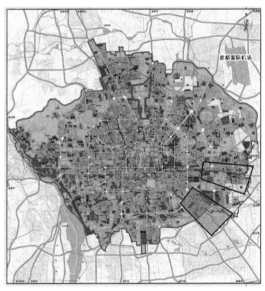
图 9-16　2008 年北京奥运会选址方案图

9.3　城市空间发展内在机制的主体分析

大事件营销在空间效应影响要素的直接和间接作用下形成了积极或

消极的空间效应,尤其是非物质影响要素在其中起到了至关重要的作用,并且表现出明显的规律性,即非物质影响要素的可持续性与否同城市大事件营销空间效应的可持续性非常相关,甚至是决定性因素。因此,对政策制度和规划引导两种非物质影响要素的影响根源进行研究,可以继续深化对大事件营销空间效应机制的理解。到底是谁决策了大事件营销相关的政策制度和规划引导？笔者认为应在城市政体理论的框架下对城市空间发展的驱动主体进行分析,剖析各主体之间的相互博弈关系,归纳并总结不同主体关系下城市增长模式的类型和特征,进而对不同模式下的大事件营销策略及其对非物质影响要素的作用进行判断,从而揭示出城市大事件营销的空间效应背后隐藏的内在机制。

本书在第 7 章建立了大事件营销与城市空间发展的内在联系,并对城市空间发展的基本规律与驱动机制、大事件营销与城市空间发展的互动机制进行了初步研究,尤其是在大事件营销的主体与城市空间发展的主体之间建立了紧密关联,指出正是由于这种主体的多样性及其关系的复杂性,形成了城市空间发展的不同驱动力,并作用于城市空间的各种发展要素,从而产生了不同的空间效应。因此,基于前面的分析,笔者继续对城市空间发展的主体进行深入分析,以发掘其内在的规律和机制。

9.3.1 发展主体

由斯通创建的"城市政体理论"从政治经济学的角度,对城市发展的动力——市政府("政府的力量")、工商业及金融集团("市场的力量")和社区("社会的力量")三者的关系,以及这些关系对城市空间的构筑和变化所起的影响,提出了一个理论框架(何丹,2003b)。根据该理论,政府、市场和社会(主要包括社区组织、非政府机构及全体市民)构成影响城市空间发展的三大主体,进而形成推动城市空间发展演化的三种基本力量,即政府力、市场力和社会力(张庭伟,2001)。

政府主体既是公共服务的提供者,也是公共管理的操作者,其具有在任期内获取政治、经济等利益的内在需求,具体是通过制定法律法规、政策制度等方法调配城市发展的各种资源来实现。因此,政府主体在各主体关系中往往居于领导地位;市场主体则是城市经济发展和具体开发建设的主要力量,以工商企业等拥有大量资本的城市经济体为主,具有天然的"逐利性"倾向,其参与城市开发建设的目的就是为了利用政府所提供的城市公共产品的溢出效应来获取超额的利润并实现自身资产的增值,因此,该主体是城市空间发展至关重要的开发力量;社会主体主要包括城市各种社会组织和广大市民,该主体主要通过舆论和选票来约束政府的行为,但是和其他两个主体相比,无疑处于较弱的地位。尤其是在市场经济体制不完善的国家,社会力对城市空间发展的作用微乎其微。

张庭伟(2001)认为城市空间结构的形成和变化是城市内部、外部各种社会力量相互作用的物质空间反映,是拥有资源或影响力的力量在相互作用之后合力的物化,并集中体现为城市空间的重组或扩展。在市场经济条件下,政府力、市场力和社会力三种力量的共同作用决定了城市空间发展的最终走向,没有一个单一的力可以完全决定城市空间结构。但在某一时期,会有某种力主导最后的合力,并主要影响着城市空间的发展变化。也就是说,谁是"政体"的主导者,会引起城市空间的不同变化。因此,正如霍尔(Hall, 1987)指出的那样,对大事件营销的过程反映了一个政治过程,不仅牵涉政府利益,也牵涉各种以利益为导向的非政府组织。

1) 政府主体

大事件营销是以城市政府为主导的社会活动,其往往被城市政府赋予政治、经济等多重目标并被视为本届政府的"政绩"之一进行积极运作。城市政府利用举办大事件的契机向上同上级政府争取特殊政策和外部资源,向下争取城市市场和社会力量的积极响应。大事件相关建设的资金筹备、建设管理等艰巨任务一般也都是由城市政府承担,使其尤其关注大事件的资金来源、运作方式和预期收益。城市政府还会通过大事件营销策略的制定形成具体政策和规划以指导大事件营销的开展,进而影响城市空间的发展,因此,大事件营销已经成为城市政府进行城市营销的有力政治经济工具。

政府主体所制定的大事件营销策略是其中的关键一环。不论何种体制下的城市政府,根据其进行大事件营销的根本出发点不同,笔者将其分为两种类型:一种是以狭隘的短期政治、经济利益为目的的政府,其关心的是任期内能否通过大事件营销的成功举办而获取政绩,即"短视"政府,其制定的大事件营销策略也往往是不可持续的,甚至会影响城市空间的长远发展,其采取的运作体制一般是由政府包办或政企合一的,以确保其短期战略的实施;另外一种政府则与之相反,是以城市长远的发展和整体利益维护为目的的"远见"政府,其也关心短期的政治、经济利益,但是仍以城市的可持续发展为第一要务,通过制定可持续的大事件营销策略作用于大事件营销的非物质影响要素来促进城市空间的可持续发展,其采取的运行体制往往是政企分开、政企合作的模式。

2) 市场主体

空间已经成为新的发展背景下市场主体决策的一个重要影响因素。大事件营销中的市场主体主要为建筑业、制造业、商业、服务业、旅游业和房地产业等行业主体,为了追逐大事件营销的"溢出效应",市场主体通过相互之间的产业链密切联系,并围绕大事件设施的建设以经济网络的形式推动全体产业的发展。由于产业关联性的强弱不同,其表现出一定的"圈层效应",并进一步通过产业的空间集聚在城市中形成新的产业空间,如城市新区和城市更新区等。

因此，由于市场主体具有逐利性的特点，决定了其在大事件营销中处于从属地位，即市场不会过多参与公益性项目的投资，而只会根据其对商业机会嗅觉的灵敏度决定是否跟进政府主体的大事件行为，当然行政干预的情况除外。虽然在大事件营销中市场不处于主导地位，但在大事件设施建设的前期资金平衡以及后期的后续再开发中，市场主体起着关键性作用。没有市场的积极响应，大事件的触媒作用也无从发挥，一方面可能会造成政府公共投资难以收回，另一方面可能会形成一些衰败的城市新区，从而给城市的空间发展带来不利影响。

3）社会主体

社会主体对城市空间发展的驱动主要体现在居民的居住和就业选择上。居民在居住地选择时考虑的因素主要包括地价、交通可达性和环境等。而居民的择业行为可能决定居民的居住选址或者引起居住搬迁。因此，居民的居住选址和择业行为构成了城市空间发展的重要方面（张振龙，2010）。

在不同的制度背景下，社会主体在大事件营销中的角色地位也不一样。相对于政府主体来说，社会主体的一种角色是重要的意见提供者，社会主体的选票会让城市政府在大事件的具体操作中尽量多地考虑社会公共利益，有时甚至会促使城市政府考虑在大事件中牺牲经济利益来换取公众的支持。因此，在强有力的社会监督下，城市政府在大事件中必须谨慎地将大事件同城市长远发展的战略结合起来，必须注重在任期内让社会获益，在这种情况下，大事件营销带来的空间效应往往是积极的；社会主体的另外一种角色就是毫不相关者，社会公共利益就可能会被政府忽略。但是，在后者中，社会主体可以"用脚投票"，即虽然不能参与决策，但是能决定自己是否响应政府的大事件营销行为，可以不支持，甚至可以通过法律层面维护自身的利益。因此，在后一种情况缺少社会主体的支持下，市场主体也会受到负面影响，进而可能造成城市的高额负债与深层的社会矛盾。

9.3.2 主体博弈

在城市政体理论的框架下，城市空间发展不仅是计划调控或市场调节的过程，更是一个权力运作的过程（马学广等，2008）。在城市大事件营销中，城市政府通过统一营销决策制定大事件营销的相关政策制度和城市规划，同时依靠市场的力量来进行大事件设施建设的资金筹备和资源投入，并在公共权力的使用上争取获得社会的积极支持，从而形成以城市政府为主导的大事件营销主体联盟，并直接或间接作用于城市空间发展。因此，大事件对城市空间发展的影响实质是大事件营销通过影响城市空间主体的博弈关系间接作用于城市空间的发展演化，而政府与市场、社会三方主体博弈的过程和结果,将决定城市大事件营销到底产生积极还是消极的空间效应。

1)政府力+市场力+社会力

在某些市场经济体制下,影响城市空间发展的力量趋于复杂和多元化,政府能支配的资源有限,在多数情况下不得不借助于企业的财力结成增长联盟来进行城市的开发建设,而社会的力量也逐渐变得强大。在"政府力+市场力+社会力"类型中,政府仅是城市建设的规划者和引导者,规划实施主要是依靠市场的力量。在此种情况下,当政府期望利用大事件的契机来推动城市的空间发展时,政府决策与市场规律的结合显得非常重要。因此,在大事件营销的过程中,"远见"政府往往强调社会经济主体发展机会的均等性,是城市内部各个社会经济主体利益的维护者和平衡者,其愿意采用更加企业化的管治模式,与广泛的非政府组织在大事件营销策略制定的过程中进行密切合作。与此同时,由于提供了多方合作和参与的机会,符合市场或者社会需求的变化规律,大事件也能够得到社会民众的支持与响应,政府与市场均获利,社会力也会推动相关建设。在这种三方主体形成合力的背景下,大事件给城市发展带来的是真正的契机,大事件的积极空间效应也会比较明显地表现出来。

在这种关系中,大事件的主导者即政府的出发点更多的是促进城市的可持续发展,其制定大事件营销策略的过程也往往是多方参与的过程,这也在一定程度上确保了大事件营销策略的可持续性。通过可持续的政策制度和规划引导,不论是利用大事件进行新区建设还是旧区更新,政府都能通过一种协商共赢的方式获得成功,从而既能实现大事件营销的短期目的,又能进一步加深政府与其他主体间的合作关系;对于市场主体来说,政府的强力介入和科学的规划建设都给予市场以充分的信心,会引起市场的进一步集聚,甚至形成产业集群,从而推动新城启动或旧区复兴;对于社会主体来说,大事件不仅提升了其自豪感,还增加了市民的就业机会、居住或其他活动的公共空间,使其能够享受到城市公共服务和基础设施软硬件升级的好处,从而为新城或旧城的发展注入活力。因此,"政府力+市场力+社会力"是大事件营销主体间的理想关系,通过多元化目标的制定以及多元化主体的参与过程,有助于提升大事件营销策略制定的科学性和可持续性,从而间接形成积极的大事件空间效应,比如 1992 年巴塞罗那奥运会、2000 年悉尼奥运会、2016 年杭州 G20 峰会等。

2)政府力-市场力+社会力

"远见"政府有时也会投入巨资主动举办一些看似没有经济收益的大事件,其目的是为城市各个利益集团划定共同目标,引导社会资源为城市发展和公共利益做出贡献。政府的角色是动员、引导市场与社会主体,通过政策激励或者利益同享等措施,希望将市场和市民推为城市大事件的真正主角。然而,这种大事件大多与城市的旧区改建相结合,投入成本大,但回收资本缓慢,甚至根本没有盈利的希望,很难获得市场的积极响应。

因此,对于政府主体来说,这一般都是城市发展到成熟的阶段,在政府财力宽裕的情况下进行的"公益性"大事件。政府出于振兴城市中心区、复兴老城区等目的,利用大事件推动旧区改造进程。这不仅在大事件来临之时,使城市旧区有一个美好的景观面貌,而且在事件之后,政府多从老城的生态开敞空间等角度考虑,将大事件设施转变为公园等公益性服务设施,从而为政府赢得良好的社会口碑,获取政治利益。对于社会公众来说,大事件的举办改变了老城区落后的面貌,重新梳理了城市肌理,净化了环境,还增加了新的公共活动设施和开敞空间,在大事件过后留下了让市民值得回忆和骄傲的场所,因此,必然受到社会主体的欢迎。而对于市场主体来说,由于这类大事件规模普遍较小,且多位于城市中心区,拆迁成本极高,且再开发的用地性质和开发强度也均有严格限制,市场主体往往并不热衷于这类大事件,这也就导致了"政府力－市场力＋社会力"的主体博弈关系。虽然不能否认政府围绕大事件进行的"高投入""低收益"的公益性建设很受社会拥护,其营销策略也必然是长远的、有利于社会发展的,但是这种类型往往只能在少数有实力的城市进行,而且多为小块区域,对城市整体空间结构演变的影响较小,大部分都属于城市更新类型,比如 2000 年汉诺威世博会、2010 年上海世博会等。

3)政府力＋市场力－社会力

由于对任期政绩的过分看重,"短视"政府往往会急功近利地超越城市发展的阶段,不惜斥巨资寻求标志性和功利性的大事件营销效果,同时,资本市场的趋利特性与之主动结合或者被行政捆绑形成"政治精英＋经济精英"的增长联盟。尤其是在企业化城市背景下该联盟的作用被强化,成为城市空间发展的主导力量,并突出反映在以大事件带动新区发展的失败案例中。

对于"短视"政府来说,通过大事件带动城市新区或新城的建设是最"立竿见影"的政绩目标,但投资巨大。因此,城市政府往往以大事件引发的大规模外部需求为理由加大公共投资的力度,同时积极构筑由城市开发商、投资商和城市政府紧密联系的"权钱"增长联盟,并直接或间接作用于城市空间的发展。当然,这一围绕某一短期具体目标而形成的"增长联盟"是不可能长期延续的,随着利益格局的变化必然会产生相互博弈的过程,并最终因为大事件的完成而走向解体。因此,政府实质上是绑架了市场,使其承担了更大的风险。新区建设是一个人口、产业逐渐流入的过程,需要较长的发展时间,因此,对于利用大事件带动新区或新城发展的愿望,应尊重城市发展的基础和阶段性特征,在营销策略制定前就应广泛征求各方主体意见,不能出现强势政府"一言堂",仅从政府的角度制定的大事件营销策略注定是不可持续的。而社会主体在此过程中并未能享受到巨额投资带来的溢出效应,还可能在新区建设的拆迁中受到利益损害,政府在其他方面的公共投资被压缩,其不仅影响了社会、市场主体的利益,而且还不利于城市空间的健康发展,比如 2009 年济南十一运会、2014 年巴西世界杯等。

4) 政府力－市场力－社会力

在计划经济体制下,政府主体在城市空间发展进程中占据绝对主导的地位。负责城市开发建设的企业也可以被认为是政府的一部分,其行为直接代表政府的意图,而社会的力量则非常渺小,影响不了政府和市场主体的决策。政府可以依靠其掌控的行政权力与资源,不考虑市场和社会主体的诉求而直接完成各种大事件建设的实施。在这种情景下,利用举办大事件的契机,政府能够很好地实施城市建设规划,其建设受到的其他力量干扰或阻碍很小。即使城市政府的空间发展决策并不符合市场规律,或者说其空间效益并不高,决策也会比较容易实施。结果是政府主体最大化地集中资源,容易在短期内实现城市空间结构的明显演变。但由于政府并未考虑社会主体的真实需求,也未获得市场主体的支持,其大事件营销策略很容易"短视",从而导致相关建设的不可持续性,如 1987 年广州六运会天河体育中心的建设等。

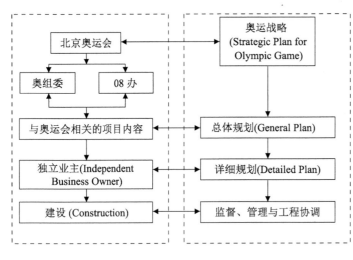

图 9-17 北京奥运会建设、规划组织框架图
注:"08 办"全称为北京市人民政府"2008"工程建设指挥部办公室。

在市场经济体制下,如果离开市场的支持,"短视"政府也很难围绕大事件实施其营销策略,即使开展建设也多为投资缩水的小规模工程,而少数因为政府强势推进、负债建设的大事件工程,将给城市乃至国家未来发展带来沉重的包袱;对于市场主体来说,也是错过了一次大事件的契机,政府投资减少也意味着商业机会的缩减,是不利因素;而对社会主体利益的损害也比较大,政府财政负债势必会转嫁到市民身上,影响市民未来的投资,从而对城市整体的后续发展带来消极影响,如 2008 年北京奥运会的建设机制还是较多地体现了城市政府的强势主导地位与计划经济色彩(图 9-17、图 9-18)。

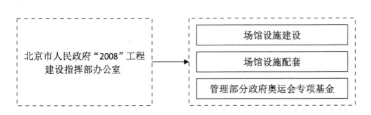

图 9-18 北京市人民政府"2008"工程建设指挥部办公室职能图

9.4 城市增长模式与空间效应的内在机制

基于对大事件营销主体博弈的四种类型分析,在以政府力为主导力量的情况下,政府能否争取其他主体的支持成为大事件营销空间效应的重要影响因素。而大事件中的主体博弈类型也有规律可循,即各主体并不是仅在大事件中会有相互博弈,其在城市发展的其他方面也多为类似的结果,这与政府的治理模式关系密切,更与城市所采取的增长模式息息相关。比如"政府力+市场力+社会力"和"政府力-市场力+社会力"两种类型往往是"远见"政府采取的以可持续发展为目的的大事件营销策略,其把大事件作为城市总体规划的一部分,认为大事件不是目的,而是实现城市长远发展目标的有效手段。因此,其运行体制更加多元化,能够广泛接受市场和社会主体的影响,制定的相关规划也能立足于城市的可持续发展。其不仅重视事前建设,而且更加关注大事件结束后的后续利用与可持续发展。因此,其带来的空间影响是积极和长远的。笔者将这两种主体博弈类型所从属的城市增长模式归纳为"内生型城市增长模式"。而"政府力+市场力-社会力"和"政府力-市场力-社会力"两种类型往往是"短视"政府采取的以任期政治目标为根本目的的大事件营销策略,其并不把大事件与城市空间的协调发展放到首位,而是突出大事件的营销性和功利性,"集中力量办大事",把大事件的顺利实施作为城市发展的第一要务,把大事件营销当成任期内最重要的目的而非手段,至于能否实现城市长远的发展目标则不被重视。因此,其大事件运行体制更加单一化,政府强势回避市场和社会主体的影响,制定的大事件相关规划也多立足于近期发展,更加重视事前建设,而对于大事件结束后的后续利用与可持续发展考虑不多。因此,其带来的空间影响是消极和短期的,我们可以将这两种主体博弈类型的城市增长模式归纳为"营销型城市增长模式"。

9.4.1 内生型城市增长模式

内生型城市增长模式是指政府联合其他主体采取"开放式"的城市治理方式,将城市可持续发展、实现内生增长作为城市发展的主导战略思想,并将大事件视为实现这一目标的重要契机和节点,通过可持续的营销活动对城市有形资产和无形资产进行经营。这样不仅在大事件期间达到提升城市形象吸引外来资源的营销目的,而且在大事件结束后仍能给城市留下后续发展的物质与非物质基础,从而促进城市走向可持续发展的城市增长模式。

1)基于内生型城市增长模式的大事件营销分析

内生型城市增长模式强调的是更为开放透明的城市治理方式,它一方面强调政府职能的稀释和政府组织的精干,要求城市政府管理方式的巨大变化;另一方面还强调其他主体对城市发展的广泛参与,以合力来促进城市的发展和城市竞争力的提高。因此,这种模式不仅增强了城市政府的有效性、责任性和透明性,而且提高了市场、社会对城市发展的主动参与,其主要特点包括以下方面:

(1) 主体多元化

内生型城市增长模式的权力基础是民主的、包容的,代表了城市中大多数人的利益。其主体包括城市政府、企业、社会组织与市民,甚至还包括城市所在地区的上一级政府和国家政府,体现出城市发展主体多元化的特征。在大事件营销中,则体现为透明的大事件营销信息发布、决策征询等机构和制度的建立与完善。对内广泛征求社会公众的意见,考虑市场需求,系统分析市场前景,在城市内部力争达成大事件营销策略的共识;对外则主动采取同区域其他城市协商的手段来争取合作共赢,并且努力争取国家的政策倾斜和支持,从而实现多元主体共同参与的可持续营销策略。

(2) 经济内部化

内生型城市增长模式下的产业发展强调自主创新和再生能力,城市的重要企业一般是当地所有或者其战略选择是基于当地考虑的,城市产业的发展总体上控制在城市自身手里。其发展过程中所创造的效益大部分为本地所享用,即企业或产业是"内部化"的,具有较强的根植性,从而可以最大限度地避免生产要素的外流,保持城市经济的可持续发展。大事件营销也是投资拉动经济发展的契机,在内生型城市增长模式下,其不仅拉动经济增长,而且善于培育城市内部产业增长极核的发展,即通过大事件的溢出效应和圈层效应,形成新兴产业集群,从长远角度带动城市经济的可持续发展。

(3) 目标最优化

内生型城市增长模式认为无论促进城市发展的动力是来源于外部还是内部,城市的发展应主要基于自身的资源或能力,如人力、智力、社会、文化、环境、自然、城市基础设施等资源,它们构成一个城市最主要的生产资本。当推动力来源于外部时,城市必须考虑沿着"外部—内生"途径实现外部动力内生化。因此,在多元化主体参与下的内生型增长模式不可避免地具有多重目标特征,即反对"涸泽而渔"式的大事件营销策略,而是强调如何利用大事件营销来促进城市的社会民生、经济发展、制度民主、环境改善和生态保护等综合目标,在短期利益和长远利益的选择面前,后者往往是最重要的。

(4) 区域一体化

内生型城市增长模式是一个由中心城市与其周边地区组成的政治结盟,具有城市—区域特征。区域城市政府之间通过上下协调和平等协调,在城市群、都市圈等空间形式下建立一系列长效合作机制,通过加强协商、弹性的区域管治进程,积极鼓励创新思想和实践活动。而大事件营销为推动城市—区域的关系带来了机遇,其不仅通过产业外溢给区域带来了产业发展的机会,还通过大事件的区域综合交通体系建设奠定了城市—区域合作的物质基础。这样不仅有利于培育中心城市的影响力,提高其能级,而且也有利于城市—区域的关系发展。

(5) 发展长期化

可持续发展的内生型城市增长模式对大事件营销的空间效应优劣有着至关重要的作用,大事件是城市发展的"短期辉煌",其不是城市发展的顶点,而是城市发展的重要阶段性节点,是里程碑似的空间发展标志。因此,在内生型城市增长模式的影响下,政府的营销决策是长远的、科学的,是有制度和技术保障的,其带来的大事件营销的空间效应也注定是可持续的。

2) 可持续的空间效应机制

在内生型城市增长模式背景下,由于包容、民主、协商的制度建设和可持续理念的影响,政府同市场、社会三方主体在可持续的营销策略上达成共识,形成"政府力+市场力+社会力"或者"政府力-市场力+社会力"两种主体博弈关系。在"远见"政府的主导下,将大事件视为城市空间发展的重要契机,而将其融入城市长远发展的进程中来。在这种模式中,往往会在政府中设立协商参与式的城市大事件营销决策和执行临时机构,由其制定可持续发展的相关政策制度以及规划策略,直接对大事件的场馆设施、基础配套设施以及土地开发进行指导,使其相关规划和运行体制不仅确保大事件的圆满成功,而且在大事件结束之后仍然能够继续通过"溢出效应""圈层效应"进一步催化城市新区的建设或旧区的更新,从而给城市空间发展带来积极的效应。其不仅在大事件的准备阶段起到如启动局部地区开发,修复城市肌理,迅速改善城市景观环境品质,大规模提速建设公共服务和基础配套设施,快速拓展城市功能布局来带动新区或新城建设,加快城市空间的扩张,形成城市的优势产业链空间集聚,推进制度改革,大幅提高城市的管理、规划和建设的水平,维护城市生态空间的健康发展,提高城市文化品位,增强市民的归属感和社区精神,为城市提供后续发展的物质基础,催熟城市新区或新城功能等积极的空间效应。而且更为关键的是,在后续阶段还能继续充分发挥大事件的后续利用功能,能够继续催熟新区向综合新城的转变,推动城市向多中心的都市区转变,为旧区注入持久的城市活力,实现城市衰落地区的复兴。一方面形成区域基础设施和城市合作机制建设长效机制,推动城市联盟的形成与城市群的联动发展以及区域一体化进程;另一方面促进城市经济的持续升级转型,加快城市乃至国家的国际化进程。

9.4.2 营销型城市增长模式

营销型城市增长模式是指城市政府联合或捆绑企业等市场主体采取"企业化"的城市治理方式,将任期内的政治利益和经济增长指标作为城市发展的根本目标,通过采取一系列不可持续的营销策略集中各种资源,利用大事件快速获取政治资本或经济利益,而将大事件结束后能否融入城市空间发展进程的考虑居于次要的地位,从而可能会给城市的长远发展带来诸多不利影响的城市增长模式。

1) 基于营销型城市增长模式的大事件营销分析

营销型城市增长模式是以政府"强势集权"为特点的城市治理方式,主张以政府为中心,强调政府全能,注重政府单向度、强制性地使用权力。它强调了政府对资源和权力的最大掌握以及调动其他主体的控制力,"集中力量办大事""标志性建设"是其典型特征。因此,在这种模式下,公众在对城市公共事务处理中处于被动弱势地位,缺少对政府部门有效的制约手段,其参与的积极性也容易受到抑制。营销型城市增长模式的确能够迅速统一决策,提高大事件各项建设的效率,但也由于忽略了市场特别是社会主体对城市发展的参与意向,在城市大事件营销的策略制定中往往缺乏科学的分析,全凭政府决策者的个人好恶,缺乏公众的参与和监督,完全体现的是政府意志,实现的是政府短期政治目标和经济意图,从而可能会影响城市其他主体的利益并导致大事件相关建设的失误,其主要特点如下:

(1) 空间局部化

为了降低大事件营销的投入成本,增强其实施效果,以彰显政绩及规避大事件营销投入所带来的巨大风险,营销型城市增长模式下的政府表现出明显以城区为载体进行大事件营销的空间行为指向。只要是有利于大事件营销快速实施的地区,政府都会"精明"地在城市中选择适宜的区域(比如曝光率较高、基础设施配套齐全的城市重要地段),尽一切可能显示大事件营销的硕果,促进资本在城区有限范围内的大量聚集,而很少顾及城区周边其行政区范围内更为广阔的城市边缘区以及农村腹地。

(2) 短期最大化

城市政府对外来资本以及大事件营销效果的追求还存在着短期化倾向。从城市政府的角度来看,引进资本有助于解决就业问题、增加税收、获得更多的 GDP 和财政收入,能够在短期内取得正面效果。而至于引进资本的代价却可能需要一定时期才会出现,由于每届政府的任期是有限的,本届政府为了体现政绩而引进的资本,其负面影响可能要在若干年后的下届政府任期才会出现。因此,城市政府往往不惜牺牲地方经济发展的长远利益来获取大事件营销的快速效果,这使得城市政府进行大事件营销的有限性表现得非常突出。正如库姆霍兹(Krumholz,1991)所说:"政府的经济发展官员成为私人企业的一支臂膊,企业的成功被用来衡量官员的工作成效。"简言之,正是城市政府的短期行为和官员任命制度帮助了全球资本,促成了城市大事件营销。

(3) 主体二元化

在营销型城市增长模式中,城市政府和私人部门构成的增长联盟成为大事件营销的主体,从而将城市社会组织与市民排除在大事件营销主体之外,剥夺了其参与大事件营销的权利。而在城市增长联盟中,权力的分配亦非均衡,政府在与私人部门的博弈中占据了主导地位,城市政府可以按照自己的偏好制定大事件营销策略,并且总能得到企业的财力支持和拥护。

(4) 动力外生化

任期政绩的压力刺激了城市政府进行大事件营销、吸引外来资本成为巩固城市增长联盟关系,并实现其共同短期目标的最有效手段。城市大事件营销的目标因此发生了重大错位:由优先满足城市居民的需求变成了优先满足政府官员、外来投资者的需求。而在营销型城市增长模式中,官员任用的体制往往是"自上而下"的,这意味着社会公众在同由政府和企业"强强联手"形成的城市增长联盟进行博弈的过程中,市民既无法通过选举权来制约政府,也掌握不了城市中重要的发展资源,因此其根本无法拆散处于强势的权钱同盟。

(5) 营销单一化

在营销型城市增长模式中,城市日益稀缺的土地资产成为城市政府解决大事件资金问题的重要法宝。因此,地方政府总是热衷于营销城市的有形资产,通过虚高价格以达到筹集资金的目的,使得进行相对短线的大事件土地营销、推进城市的房屋拆迁、进行土地炒作、抬高土地拍卖价格已成为城市政府增加财政收入的主要手段。

2) 不可持续的空间效应机制

在营销型城市增长模式背景下,其权力基础是极其狭隘的,其发展目标也是非常局限的。政府往往在大事件营销中过于看重短期的政治、经济利益,而忽视社会或环境影响以及城市发展的长远利益,缺少可持续发展的理念支撑。其营销主体是政府和一些企业形成的城市增长联盟,而忽视了另外一些利益集团和公众的利益,从而形成"政府力+市场力-社会力"或者"政府力-市场力-社会力"两种主体博弈关系。政府在忽视其他主体参与的情况下,从自身角度出发"独断决策"大事件营销的策略,并通过政府背景的企业或者吸引其他市场主体来进行大事件的具体建设。在这种"短视"政府的主导下,大事件被视为提升城市形象、招商引资的重要契机,而忽略了其同城市长远发展的协调因素,或者将其置于次要地位。

在营销型城市增长模式中,往往也会在政府中设立专门的大事件营销决策和执行临时机构,由其制定相关政策制度以及规划策略,直接对大事件的场馆设施、基础配套设施以及土地开发进行指导。但是这种机构是"自上而下"的管理体制,是封闭运行的黑箱,缺乏公众参与的渠道和信息公布机制,从而导致大事件的相关规划和运行体制存在较大局限,尤其缺乏对大事件的长远规划,并导致其对城市规划的冲击很大,从而给城市空间发展带来诸多消极的效应。如土地低价出让且利用效率低下,城市之间

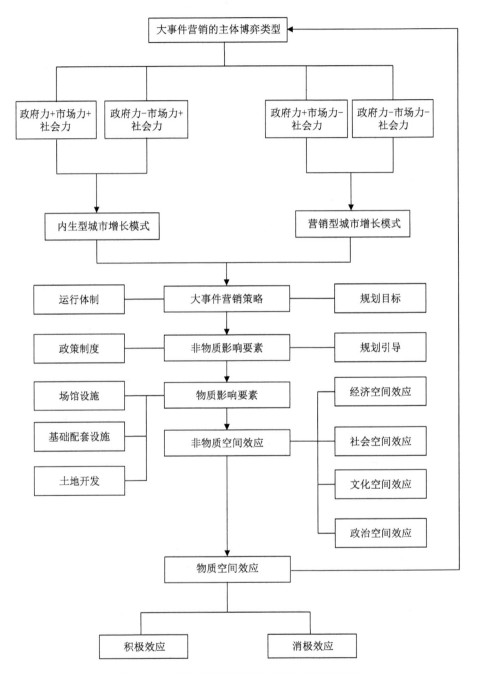

图 9-19 城市大事件营销的空间效应响应模型

进行重复建设和恶性竞争;城市绅士化和社会空间分异加剧,导致城市文脉的断裂、城市特色的丧失;侵占公共空间影响城市公共利益,导致高额负债形成城市难以消化的财政包袱。尤其是在大事件的后续利用中可能会暴露更为严重的不可持续问题,比如设施后续利用困难给城市带来巨大的资金压力,容易形成巨大的经济泡沫,给城市空间发展带来巨大障碍,导致城市规模盲目扩张,形成"衰败"的新城,加剧城市空间发展的失衡以及城市社会空间的分异与破碎化等(图9-19)。

第9章参考文献

高毅存,2003.奥运会城市的场馆规划与设计[M].北京:中国建筑工业出版社.
何丹,2003a.城市规划中公众利益的政治经济分析[J].城市规划汇刊(2):62-65.
何丹,2003b.城市政体模型及其对中国城市发展研究的启示[J].城市规划,27(11):13-18.
姜良志,2004.雅典奥运会奥运村实习报告之二(设施、运行方案与赛时运行)[R].北京:北京奥委会运动会服务部.
陆化普,文国玮,2006.BRT系统成功的关键:带形城市土地利用形态[J].城市交通,4(3):11-15.
马国馨,2007.体育建筑论稿——从亚运到奥运[M].天津:天津大学出版社.
马学广,王爱民,闫小培,2008.权力视角下的城市空间资源配置研究[J].规划师,24(1):77-82.
戎安,张东,2004.德国慕尼黑奥林匹克公园[M]//《建筑创作》杂志社.建筑师看奥林匹克.北京:机械工业出版社.
唐东方,张建武,2001.九运会对广州经济发展的影响[J].广东科技(8):35-38.
王璐,2011.重大节事影响下的城市形态研究[M].北京:中国建筑工业出版社.
王璐,汪奋强,2006.重大节事与城市的可持续发展[J].华中建筑,24(8):102-104.
易晓峰,廖绮晶,2006.重大事件:提升城市竞争力的战略工具[J].规划师,22(7):12-15.
张庭伟,2001.1990年代中国城市空间结构的变化及其动力机制[J].城市规划,25(7):7-14.
张伟立,2006.建设和谐的世博会基础设施[J].规划师,22(7):29.
张振龙,2010.城市空间增长研究——以南京都市区为例[D].南京:南京大学.
周诚,1994.论土地增值及其政策取向[J].经济研究(11):50-57.
周琳,刘妙龙,2005.重大事件(项目)对土地利用的影响与思考——以上海国际F1赛车场建设为例[J].国土资源科技管理,22(2):26-30.
朱勍,胡晓华,2006.大型城市项目规划建设对城市空间的影响——以上海世博会为例[J].规划师,22(11):16-18.
HALL C M,1987. The effects of hallmark events on cities[J]. Journal of Tourism Research,26(2):44-45.
KRUMHOLZ N,1991. Equity and local economic development[J]. Economic Development Quarterly,5(4):291-300.

第 9 章图表来源

图 9-1 源自：笔者绘制.

图 9-2 至图 9-5 源自：彭涛,2008.大型体育赛事对城市空间发展的影响研究——以广州为例[D].广州：中山大学.

图 9-6 源自：北京市城市规划设计研究院,2007.北京 2008 年奥运会场馆及设施总体规划[Z].北京：北京市城市规划设计研究院.

图 9-7、图 9-8 源自：上海市规划局,2008.上海市城市总体规划及实施情况[Z].上海：上海市规划局.

图 9-9 源自：谷歌地球卫星影像照片.

图 9-10 源自：笔者根据王璐,2011.重大节事影响下的城市形态研究[M].北京：中国建筑工业出版社绘制.

图 9-11、图 9-12 源自：北京市城市规划设计研究院,2007.北京 2008 年奥运会场馆及设施总体规划[Z].北京：北京市城市规划设计研究院.

图 9-13 源自：袁奇峰,2010.大事件,需要冷思考——广州亚运会对城市建设的影响[J].南方建筑(4)：4-11.

图 9-14 源自：http://www.chla.com.cn/htm/2009/0519/36335.html.

图 9-15、图 9-16 源自：北京市城市规划设计研究院,2004.北京市城市总体规划(2004—2020 年)[Z].北京：北京市城市规划设计研究院.

图 9-17、图 9-18 源自：北京市城市规划设计研究院,2008.北京体育奥运行动规划[Z].北京：北京市城市规划设计研究院.

图 9-19 源自：笔者绘制.

表 9-1 源自：姜良志,2004.雅典奥运会奥运村实习报告之二(设施、运行方案与赛时运行)[R].北京：北京奥委会运动会服务部.

表 9-2 源自：北京市城市规划设计研究院,2002.北京奥林匹克公园规划设计方案[Z].北京：北京市城市规划设计研究院.

10 大事件营销的城市增长模式转型应对

进入 21 世纪以来,中国迅速崛起成为世界新兴的重要经济体和不可或缺的政治力量,而受人瞩目的大事件如奥运会、世博会、大运会和各种经济峰会等也纷纷在中国举办,这在一定程度上改善了中国城市的形象,促进了中国城市的快速发展,取得了举世瞩目的成就。但是由于我国正处于政治、经济和社会体制的转型期,市场经济体制并未完善,政府普遍强势、市场和社会基本弱势。在"发展就是硬道理"的传统观念下,中国的地方政府表现出了具有"中国特色"的发展冲动,"集中力量办大事",在城市大事件营销的实践中普遍以政治目的和经济效益优先,急功近利、过度追求效率而忽视社会公平,过于追求短期效益而忽视城市的长远发展,表现出了明显的营销型城市增长模式的主要特征,并且给城市空间的可持续发展带来了消极影响。因此,在对城市大事件营销的空间效应特征、影响因素和内在机制等科学问题进行客观研究的基础上,对我国城市大事件营销的实践进行及时的总结与反思并提出针对性的改革建议,就显得尤为紧迫和必要。

由于地方政府的强势领导地位,中国城市的大事件营销往往被赋予了浓重的政治色彩,如近些年来我国举办的北京奥运会、上海世博会和南京青奥会,三个大事件均被写入了各城市的政府工作报告中,其中 2008 年的北京奥运会、2010 年的上海世博会甚至被写入了中央政府的工作报告中(易晓峰等,2006),我国政府对大事件的重视程度可见一斑,因而也使中国城市的大事件营销实践具有了一些"中国特色"。

10.1 中国城市大事件营销的特色

10.1.1 大事件营销的企业化倾向

对于中国的城市而言,虽然经历了从计划经济到市场经济的体制转型,但城市整体的利益格局并没有发生根本的变化。而且中国的选举制度与西方有着很大的区别,地方政府在各种资源分配中仍占主导地位,普遍还是强势政府,拥有对行政辖区内人力、物力、财力和舆论等相对完全的控制力,在关键时刻还能进一步获得上级政府的支持。在这种背景下,政治精英、经济精英和部分知识精英构成的主导阶层为了追求各自的政治、经济利益的最大化而形成的合作关系客观上也促进了城市的发展。同时在现有的法律框架下,社会弱势阶层处于被边缘化的境地(何丹,2003b)。因此,对于中国的城市大事件营销主体博弈关系而言,更接近于城市政府一手主导的覆盖模型。

在地方政府企业化的推动下,大事件营销在我国得以迅速展开,可以说转型期我国的大多数城市都或多或少地具备了营销型城市增长模式的基本特征,营销型城市增长模式也成为我国许多城市新的发展思路和经济增长点,甚至被许多地方政府视为大事件的营销宝典。不可否认,大事件的确满足了转型期我国许多城市发展经济、改善形象的城市营销诉求,改善了城市的物质生活环境,但同时也给我国城市空间发展带来了许多消极的影响。笔者认为这其中的缘由主要是因为在地方政府企业化背景下,我国地方政府的大事件营销运作模式、营销行为以及增长策略等也都沾染上了浓厚的企业化色彩,城市营销的主要构成要素如营销主体、客体、目标客群等被地方政府"偷梁换柱"而大大缩水,使得城市大事件营销的实质与目标均发生了较大改变,从而导致我国许多城市的大事件营销策略不再是为城市的整体发展服务,而只是为了满足地方政府和所谓增长联盟的狭隘利益。

10.1.2　大事件营销的"中国特色"

在城市大事件营销企业化的背景下,为了提升城市的竞争力,我国地方政府积极向全球推销地方的比较优势,通过类似于企业的运作方式包装和推销城市,在城市大事件营销的过程中,充分体现出了营销型城市增长模式的主要特征,优缺点特色鲜明,具有一定的"中国特色"。

1) 大事件营销主体的"单一化"

在我国体制转型的过程中,地方政府作为一级独立的利益主体,更加注重自身经济和政治利益的获取。一方面,政府与市场结成联盟,共同达成双赢的目标,而市民则被边缘化,其利益得不到制度的维护;另一方面,政府为了使自身利益最大化,往往利用自己在某些领域的垄断地位强势推进大事件营销,或直接动用行政手段控制、干预市场的正常运行,而市场则处于弱势的被动地位。政府在与市场的冲突中仍然起着主导作用,而公众对大事件营销过程的监督和绩效评价体制也尚未建立,政府在经济运行中并未彻底摆脱计划经济的影子,进而形成了明显的"强势政府力＋弱势市场力－弱势社会力"营销型城市增长模式的主体特征。因此,中国城市大事件营销主体具有以政府为绝对主导的"单一化"特征,政府拥有对城市各种资源进行整合和调配的绝对主导权。不可否认,在这种背景下,中国城市的大事件营销实践具有程序简洁、行动统一和建设效率高等优点,其取得的成绩甚至往往引起西方发达国家的推崇和效仿,但由于缺乏对地方政府的有效约束和社会监督,一旦地方政府决策失误,将会使营销型城市增长模式的弊端显露无遗,从而给城市的空间发展带来诸多消极的影响。

2) 大事件营销目的的"显性化"

由于具有中国特色的"自上而下"的官员任命制度,我国地方政府往往对于任期政绩孜孜以求,并使之成为城市大事件营销各项策略制定的出发点。尤其是地方政府在进行大事件设施的选址决策和总体规划时,总是热衷于追求"标志性""宏大壮观"的效果。也就是说,彰显政绩的目的使得我国城市大事件营销的策略更加注重有"显示度"的效果,而不能从城市长远的角度出发进行具有可持续性的规划。比如中国城市的大事件营销往往同城市经营相结合,通过大事件带来的机遇获取特殊政策、突破制度瓶颈。尤其善于超前启动更具"标志意义"的新区以及一些"标新立异"的大事件建筑建设,不惜"举全市之力"透支城市未来的发展资源来实现大事件举办期间的短暂辉煌。因此,近年来中国地方政府举办的大事件活动,在资金投入、资源整合力度方面都首屈一指,的确极大增强了市民的自豪感和荣誉感,彰显了城市乃至国家的实力。但由于我国城市大事件营销的实践往往过多考虑地方政府凸显政绩的目的,容易造成城市空间的低水平扩张,透支城市未来发展的土地资源,不仅导致一些"半生不熟"的新区或新城出现,而且损害了城市空间长远发展的利益。

3) 大事件营销效果的"短期化"

转型期的中国地方政府,兼具公共行政主体与经济利益主体的双重身份,虽然不能说其不重视城市的长远规划,但是能"短期"显现效果的大事件营销策略往往更能引起地方政府的兴趣。特别是受具有"中国特色"的4~5年领导岗位变动的影响,他们往往追求在一定的投入规模下,大事件营销能在短期内实现效果的最大化。因此,其采取的营销策略多以急功近利、回避矛盾的政策制度和规划思路为主。虽然在大事件举办的短时间内,地方政府实现了"少花钱,多办事"的营销目标,达到了利用大事件营销带动城市新区开发或旧城改造等显著效果。但是由于大事件营销的策略过于"短视",不能从城市长远发展的角度利用大事件营销真正拉开城市的发展框架,高标准地完善城市的各项公共服务与基础设施建设,最终导致城市空间发展节奏和思路的紊乱。比如我国地方政府在城市大事件营销的具体实践中,更倾向于向上级政府要政策尤其是土地指标倾斜,热衷于占用城市未开发的生地或农田,刻意回避城市中"城中村""贫困区"等投资大、见效慢但却亟待改造的地区,从而加剧了城市社会空间的破碎化和"马赛克"效应。其对于城市功能分区和交通基础设施的长远规划考虑尤为不足,仅仅从满足大事件短期举办的土地开发和交通需求出发进行大事件的各项设施建设,因此很容易造成若干年后,城市的功能布局和基础设施配套标准的滞后,从而在将来导致交通拥堵、功能过于集中等"城市病"问题。

10.2 我国城市增长模式转型的对策

我国城市大事件营销问题解决的关键在于推动城市增长模式的转型，即从营销型城市增长模式向内生型城市增长模式转型，实现"扬长避短"。但在我国现有的"强政府、弱市场和弱社会"的制度背景下，想要快速实现这一转变困难极大。只能尝试渐进式的改革和创新，即在承认政府强势领导地位的情况下，首先从体制改革入手，引入市场和社会的参与力量，制约地方政府的大事件营销决策行为，使大事件营销策略能够在多元主体参与的情况下制定得更有可持续性。然后从城市大事件营销的规划技术层面，研究该如何在可持续发展的大事件营销策略指引下，进行大事件营销规划技术的创新，实现在内生型城市增长模式下，我国城市大事件营销的实践真正融入城市长远的发展战略之中，从而有力推动我国城市的可持续发展。

10.2.1 大事件营销运行体制的改革

大事件营销的运行体制是其营销策略制定的神经中枢，也是大事件主体相互博弈与矛盾最集中的关键之处。因此，要想实现大事件营销的积极空间效应就必须在大事件营销的运行体制方面进行根本性的改革，具体从大事件营销的机构设置与政策改革两方面进行。

1) 大事件营销机构的改革

城市大事件营销的机构设置建议分为上下两部分，即大事件营销决策机构和执行机构，其中决策机构在大事件营销的策略制定、规划建设、过程监督以及后续评价等环节中发挥决定作用，是整个大事件营销的舵手。它是由多元主体共同参与的，具有民主、协商的灵活机制，可以推动大事件营销更加符合城市整体长远的利益。而执行机构主要是在决策机构的领导下，对大事件营销的申办、筹办、运行以及后续利用等环节的具体管理，还有对大事件营销相关投资与建设实施保障。因此，执行机构的设立对于大事件营销从政策策略到具体落实能起到重要作用。

(1) 设置城市大事件营销的决策机构——大事件营销管委会

转型期我国城市的大事件营销实践中往往出现了大事件营销主体的错位或越位问题，地方政府自设的各种大事件组委会或者办公室仍是仅代表政府利益的部门。因此，要克服大事件营销管理机构公共性缺失的局限，应构建科学规范的大事件营销决策机构，而且这一决策机构核心的价值追求应当是实现和发展公共利益。地方政府需要以城市公共利益作为大事件营销的出发点和归宿，对其做出制度安排。应考虑吸引多个层面的主体参与该机构的构建，政府应成为大事件积极的组织者和倡导者，实现大事件营销主体的多元化改革。除政府部门外，企事业单位、社会团体组织和市民都可以承担大事件营销的角色,可以从他们中遴选出代表,按比例构成大事件营销的决策部门——大事件营销管理委员会(简称管委会),其主要职能是负责大事件营销全过程的策略制定、规划建设、过程监督以及后续评价等工作(图10-1)。

地方政府的职责不再是直接掌控大事件营销,而是作为大事件营销管委会的组织者、建议者和协调者,并在注重社会公平的基础上,提高大事件营销的决策效率。政府必须在共同决策的基础上,通过制定符合共同利益的城市发展战略和总体规划,建立通畅的信息渠道和敏捷的信息反馈机制,并且做好大事件营销的基础性工作。这样既可以较好地增强企业、公众参与大事件营销的意识,也使得大事件营销的策略更具有可持续性。

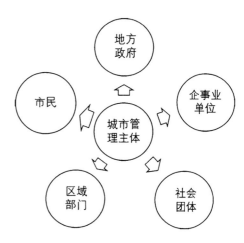

图 10-1 城市管理主体的多元化

(2) 建立大事件营销的执行机构——大事件营销经营公司

大事件营销管委会主要行使对大事件营销各个运行环节的决策权,而具体执行则需要一个强有力的实施主体来进行,其主要负责大事件营销的申办、筹办、运行以及后续利用等环节的管理、相关投资与建设的实施保障。这种实施主体大概有三种模式:①政府模式,即由政府或政企合一的公司承担,其好处是能够方便地调动资源、进行完全贯彻营销意图的开发,缺点则是增加了政府的工作压力和财政风险,并且不符合市场经济规律;②市场模式,即完全进行市场化运作,优点在于遵循了一定的市场规律,既可以节约成本,又可以做到收益最大化,缺点是由于市场的逐利性,收益低的公益性开发较为困难;③"政府引导、市场操作、社会支持"模式,即考虑到中国的国情,在计划经济向市场经济体制转型的过程中,由地方政府引导,吸引社会多方主体参与投资,进行市场化运作,既符合了市场经济体制的规律,又能加强大事件营销的执行力。

大事件营销实质上是一种经济活动,其举办的重要目的之一就是要获得良好的经济效益。因此,有必要在政府提供公共服务的条件下对其进行市场化运作,并积极吸纳社会主体的多元化投资。笔者建议采用"政府引导、市场操作、社会支持"的模式,即采用政企分离的方式组建大事件营销的执行机构——大事件营销经营公司。在大事件营销管委会的领导下,由政府委托(授权)经营公司作为土地开发的主体,并由其承担最终的损益,政府所收取的土地出让金全部以支付开发成本的方式转入经营公司,以维持其正常运转。

2) 大事件营销政策的改革

城市大事件营销的各种策略最终还是要转化为具体的相关制度政策,才能真正对大事件营销的各项建设起到引导作用,这些政策的制定不仅需要一个多元主体参与的过程以及大事件营销管委会机构的保障,还需要从大事件营销的特点出发进行针对性的设计,以确保在其指引控制下大事件营销的空间效应能更好地为城市发展服务。

(1) 确定城市大事件营销的多元目标,制定统一的大事件行动纲领

到目前为止,大事件营销在我国很多城市仅仅是作为一种战术性手段而存在,缺乏系统长远的思考和规划。在地方政府的强势作用下,其实践具有很强的随意性,多体现了政府领导的个人意志,不具备相关法律、法规的配套支持,因而很难成为一个被广泛认可的大事件行动计划或纲领。因此,在向内生型城市增长模式转型的过程中,首先应由城市大事件营销管委会在综合多方主体代表的意见基础上,确定符合社会各阶层利益的大事件营销多元目标,统一城市各方利益主体对城市发展的认识,制定统一的大事件行动纲领。在大事件决定申办前,应认真评估其对提升城市竞争力的作用,并且设定合理的大事件周期,尽量在城市发展的不同门槛阶段进行间隔有序、各种等级和不同类型的大事件申办工作,以确保城市在大事件的滚动推动下快速发展。在大事件具体建设前,应充分评估其类型、投入以及其对城市竞争力提高的绩效。在此纲领的引导下,制订城市大事件营销的具体行动计划,通过详细的时间进度框架明确各类任务及相关责任主体,推进大事件营销的各项具体任务与行动。

(2) 健全大事件规划公众参与和土地储备制度,保障社区居民的合法利益

内生型城市增长模式强调社会主体的参与力量,以保证相关规划运行过程中的程序正义。不仅在大事件营销的宏观决策机构中引入社会团体、市民代表,还应在具体的大事件项目建设中推进项目公示制度,并且通过科学的公众参与流程和制度配套,引导公众参与大事件的规划制定中来。具体可以参与相关法定规划的编制、审批程序以及建设申请的审批中来,比如可以借鉴英国的做法,在大事件相关的法定规划编制之前,必须将涉及的有关议题公之于众,并让当地居民或者相关团体书写正式的意见书。城市规划部门根据已确定的议题、当地居民和相关团体提出的意见开始编制第一轮规划草案,在交给上级政府备案的同时交给公众审核,然后组织公众调查会,形成工作报告公之于众。如果修改后的规划市民仍有不同意见,允许其进行规划起诉(图10-2)。

大事件营销带来的土地"溢出效应"能够使

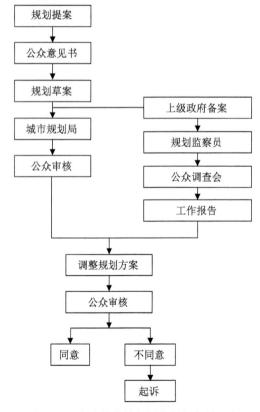

图 10-2 大事件营销规划编制与审批程序

周边的土地迅速升值,地方政府应结合城市的具体情况,及时围绕大事件的开发建立因地制宜的土地储备机制,调节城市土地供给,确保政府垄断土地一级市场。把握好土地出让的速度和规模,合理配置土地资源,提高土地开发的门槛,可以通过 AOD、TOD 等模式进行土地的综合开发。将巨大的土地升值利润中的一部分作为土地拆迁安置的补偿基金,充分保障被拆迁社区居民的合法权益。同时,完善大事件的社区更新模式,围绕具体的大事件更新项目,强调公平正义的协商机制。在社区更新的过程中,应建立完善、科学的政策评估和评价体系,积极引入社区公参与其中,并采取积极措施如就地安置、社区文化建设等以保护传统的社区肌理和邻里关系。

(3) 合理控制大事件营销的资金投入,拓宽融资渠道以确保收支平衡

近年来国内大事件营销的资金投入不断上升,特别是相关基础设施建设耗资巨大、效应滞后、回收周期长,容易导致大事件结束后投资的"低谷效应"。但有些城市并没有从其实际发展出发,忽视了大事件巨额的投入可能会造成的巨大浪费,从而给城市发展带来了风险,阻碍了城市的长期发展。因此,大事件营销管理机构应从实际出发,做好大事件举办前的资金预算和综合效益评估,合理控制资金投入,把握城市场馆和基础配套设施等建设的规模和时序,充分利用现有资源,尽可能对已有设施进行改造利用,而对于新建设施则应根据城市的长远发展和经济、社会综合效益的需要进行系统考虑。把资金尽可能集中投入城市急需的公共服务与基础设施、环境质量改善等公益性项目,力求城市经济社会整体效益的最大化,尤其是长期效益的综合产出。同时,作为对前期大事件营销决策的及时反馈,还应加强大事件的事后评估工作,也是给大事件营销管委会等相关机构进行下一次大事件营销决策提供参考依据,从而有助于推动城市不断向前发展(图 10-3)。

大事件除了节流之外,更重要的是开源。地方政府应拓宽融资渠道,形成稳定、多元化的大事件建设资金来源。比如政府则可以在贷款、税收和土地使用等方面给予政策优惠,鼓励民

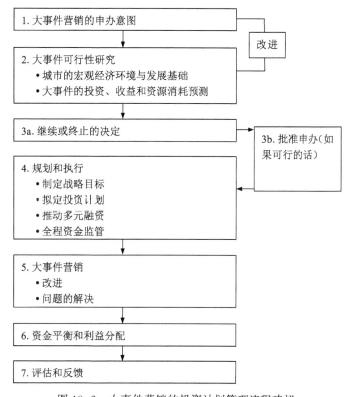

图 10-3　大事件营销的投资计划管理流程建议

营资本、外资或合资企业以参股等形式参与大事件相关建设的投资；推行新的项目融资方式，放开对城市基础设施投资的限制，积极尝试和推广国际化的融资方式，盘活存量资产，提高财政性基本建设资金的使用效率；进一步探索土地批租的融资方式，通过盘活城市土地资产，拓宽财政性基本建设资金来源；尝试发行市政债券，筹集基本建设资金；积极发展 BOT、企业并购、产业基金与风险投资基金等多种投融资方式，不断拓宽招商领域，引进一批具有国际影响力的科研、金融或服务机构。

(4) 制定长远的后续利用政策，充分发挥大事件营销的后续催化效应

大事件的相关建设应该同城市长远的发展相结合，因此，对其设施的后续利用是大事件建设的重要依据，应在大事件建设前就尽早制定设施的后续利用以及周边土地后续开发的计划和政策，充分利用大事件事后效应进一步促进城市发展。比如对于场馆设施的赛后利用就可以同社会需求相结合，可以利用现有设施或者按照后续用途进行建设。大事件只是临时借用，在功能上并不一定完全符合大事件的需求，但一定要符合城市自身的发展。比如大型体育场馆可以同学校、体育培训机构相结合，开展休闲教学活动，既可以提高全民素质，带动区域活力，还能有效缓解场馆维护的压力。

另外，大事件后续利用中还更应考虑投资更大、效应却滞后的基础配套设施后续利用问题，应该在事前就对大事件周边土地的联动开发进行同步规划、招商和建设，制定合理的建设时序，并且体现一定的规划弹性和灵活性，为城市的后续开发和更高级别、不同类型的大事件再次举办预留足够的发展余地。通过制定大事件的后续利用专项规划并将其纳入大事件结束后的近期规划中，使周边土地利用快速形成以大事件设施建设为引导，以大型公共服务、基础设施和商业、居住项目建设为主体的开发格局。而政府不仅应在事前进行大量的投入，更重要的是能够在事后按照长远规划，坚持科学合理的投入以确保建设投资的稳定性，这样既可以避免引起城市建设的波动，同时也能给予市场跟进的信心。对于城市多个开发单元的共同推进，则必须在资金投入、开发计划、土地供应等方面相互协调，一方面促进大事件启动的新区向综合新城、副城转变，另一方面也要避免大事件后城市建设出现"马太效应"及其导致的城市空间发展失衡。

(5) 建立城市发展同盟与协作网络，促进城市与区域管治进程

现代城市竞争已不再是一个"零和游戏"(Ciampi, 1996)，对于绝大多数城市而言，为了能在全球竞争体系中占据更高的地位，必须通过强化区域内城市的联合，发挥 1+1＞2 的协同效应，实现区域整体与城市个体发展的双赢。城市大事件营销就提供了这样一个机会，通过大事件举办所带来的产业外溢与交通基础设施的建设，不仅强化了举办城市的中心地位和能级，而且也加强了区域城市之间的产业联系，特别是围绕大事件营销形成的旅游、招商等方面的区域合作机制进一步促进了区域城市之间的合作

共赢。

因此,在大事件营销过程中,应当增强城市与区域的合作,注重保护城市与区域的利益,将大事件的建设融入区域社会经济的发展,不断完善区域产业体系,充分发挥大事件的积极效应,使之成为区域"共同的"大事件。具体可以在大事件区域规划的指引下,由各城市政府共同组成大事件区域协调会或者由上级政府出面进行协调,并将其作为大事件营销管委会的组成部分,参与城市大事件营销策略的制定。另外,通过区域合理调配、分散大事件配套项目或以其他方式补偿来增进区域合作,并且围绕大事件形成城市同盟或城市协作网络,共同确定并实施城市与区域管治政策,分享经济增长所带来的收益,共同保护区域生态环境,从而推动区域的一体化发展。

10.2.2 大事件营销规划技术的创新

城市规划通过对城市开发的控制和引导,促进城市空间的合理扩展和用地结构的优化。因此,要实现城市大事件营销的可持续发展理念,还必须利用城市规划的手段,将内生型城市增长模式的内涵在大事件的具体建设中得以体现和发挥出来。因此,城市大事件营销的规划技术创新十分必要,具体从微观规划和宏观规划层面展开。

1) 微观规划层面

大事件的场馆等设施建设在景观和功能上都能给城市的局部地区带来巨大改变,尤其是在设施的后续利用中会起到重要的作用。因此,需要在其微观规划中,既考虑其设施的多功能设计以满足其后续利用的需要,还要考虑其同周边地块的功能和景观协调,以实现对周围地块后续开发的带动。

(1) 加强大事件场馆设施与外部空间的关联性,注重其后续利用规划设计

大事件的场馆设施建设应重点关注建筑内部空间的灵活划分和组合,为实现其后续开发的多种利用方式进行多功能设计,合理地控制设施用地比例,减轻后期维护负担。比如在体育场馆的规划设计上,可以通过大事件建筑设计增加场馆功能的多样性与灵活性,充分考虑赛后进行大型演出、展览、办公、餐饮和运动经营的多种需要。一方面可以减少其他场馆设施建设的需要,另一方面能够使其在以后的利用中满足社会的日常需求,从而有利于推动这些场馆设施向更综合的社区设施转变。

大事件设施的规划还应以实现城市的整体发展为目标,考虑其在大事件前后同周围地块开发的相互协调,关注城市功能的合理布局。将场馆设施建设与住宅、公共服务和交通基础设施等项目相结合进行综合开发,充分发挥其外部功能并且有效推动地区发展,使其逐步成为城市新区或旧区

的重要组成部分。因此,在大事件营销的前期规划中,应对场馆及其周边地区进行统一规划布局,制订整体开发计划,以促进大事件设施同商业服务、先进制造和居住功能的混合利用,发挥多功能的互动效应,从而带动城市空间结构的良性发展。

(2) 注重大事件景观设计营造城市特色空间,形成城市新的文化空间载体

大事件带来的巨型工程建设给城市发展提供了新的公共空间,显著改变了城市局部地区的景观风貌。特别是一些标志性的场馆设施往往成为举办城市的旗舰工程或标志性建筑,既可能给城市增添国际化色彩,也可能会破坏城市的自然生态景观或传统人文风貌,使其无法融入城市的既有生活空间中来。大事件结束后,如果政府维护不利,其景观环境的质量将持续衰败,导致大事件周围地区功能倒退,陷入"低谷效应",从而不利于大事件整体作用的发挥。

因此,大事件规划中需要关注的是其形成的新公共空间是否具有持续发展的动力,以及新的公共空间与原有城市公共空间体系的相互融合等问题。大事件具有深厚的历史文化内涵,其形成的景观特色和文化空间应主动与城市本身的特色相协调并努力融入其中。因此,应加强大事件设施形成的新公共空间设计,在城市设计或修建性详细规划中多强调空间的记忆和主题空间的设计,使其成为城市中具有历史记忆和归属感的场所,形成城市新的特色空间或文化空间载体,从而为其今后真正融入市民生活而成为城市公共空间体系中不可分割的组成部分做好铺垫。

(3) 加强周边地块的规划控制与引导,实现周边地区的长久持续开发

周边地块的后续发展是大事件是否发挥触媒作用的判断标准,也是大事件相关规划中重点关注的问题。大事件的场馆设施、基础配套设施建设在大事件结束后成为城区发展的基本框架与基础,应通过合理的周边地块规划如控制性详细规划等,完善功能布局,提前设定规划控制指标,对周边地块开发性质进行引导和控制。在提高土地利用率的基础上带动周边土地开发,不仅可以提升土地的价值,增加财政收入,还能防止城市蔓延并形成具有完整功能的综合型城市社区。

同时,应加强微观规划同上位规划的协调,尤其是同大事件举办周期内城市近期建设规划的配合。大事件的各项建设工程巨大,时间紧迫,基本都在城市规划的近期完成,往往与城市近期建设规划存在巨大冲突。因此,必须将大事件的设施建设、后续利用和周边地块的土地利用规划融入城市的近期建设规划中,在确保大事件重大项目建设的合法性的同时,也能对其后续利用及周边地块开发有一个明确的规划引导,并且可以将大事件的辐射带动作用同城市其他地块的近期项目开发结合起来,从而促进城市整体的均衡发展。

2）宏观规划层面

对于大事件营销能否真正融入城市的可持续发展来说，宏观规划的重要性要远大于微观规划。如果说大事件营销的相关规划能够推翻或者极大改变其微观规划的话，那么在宏观规划层面，大事件的各种建设规划就应考虑如何协调和融入城市的总体发展规划中来，具体可以概括为"三个融入"，即融入战略规划、融入总体规划和融入区域规划。

（1）制定可持续发展的城市发展战略，将大事件作为城市战略目标实现的重要阶梯

大事件营销中的"远见"政府在举办大事件之前，首先应对城市自身的发展基础和阶段进行理性的判断，并在此基础上对城市进行科学准确的定位，厘清城市未来的发展方向和思路，制定城市各主体能够达成共识的城市发展战略规划。并在城市可持续发展的战略制定中，设定明确的时间节点和重要阶段，为大事件的举办提前做好战略准备。这样既有利于大事件的申办获得城市各方的支持，也有利于大事件的各项建设与思路能够很快明确，并迅速融入城市的长远发展战略中来。

大事件的举办也为城市发展战略的实施提供了助力。由于大事件的营销性等特点容易提高城市各主体发展的动力，在短时间内能够动员并聚集各种资源，从而引发政府与市场的紧密结合，在较短的时期内推动城市的新区建设或旧城复兴，使得城市空间在其发展的重要门槛时期能够获得跨越提升的阶梯。因此，提前制定有远见的战略规划，并在大事件来临时将其与城市发展的战略相融合，不仅有利于大事件营销的顺利实施，而且还有利于其同城市长远发展目标之间的协调，从而能够帮助实现城市空间的跨越发展。

（2）编制兼有刚性和弹性的城市总体规划，将大事件作为引导城市发展方向的旗帜

城市总体规划是城市空间发展、各项建设的法定依据，但我国的城市总体规划刚性有余、弹性不足。因为城市总体规划修编、审批程序烦琐，不仅无法应对大事件的冲击，就是对城市发展中的其他一些大型项目建设落地也难以应付，无法动态解决城市快速发展中的一些重大需求。因此，在富有弹性的城市发展战略规划指引下，至少在大事件营销层面，在城市的总体规划编制中应该留有容纳其发展的空间。"凡事预则立，不预则废"，可以结合自然资源部的成立和国土空间规划体系的改革，在我国的城市国土空间总体规划编制体系中设立城市大事件的专项规划，把"偶然"发生的大事件作为城市未来发展的"必然"来考虑。即使在大事件同预测的方案有所出入时，也可以"特事特办"，快速完成对城市国土空间总体规划中大事件专项规划的修改审批，从而在实现城市国土空间总体规划刚性和弹性、短期与长期以及静态与动态结合的同时，实现大事件的各项建设同城市国土空间总体规划之间的协调。

大事件确定举办后，最为重要的就是根据城市的发展阶段、发展方向和国土空间总体规划来确定其设施的选址和布局模式，不管是采取"分散式"、"单中心"集群式还是"多中心"组团式，都应从大事件同城市空间发展的协调关系出发进行总体规划的调整。尤其是要重视大事件的区位选址，应在大事件前的城市总体规划中就给予充分的考虑，选择方案可以根据城市空间发展的实际情况进行有序调整。特别是要充分发挥大事件对城市的辐射带动作用，选择城市中的关键"穴位"，比如特色景观区、城市重要轴线甚至是城市衰败区进行大事件的场馆设施等建设，以刺激城市空间的发展。而如果说大事件场馆设施的选址是点在城市空间发展关键"穴位"的话，那么大事件相关的交通等基础设施建设就是疏通城市空间发展的"经络"了，其对于城市长期的发展具有更加重要的引导作用。因此，需要充分利用大事件带来的基础设施建设提速等优势，加强城市的综合交通体系规划，合理规划布局大事件交通与基础设施，加强增长管理，使之对城市的整体空间格局进行梳理并融入城市国土空间总体规划中来。同时，应鼓励大运量的公共交通建设，以城市整体发展框架为前提，为城市发展提供多种方式选择的交通体系，从而充分发挥大事件的交通基础设施调整城市空间结构的效用，实现大事件营销同城市空间发展的良性互动。

(3) 拟订以城市联盟机制为基础的区域规划，将大事件作为区域一体化发展的契机

大事件的举办不仅对举办城市的发展产生了巨大影响，同时也为区域其他城市提供了许多发展的机会。通过大事件带来的大量人流、物流、信息流等流动要素的辐射传递作用，城市大事件的空间效应趋向区域化和国际化。这样不仅在大事件举办期间形成了区域产业的分工协作以及区域交通设施的较大改观，还初步形成了以举办城市为中心的城市协商或联盟机制，并很有可能形成区域合作长效机制，从而有利于实现区域的一体化发展。

因此，与城市大事件营销相关的区域规划也应该与时俱进，改变传统的思维。在区域即将发展到一定阶段时，更应该把偶然发生的大事件当成必然来考虑。从区域整体发展的角度，考虑如何通过大事件的综合交通体系、产业发展和旅游休闲等区域专项规划，将大事件营销的契机转化为推动中心城市国际化发展、区域整体实力跻身世界一流的重大机遇，同时以平等、合作和共赢为宗旨，以城市联盟机制为基础，确保区域一体化规划的顺利实施，从而充分抓住城市大事件营销所带来的重大机遇，不断推动我国城市和区域的可持续发展。

第 10 章参考文献

何丹，2003a.城市规划中公众利益的政治经济分析[J].城市规划汇刊(2)：62-65.

何丹,2003b.城市政体模型及其对中国城市发展研究的启示[J].城市规划,27(11):13-18.

易晓峰,廖绮晶,2006.重大事件:提升城市竞争力的战略工具[J].规划师,22(7):12-15.

CIAMPI C A,1996. Enhancing European competitiveness[J]. Moneta e Credito,49(194):159-181

第10章图表来源

图10-1至图10-3源自:笔者绘制.

11 结论与讨论

20世纪80年代以来,由全球化和新经济在各个领域引起的变革重新构筑了当今城市的发展环境,从而促使城市在区域、国家乃至全球范围内展开了广泛的竞争。在此背景下,城市营销的理论与实践兴起于西方发达国家,并在中国"流行"了30余年。由于其能够迅速提高城市竞争力的特殊功能,非常迎合转型期我国地方政府与企业等利益集团组成的所谓城市"增长联盟"的口味,因而在我国能够得以迅速推广。甚至于城市营销相关理论研究的速度都赶不上其实践开展的速度,导致我国营销型城市发展中出现了许多难以应对的问题。而本书的研究来源于城市营销的实践,思考有关城市增长模式的问题,并致力于通过大事件营销的实证来寻求解决具体问题的方法,因此非常具有现实意义。通过对国内外城市营销理论的发展历程、研究进展进行思考,尤其是在观察了营销型城市增长模式对于国内外许多城市的发展所带来的种种问题及影响后,本书试图从我国体制转型的背景分析入手,剖析城市增长模式的理论内核,找寻城市营销对于城市发展产生重要影响的机理,检讨并反思转型期我国营销型城市增长模式存在的企业化倾向问题,进而提出适用于转型期我国城市可持续发展的内生型城市增长模式的理论框架,并基于营销型和内生型城市增长模式的差异,设计了城市增长模式的评价指标体系,以便准确、科学地对城市增长模式进行测度和判断。

近年来,作为城市营销主要方式的大事件营销逐渐成为全球化环境中城市竞争战略的首要工具,这在一定程度上也刺激了大事件营销实践在世界范围内的广泛开展。与西方国家发生的公共治理变革一样,中国正处于社会经济体制的转轨期,中国城市空间快速发展和生产消费模式改变的内在要求为大事件营销提供了重要机遇,其作为我国城市新区开发或者旧区更新的引擎受到了普遍重视。尤其在我国城市政府职能转型的过程中,大事件营销已经成为其进行城市营销的有力政治经济工具,是一种典型的政府企业化的"空间过程"。城市大事件营销正在成为包括中国城市在内的世界诸多城市的积极行动,成为全球化时代剧烈、快速而深远地影响城市空间演化、格局重组的重要力量。但是目前对其空间效应的特征、影响要素和内在机制的理论研究仍远滞后于其实践。由于城市大事件营销影响巨大、关联面广、政府主导而同时又具有"瞬时性"的特点,其空间效应具有明显的特殊性,其背后复杂的政治经济外力作用过程、社会—空间影响机理等深层次问题也都亟待深入的研究。因此,本书基于城市地理学等多学科的视角,透过复杂的城市大事件营销空间效应的物质表象,廓清其内在的政治、经济与社会运行机制、社会—空间互动过程,最终揭示其演化规律并提出相应的调控对策。这不仅是对城市"社会—空间统一体"研究的一个推进,也从理论上丰富了城市空间发展与城市地理学研究领域的内容,同时对于指导中国城市大事件营销的实践,进一步深化城市增长模式的理论研究也有着重要意义。

11.1 主要结论

11.1.1 地方政府企业化导致城市营销的企业化倾向

在中国地方政府企业化的背景下,地方政府的城市营销行为模式及增长策略也都沾染上了浓厚的企业化色彩。城市营销的主要构成要素如营销主体、客体、目标客群等都被地方政府在实际操作中"偷梁换柱"而大大缩水。城市营销的实质与目标也都因服务于地方政府的短期目标而发生了重大改变,结果使得我国许多地方的城市营销策略已不再是为城市整体的发展服务,而仅仅是为了满足地方政府及其所谓增长联盟一时狭隘的私欲。具体表现为以城区为载体的城市局部营销特征,以短期效益最大化为目标的城市快速营销特征,以政府为绝对主导、增长联盟为主体的城市二元营销特征,以吸引外来资本为目标的城市外生营销特征以及以土地等城市有形资产营销为客体的城市单一营销特征。

11.1.2 营销型城市增长模式对于城市公共利益的维护还很欠缺

体制转型以后,由于社会利益的分化和城市社会构架的变迁,地方政府与公众的关系发生了微妙的变化。由政府组织和国家机制构成的政府部门,由企业组织和市场机制构成的市场部门以及由非政府组织和社会机制构成的第三部门成为现代社会中的三大组成部分。当政府站在自身利益或某一部分企业、公众利益的立场上时,比如我国城市中经常出现的公共空间私有化问题、城市大规模拆迁问题、城市社会阶层分化乃至居住空间分异等问题,往往造成利益既得者与利益受到威胁的公众发生冲突,从而影响社会的稳定,给我国城市的社会发展造成负面影响。

11.1.3 营销型城市增长模式不能给城市带来健康稳定的发展

在世界经济一体化背景下,全球经济产业结构的调整成为资本全球流动的主要动因。全球资本的流动性利益与地方政府的稳定性利益之间构成了不可调和的矛盾,城市营销并不是能够持续留住外来资本的灵丹妙药。本书认为城市发展要注意吸引外部的发展资源特别是外来投资和稀缺资源,但更应强调城市"内生型"的发展动力,即不断提高城市的自主创新能力,实现城市的可持续发展。被誉为"发展注意力经济"的城市营销应把吸引别人的注意力转变为把注意力放到自身可持续发展的轨道中来,由整个城市为营销服务转变为营销为城市的可持续发展服务,城市增长模式应充分适应和服务于城市发展演变规律而不能本末倒置。

11.1.4 内生型城市增长模式是未来我国城市转型的方向

在经济全球化和反全球化并存的复杂背景下,城市发展面临新的机遇与挑战,迫切需要理论的创新,产生出一套内生型城市增长模式,包括进行城市发展战略的规划,制定城市各阶层统一的城市发展行动纲领;改革内生型城市管理体制,实施主体的多元化转变,不断加强公众的参与力量,加强对营销行为的有力监督;塑造高效、清廉的政府形象,以政府营销增强城市竞争力;引入"全民营销"的理念,以市民营销增加城市魅力;注重城市中无形资产的保护与发掘,打造城市品牌特色;转变传统的城市定位方法,建立面向市民的城市定位模式;加强城市与区域管治,努力构建区域城市同盟或协作网络,积极打造区域协调机构实体等。

11.1.5 大事件营销是城市营销的一种主要运作方式

大事件是指由城市政府主导,具有明确的时间节点,享有特殊专项政策,有巨额资金投入并进行了大规模开发建设,具有重要影响的体育赛事、节事会展以及政经活动。其具有三种特性:营销性,即大事件是为国际资本服务的,是城市塑造和延伸形象并实现资产增值的需要;巨量性,即巨额资金、巨型建设和巨大影响;密集性,即大事件是在特定的时空关系下进行的,其具有明显的时限性和空限性。因此,大事件可以被视为城市营销的一种主要运作方式。

11.1.6 建立大事件营销"一机制、两要素、三维度"的逻辑分析框架

大事件营销作为城市营销的一种主要方式,其主客体构成要素也具有城市营销的一般特点,即通过政府、市场和社会三种营销主体力量的驱动,通过大事件营销策略直接作用于政策制度和规划引导两种非物质影响要素,间接作用于场馆设施、基础配套设施和土地开发等物质影响要素而实现其营销的多重目标,并由大事件的(非)物质影响要素引起城市不同尺度地区的(非)物质空间的变化,从而产生积极或消极的空间效应。城市空间

的发展也会影响大事件营销的空间效应和主体博弈，并进一步反馈到未来大事件的空间效应。因此，在大事件营销的主客体构成和城市空间发展的驱动主体、发展要素之间存在着一种相互作用或契合的平台，这也成为大事件营销空间效应内在机制的理论分析基础。大事件营销的空间效应还具有多维性特征，笔者从时间、空间和表征三个维度对大事件营销的空间效应特征进行研究：第一维度是时间维，包括准备阶段、运行阶段和后续阶段；第二维度是空间维，包括局部地区、城市和区域、国家和国际；第三维度是表征维，包括城市建设等物质空间效应和城市经济、社会、文化和政治等非物质空间效应。笔者建立的城市大事件营销"一机制、两要素、三维度"的研究框架，由浅入深、由表及里地解析了城市大事件营销的空间效应特征、影响要素和内在机制，从而构成了本书研究的主体部分。

11.1.7 大事件营销具有积极和消极的空间效应

大事件对城市空间发展尤其是城市次区域空间的影响是显著而直接的，瞬间打破了城市自然连续性发展的节奏，给城市空间发展带来了强大的冲击力和外部动力，从而不可避免地影响着城市空间的长远发展。其可以带来如启动或催化局部地区的土地利用与开发，迅速改善其功能配置和环境景观品质，大规模提速建设公共服务和基础配套设施，带动城市新区或新城建设，加快完成城市旧区改造与城市更新，修复城市肌理，获取国家特殊政策与外部发展资源以加快空间发展、快速提升城市的知名度与影响力，推进制度改革，大幅提高城市的管理、规划和建设的水平，推动区域空间一体化进程并加快城市乃至国家的国际化进程等积极空间效应。其也可能导致土地低价出让、利用效率低下，城市之间重复建设与恶性竞争，加速城市绅士化和社会空间分异进程，城市文脉的断裂与城市特色的丧失，成为城市难以承受的负担，城市规模盲目扩张形成"衰败"的新城，先发展地区形成马太效应，加剧城市社会空间破碎化等消极空间效应。

11.1.8 大事件营销的空间效应影响要素包括物质和非物质影响要素

大事件营销的客体与城市空间的发展要素之间具有一致的联系。大事件所引发的场馆设施、基础配套设施建设以及土地开发等快速且规模巨大的城市建设行为，成为引起城市空间发展演变的直接因素或物质影响要素。而这些物质影响要素本身的规划和建设又是由城市大事件营销主体所制定的相关政策制度和规划策略所决定的，因此，大事件营销的相关政策制度和规划策略被视为影响城市空间发展的非物质影响要素或间接原因。场馆设施可归纳为三种布局模式：分散式、"单中心"集群式和"多中心"组团式。基于城市大事件营销的新区建设和旧区更新两种模式，根据大事件主体设施的空间区位选址可划分为四类：城市中心区、城市中心边缘区、城市内郊区、城市外郊区。而从后续利用的差异来看，大事件设施大致可分为两类：场馆设施和基础配套设施。大事件促使城市的基础设施获得超前超标准建设，成为城市空间效应的基础，其具有一定的效应滞后性。大事件对城市土地开发产生的影响主要体现为"溢出效应"和"圈层效应"。而政策制度和规划引导主要是通过对场馆设施、基础配套设施与土地开发等物质影响要素的直接影响而间接作用于城市的空间发展。

11.1.9 基于城市政体理论解释大事件营销的空间效应内在机制

根据城市政体理论，政府、市场和社会构成了影响城市空间发展的三大主体，进而形成推动城市空间发展变化的三种基本力量，即政府力、市场力和社会力。其共同作用决定了城市空间发展的最终走向。正是由于这种主体的多样性及其关系的复杂性，形成了城市空间发展的不同驱动力，并作用于城市空间的各种发展要素，从而也产生了不同的空间效应。因此，大事件营销对城市空间发展的影响实质是大事件通过影响城市空间主体的博弈关系间接作用于城市空间的演化，政府与市场、社会三方主体的博弈过程和结果，将决定城市大事件营销最终产生积极还是消极的空间效应。其具体可以分为四种主体博弈关系，即"政府力＋市场力＋社会力""政府力－市场力＋社会力""政府力＋市场力－社会力""政府力－市场力－社会力"。其分别属于两种城市增长模式，即以内生增长为目的的"内生型"城市增长模式和以城市营销为目的的"营销型"城市增长模式。在这两种城市增长模式条件下，大事件营销的三种主体之间进行着长期、复杂且动态的利益博弈过程，这种过程集中发生在大事件这一特定的时空关系中，各方利益的斗争尤为激烈，并且通过政府的决策和行政行为迅速统一成具体的营销策略以确保大事件的顺利实施。城市大事件营销的策略包含了大事件营销过程中的运行策略和规划策略两大部分，可以被视为大事件营销进行的神经中枢和指挥系统，其围绕大事件产生的不同政策制度以及规划引导，成为大事件营销空间效应产生的非物质影响要素或者间接因素而深刻影响着城市（非）物质空间的发展演变。

11.1.10 向内生型城市增长模式转型是解决中国城市大事件营销问题的根本路径

中国仍处于计划经济体制向市场经济体制的转型期，地方政府的职能因此而面临着重大转变。分权化、市场化和全球化等制度转型过程深刻影响着地方政府的行为，成为转型期我国地方政府企业化倾向形成的制度基础。在地方政府企业化的推动下,中国城市的大事件营销运作模式、营销行为以及增长策略等也都沾染上了浓厚的企业化色彩,使得城市大事件营销的实质与目标均发生了较大改变,导致我国大部分城市的大事件营销实践充分体现出营销型城市增长模式的主要特征,并被赋予了一定的"中国特色",即大事件营销主体的"单一化"、目的的"显性化"和效果的"短期化"。因此,我国城市大事件营销实践在创造了举世瞩目"辉煌成就"的同时,更应对其实践中所出现的突出问题进行及时的总结和反思,从而避免我国城市大事件营销实践中消极空间效应问题的发生。

笔者指出,我国城市大事件营销问题解决的关键在于推动我国城市增长模式的转型,即加快推进我国城市增长模式从营销型向内生型转型的进程。并且从城市大事件营销的运行体制等方面进行根本性改革,具体从城市大事件营销的机构设置和政策改革两方面进行。比如采取建立大事件营销管委会、大事件营销经营公司,确定大事件营销的多元目标,制定统一的大事件行动纲领,健全规划公众参与和土地储备制度,保障社区居民的合法利益,合理控制大事件营销的资金投入,拓宽融资渠道以确保收支平衡,制定长远的后续利用政策,充分发挥大事件的后续催化效应,建立城市发展同盟与协作网络,推动城市与区域管治进程等手段。在运行体制改革的基础上还应进行大事件营销规划技术的创新,具体从大事件相关的微观规划和宏观规划层面展开。比如采取加强大事件场馆设施与外部空间的关联性,注重其后续利用的规划设计,营造城市特色空间,形成城市新的文化空间载体,加强周边地块的规划控制与引导,实现周边地区的长久持续开发,制定可持续发展的城市发展战略,将大事件作为其战略目标实现的重要阶梯,编制兼有刚性和弹性的城市国土空间总体规划,将大事件作为引导城市发展方向的旗帜,拟订以城市联盟机制为基础的区域规划,将大事件作为区域一体化发展的契机等方法。

11.2 需进一步研究的问题

11.2.1 如何将城市增长模式转型的理论转化为进一步的行动策略

城市营销往往体现出很强的"国情特色",这就提出了一系列针对我国城市增长模式转型的具体问题:如何用定量的分析方法进行营销的绩效评估?如何建立实施内生型城市管理体制改革的具体路径?如何实现内生型城市增长模式所倡导的公平优先的理念?这些问题都是我国城市实现可持续发展所必须解决的实质性问题,还有待于把理论转化为具体的可操作的行动策略。

11.2.2 如何在城市复杂的多元发展环境中,准确地进行城市大事件营销的空间效应分析

由于城市空间演化受到多种因素的影响,很难将城市大事件营销的影响非常精准地与其他影响要素区分开来。因而,如何从诸多影响因素中剥离出"城市大事件营销"的真实影响,是下一步需要解决的关键问题。

11.2.3 如何构建更为直观的城市大事件营销的空间效应分析模型

比如基于地理信息系统(GIS)的城市空间分析方法,建立大事件营销的空间效应模型来定量分析大事件营销对城市空间发展演变的影响,并且能够通过该模型对大事件营销发生前后城市空间扩展、梯度演化和功能空间演替等现象进行模拟分析,从而更为直观地揭示大事件营销影响下城市空间发展演化的过程与规律。

附录

附表1 相关系数矩阵1(Correlation Matrix)

分类	新批外资项目数	新批注册合同外资额	实际使用外资额占GDP的比重	实际利用外资年增长率	外贸依存度	重大节庆及会展数量	商品房成交均价	农村居民人均纯收入	城乡居民收入比	万人专利授权量	研究与试验发展(R&D)经费支出占GDP的比重
新批外资项目数	1.000	0.949	0.454	-0.202	0.397	0.883	0.837	0.107	0.355	0.069	0.563
新批注册合同外资额	0.949	1.000	0.570	-0.267	0.321	0.932	0.895	0.071	0.422	0.070	0.584
实际使用外资额占GDP的比重	0.454	0.570	1.000	-0.243	0.081	0.518	0.336	0.274	-0.194	-0.225	0.437
实际利用外资年增长率	-0.202	-0.267	-0.243	1.000	-0.614	-0.257	-0.196	-0.227	0.000	-0.625	-0.223
外贸依存度	0.397	0.321	0.081	-0.614	1.000	0.284	0.332	0.572	-0.049	0.651	0.170
重大节庆及会展数量	0.883	0.932	0.518	-0.257	0.284	1.000	0.924	0.108	0.397	0.111	0.401
商品房成交均价	0.837	0.895	0.336	-0.196	0.332	0.924	1.000	0.008	0.588	0.182	0.333
农村居民人均纯收入	0.107	0.071	0.274	-0.227	0.572	0.108	0.008	1.000	-0.609	0.110	0.035
城乡居民收入比	0.355	0.422	-0.194	0.000	-0.049	0.397	0.588	-0.609	1.000	0.202	0.163
万人专利授权量	0.069	0.070	-0.225	-0.625	0.651	0.111	0.182	0.110	0.202	1.000	-0.077
研究与试验发展(R&D)经费支出占GDP的比重	0.563	0.584	0.437	-0.223	0.170	0.401	0.333	0.035	0.163	-0.077	1.000
城镇登记失业率	0.785	0.677	0.530	-0.021	0.333	0.655	0.588	0.322	0.083	-0.170	0.394
普通高校数量	0.713	0.845	0.391	-0.181	0.211	0.833	0.916	-0.038	0.616	0.103	0.348
人均拥有图书数	0.716	0.707	0.325	-0.537	0.739	0.646	0.720	0.385	0.302	0.404	0.465
财政教育支出占GDP的比重	0.407	0.417	0.160	0.417	-0.214	0.464	0.504	-0.152	0.283	-0.243	0.085
居民平均期望寿命	0.363	0.467	0.339	-0.388	0.490	0.413	0.458	0.279	0.200	0.443	0.456
万人拥有病床数	0.348	0.492	0.642	-0.484	0.505	0.371	0.397	0.469	-0.073	0.222	0.432
万人拥有卫生技术人员数	0.421	0.566	0.404	-0.604	0.660	0.603	0.611	0.525	0.071	0.516	0.209
城镇人均住房建筑面积	-0.247	-0.292	-0.370	-0.116	0.016	-0.326	-0.342	-0.179	0.231	0.154	0.221
建成区绿化覆盖率	-0.486	-0.433	-0.364	0.097	0.027	-0.539	-0.365	-0.027	0.028	-0.111	-0.219
财政环保支出占GDP的比重	0.964	0.913	0.430	-0.181	0.308	0.894	0.845	0.036	0.379	0.098	0.484
环境质量综合指数	0.059	-0.012	-0.132	-0.216	0.431	0.079	0.069	0.374	-0.352	0.206	-0.033

注：此矩阵是非线性的(The Matrix is Non-Linear)。

附表2 相关系数矩阵2(Correlation Matrix)

分类	城镇登记失业率	普通高校数量	人均拥有图书数	财政教育支出占GDP的比重	居民平均期望寿命	万人拥有病床数	万人拥有卫生技术人员数	城镇人均住房建筑面积	建成区绿化覆盖率	财政环保支出占GDP的比重	环境质量综合指数
新批外资项目数	0.785	0.713	0.716	0.407	0.363	0.348	0.421	-0.247	-0.486	0.964	0.059
新批注册合同外资额	0.677	0.845	0.707	0.417	0.467	0.492	0.566	-0.292	-0.433	0.913	-0.012
实际使用外资额占GDP的比重	0.530	0.391	0.325	0.160	0.339	0.642	0.404	-0.370	-0.364	0.430	-0.132
实际利用外资年增长率	-0.021	-0.181	-0.537	0.417	-0.388	-0.484	-0.604	-0.116	0.097	-0.181	-0.216
外贸依存度	0.333	0.211	0.739	-0.214	0.490	0.505	0.660	0.016	0.027	0.308	0.431
重大节庆及会展数量	0.655	0.833	0.646	0.464	0.413	0.371	0.603	-0.326	-0.539	0.894	0.079
商品房成交均价	0.588	0.916	0.720	0.504	0.458	0.397	0.611	-0.342	-0.365	0.845	0.069
农村居民人均纯收入	0.322	-0.038	0.385	-0.152	0.279	0.469	0.525	-0.179	-0.027	0.036	0.374
城乡居民收入比	0.083	0.616	0.302	0.283	0.200	-0.073	0.071	0.231	0.028	0.379	-0.352
万人专利授权量	-0.170	0.103	0.404	-0.243	0.443	0.222	0.516	0.154	-0.111	0.098	0.206
研究与试验发展(R&D)经费支出占GDP的比重	0.394	0.348	0.465	0.085	0.456	0.432	0.209	0.221	-0.219	0.484	-0.033
城镇登记失业率	1.000	0.415	0.568	0.338	0.110	0.289	0.205	-0.175	-0.465	0.803	-0.112
普通高校数量	0.415	1.000	0.681	0.410	0.508	0.459	0.606	-0.395	-0.253	0.684	-0.050
人均拥有图书数	0.568	0.681	1.000	0.092	0.647	0.656	0.688	-0.137	-0.206	0.656	0.266
财政教育支出占GDP的比重	0.338	0.410	0.092	1.000	-0.048	-0.058	0.074	-0.304	-0.386	0.424	-0.056
居民平均期望寿命	0.110	0.508	0.647	-0.048	1.000	0.753	0.662	-0.007	-0.054	0.296	0.290
万人拥有病床数	0.289	0.459	0.656	-0.058	0.753	1.000	0.741	-0.223	0.023	0.288	0.229
万人拥有卫生技术人员数	0.205	0.606	0.688	0.074	0.662	0.741	1.000	-0.266	-0.101	0.367	0.320
城镇人均住房建筑面积	-0.175	-0.395	-0.137	-0.304	-0.007	-0.223	-0.266	1.000	0.318	-0.249	-0.202
建成区绿化覆盖率	-0.465	-0.253	-0.206	-0.386	-0.054	0.023	-0.101	0.318	1.000	-0.593	0.073
财政环保支出占GDP的比重	0.803	0.684	0.656	0.424	0.296	0.288	0.367	-0.249	-0.593	1.000	0.009
环境质量综合指数	-0.112	-0.050	0.266	-0.056	0.290	0.229	0.320	-0.202	0.073	0.009	1.000

注：此矩阵是非线性的(The Matrix is Non-Linear)。